대원불교
학술총서

16

대원불교
학술총서

16

유식학으로 보는
몸과 마음

． ． ．

'정서'와 '인지' 작용의 토대

． ． ．

안환기 지음

． ． ．

온주사

발간사

오늘날 인류 사회는 4차 산업혁명을 통해 완전히 새로운 세상을 맞이하고 있습니다. 전통적인 인간관과 세계관이 크게 흔들리면서, 종교계에도 새로운 변혁이 불가피하게 되었습니다. 이런 상황에서 대한불교진흥원은 다음과 같은 취지로 대원불교총서를 발간하려고 합니다.

첫째로, 현대 과학의 발전을 토대로 불교를 현대적으로 재해석할 필요가 있습니다. 불교는 어느 종교보다도 과학과 가장 잘 조화될 수 있는 종교입니다. 이런 평가에 걸맞게 불교를 현대적 용어로 새롭게 이해할 수 있도록 하려고 합니다.

둘째로, 현대 생활에 맞게 불교를 이해할 필요가 있습니다. 불교가 형성되던 시대 상황과 오늘날의 상황은 너무나 많이 변했습니다. 이런 변화된 상황에서 부처님의 가르침을 제대로 이해할 수 있도록 하려고 합니다.

셋째로, 불교의 발전과정을 종합적으로 이해할 필요가 있습니다. 북방불교, 남방불교, 티베트불교, 현대 서구불교 등은 같은 뿌리에서 다른 꽃들을 피웠습니다. 세계화 시대에 부응하여 이들 발전을 한데 묶어 불교에 대한 총체적 이해가 가능하도록 하려고 합니다.

대원불교총서는 대한불교진흥원의 장기 프로젝트의 하나로서 두 종류로 출간될 예정입니다. 하나는 대원불교학술총서이고 다른 하나는 대원불교문화총서입니다. 학술총서는 학술성과 대중성 양 측면을

모두 갖추려고 하며, 문화총서는 젊은 세대의 관심과 감각에 맞추려고
합니다.

　본 총서 발간이 한국불교 중흥에 조금이나마 기여할 수 있기를
바랍니다.

불기 2568년(서기 2024년) 4월

(재)대한불교진흥원

서문

유식학에는 고대 인도 수행자들이 마음을 관찰한 결과가 담겨 있다. 수행자들은 형체를 잡을 수 없는 마음을 하나하나 관찰하고 그것을 언어로 표현하였다. 따라서 일반인이 자각하지 못하고 지나쳐버리는 마음의 작용이 세밀하게 묘사되어 있다. 덕분에, 오랜 시간이 지났지만 현대인들도 유식학 경전을 읽으며 자신의 마음을 살펴볼 수 있게 되었다.

동서양의 마음에 관한 이론들을 비교해 볼 때, 필자는 유식학만큼 치밀하게 마음의 양상을 분석한 것이 없다고 생각한다. 그 대표적인 예가 마음의 양상을 다양한 관점에서 100가지로 분석하고 일목요연하게 체계화한 5위100법이다. 누구라도 이 5위100법을 살펴본다면, 자신이 느끼고 생각했던 마음의 작용이 치밀하게 분석되어 있다는 것에 놀라게 되리라 생각한다.

물론 서양에서도 마음에 관한 연구가 이어져 왔다. 서양의 심리학 및 뇌과학은 과학기술을 통해 우리의 몸과 마음을 분석하고 현대 언어로 표현하고 있다. 본 저서의 주제인 '정서(emotion)'와 '인지(cognition)' 또한 서양의 심리학에서 마음의 작용을 표현한 용어이다. 필자는 유식학에서도 심리학에서 말하는 '정서'와 '인지' 작용을 깊이 있고 폭넓게 조명하고 있다고 본다. 이 주제에 관심을 가지고 연구하던 차에, (재)대한불교진흥원에서 주최한 '대원불교 학술·콘텐츠 공모'

에 이 제안이 채택되어 5위100법 가운데 특히 마음의 작용(心所) 51가지를 '정서'와 '인지'로 분류하고 해석하는 시도를 하게 되었다.

유식학의 마음과 몸에 대한 개념들은 고대 언어로 쓰여 있다. 그런 까닭에 그 내용이 매우 유용하지만 아직 알려지지 않은 부분이 많다. 따라서 필자는 우선 5위100법을 현대어로 해석하고, 이를 토대로 현대 학문인 심리학 및 뇌과학의 개념과 비교·분석하였다.

이 책은 다음의 5가지 문제에 초점을 두고 서술되어 있다.

첫째, '정서'와 '인지' 작용의 토대가 되는 몸과 마음의 유기적 관계를 초기불교의 5온·12처·18계, 부파불교 설일체유부의 5위75법, 유식학의 5위100법을 통해 고찰하였다.

둘째, '정서'와 '인지' 작용에 대한 유식학의 해석이 현대 뇌과학적 이해와 만날 수 있는 접점을 탐색하였다. 두 분야에는 고대와 현대라는 간극이 분명히 존재하지만, 모두 몸과 마음이 상호 영향을 주고 있다고 보는 점을 부각하였다.

셋째, 유식학의 51가지 마음의 작용을 해탈에 이르는 성향을 지닌 것과 그것을 방해하는 성향을 지닌 것으로 분류하고, 이를 각각 긍정적/부정적 '정서'와 '인지' 작용으로 분류하였다.

넷째, 유식학의 수행과정인 5단계(자량위, 가행위, 통달위, 수습위, 구경위)를 현대적 치유의 방법으로 해석하였다.

다섯째, 칼 로저스(Carl Ransom Rogers)의 내담자 중심치료, 프리츠 펄스(Fritz Perls)의 게슈탈트 치료, 허버트 벤슨(Herbert Benson)의 이완반응, 아론 벡(Aaron Beck)의 인지치료 등과 같은 현대 주요 심리치료들을 유식학의 관점에서 해석하였다.

　이 책은 전문학술서와 대중적인 교양서의 중간 정도를 지향하도록 기획된 것이다. 따라서 필자는 5위100법을 비롯해 불교 주요 개념을 일상적인 우리말로 해석하고자 하였다. 아직 학계에서 합의된 것이 아닌 저자의 해석임을 미리 밝혀 둔다.

　끝으로, 이 책이 나오도록 재정적 지원을 해준 (재)대한불교진흥원에 깊은 감사를 드린다. 그리고 이 책의 출간을 맡아준 운주사 김시열 사장님께도 감사의 말씀을 드린다.

2024년 4월
안환기 씀

서론

1. 왜 '정서'와 '인지'인가?

인간의 삶 속에서 건강한 '정서(emotion)'와 '인지(cognition)' 작용은 매우 중요하다. 인간은 감정 곧 정서를 건강하게 표출하고, 제대로 된 사고 작용(인지작용)을 할 때, 자신뿐만 아니라 타인들 또한 건강한 삶을 살 수 있다. 따라서 이에 관한 연구가 몸과 마음의 관계를 중심으로 심리학, 생리학, 인지과학, 뇌과학 등에서 꾸준히 진행되어 왔다.

본 저술은 '정서'와 '인지' 작용을 대승불교 유식학에서는 어떻게 바라보고 있는지에 대해 고찰하고자 한다. 유식학은 고대 인도 요가수 행자들이 마음을 세밀하게 관찰하여 체계적으로 만든 것으로서 중관학 과 더불어 대승불교의 큰 흐름을 형성하였다. 요가수행자는 수행을 통해 번뇌가 생겨나는 과정을 여실히 봄으로써 마음을 어지럽히는 요소를 해소하는 경험을 한다. 그리고 이렇게 관찰한 마음의 다양한 작용을 개념으로 표현하고 나아가 체계적인 이론을 형성하였다. 따라서 유식학에는 일상의 마음작용과 수행을 통해 해탈에 이르는 과정이 구체적으로 묘사되고 있다. 비록 고대 요가수행자들에 의해 형성된 것이지만 현대인이 마음을 돌아보는 데 좋은 참고가 될 수 있다.

그런데 유식학에는 '인지'와 '정서'라는 말은 존재하지 않는다. 이것은 현대어이다. 잘 알려져 있듯이, 현대심리학에서 '정서'는 사람의 마음에 일어나는 여러 가지 감정 또는 감정을 불러일으키는 기분이나 분위기를 말한다. 주로 주관적 경험으로 대개 기분, 기질, 성격 등과 관련이 있는 것으로 본다. 기쁨, 즐거움, 상쾌함, 불안, 공포, 분노, 절망, 우울과 같은 마음의 작용을 말한다. '인지'는 사고 또는 지각의 대상을 알아차리는 마음의 작용으로 아는 작용과 기억하는 작용, 분석하는 작용 등을 의미한다.

하지만 유식학에도 '인지'와 '정서' 작용으로 볼 수 있는 내용이 나타난다. 현대심리학에서 말하는 '정서'와 '인지' 작용이 깊이 있고 폭넓게 조명되고 있다. 예를 들면 마음속으로 생각하고 구별하는 작용, 즉 대상을 다른 대상과 구분하고 판단하는 마음의 작용이 분별의 작용으로 표현되고 있다. 이것은 '인지' 작용으로 볼 수 있다. 또한 '정서'로 볼 수 있는 탐내는 마음, 분노하는 마음, 부끄러워하는 마음의 작용 등에 대한 개념들이 보인다.

주목할 점은 건강하지 못한 '인지'와 '정서' 작용의 결과를 유식학에서는 번뇌로 해석하고, 수행자들이 마음을 관찰한 내용을 토대로 이를 해결할 방법을 제시하고 있다는 것이다. 번뇌는 현대적인 관점에서 볼 때, 마음의 병을 일으키는 요인이다. 불교는 번뇌가 궁극적 목표인 깨달음에 이르는 데 방해가 되는 주요인이 된다고 보고, 정서적인 장애를 '번뇌장'으로 그리고 인지적인 장애를 '소지장'으로 분류하고 있다. 특히 유식학에서는 번뇌를 더욱 세밀하게 '번뇌의 마음작용(번뇌 심소)', '오염된 마음과 함께 작용하는 번뇌의 마음작용(대수번뇌심소)', '오염된 마음의 일부와 함께 작용하는 번뇌의 마음작용(중수번뇌심소)', '다른 번뇌와 공통점이 적은 번뇌의 마음작용(소수번뇌심소)' 등으로 분류하면서 마음의 현상을 자세하게 분석하고 있다. 나아가 번뇌의 기원과 발생의 과정 및 그것을 해소하는 방법을 보여주고 있다. 따라서 유식학은 마음의 병으로 인해 고통스러워하는 현대인에게 자신의 마음을 정확히 볼 수 있게 한다.

하지만 유식학의 마음과 몸에 대한 개념들이 고대 언어로 쓰였기 때문에 그 내용이 유용하지만 '정서'와 '인지'에 대한 연구는 아직 진행되지 않았다. 따라서 본 저술에서는 이것을 현대어로 재해석하고,[1] 이를 토대로 현대학문인 뇌과학(생리심리학生理心理學, physiological psychology)의 개념과 비교·분석하는 방법으로 진행할 것이다. 나아가 번뇌를 마음이 병을 일으키는 요인으로 보고 그 치유의 방법으로서 유식학의 수행관과 현대심리치유를 비교·분석하고자 한다.

본 저서는 다음과 같이 구체적으로 5가지 문제에 초점을 맞추어 논의할 것이다. 첫째, '정서'와 '인지' 작용의 토대가 되는 몸과 마음의 관계를 유식학에서는 어떻게 보는가? 불교 사상사에서 인식과 존재의 양상을 체계적으로 분석한 것으로 초기불교의 5온·12처·18계, 부파

---

1 본 저서에서 필자는 5위100법을 비롯하여 불교 개념을 현대어로 표현하고자 한다. 아직 학계에서 합의된 내용이 아닌 필자의 해석임을 밝혀둔다.

불교 설일체유부의 5위75법, 유식학의 5위100법이 있다. 필자는 이 체계들이 몸과 마음의 유기적 관계를 보여주고 있는 점을 부각하고자 한다. 이와 함께 유식학 문헌에 나타나는 아다나식(ādāna-vijñāna), 안위동일(安危同一, ekayogakṣema: 편안함과 위태로움을 함께한다) 개념에 주목하여 유식학에서 바라보는 몸과 마음의 관계를 논의해 보고자 한다.

둘째, '정서'와 '인지' 작용에 대한 유식학의 해석은 현대 뇌과학적 이해와 어떤 점에서 만날 수 있을까? 유식학은 마음을 중심으로 현상세계를 설명한다. 반면 뇌과학은 뇌라는 물질에 기반해서 몸과 마음의 관계를 설명한다. 뇌과학은, 달라이 라마(1940~)와 수행승들의 협조로 명상이 뇌에 미치는 영향을 눈으로 직접 볼 수 있게 되면서, 최근 많은 관심을 받는 분야이다. 필자는 '인지'와 '정서' 작용의 기반이 되는 마음과 몸을 유식학에서는 알라야식 연기설로 해석하며, 뇌과학은 뇌 가소성(brain plasticity)의 원리, 곧 마음의 작용으로 뇌가 변할 수 있다는 것을 제시한다는 점을 주목한다. 본 저서는 유식학과 뇌과학 모두 몸과 마음이 상호 영향을 준다고 보는 점에서, 연기적 원리로 해석할 수 있는 여지가 있다는 점을 부각할 것이다.

셋째, '정서'와 '인지'를 긍정적·부정적 양상으로 나누는 이유와 각각의 종류는 무엇인가? 주지하는 바와 같이 불교의 궁극목표는 수행을 통해 해탈에 이르고자 하는 것이다. 필자는 유식학에서 제시하는 51가지 마음의 작용을 해탈에 이르는 성향을 지닌 것과 그것을 방해하는 성향을 지닌 것으로 분류할 수 있다고 본다. 그리고 해탈에 이르는 성향을 지닌 마음의 작용을 긍정적 '정서'와 '인지' 작용으로, 방해하는 성향을 지닌 작용을 부정적 정서와 인지 작용으로 분류하고자 한다. 나아가 그 현대적 의미를 생각해 볼 것이다.

넷째, 유식학의 수행관은 현대인에게 어떤 의미로 해석될 수 있을까? 유식학의 수행과정은 5단계(자량위, 가행위, 통달위, 수습위, 구경위)로 이루어져 있다. 이 가운데 자량위는 지혜와 복덕을 쌓아 마음의 힘을 기르는 단계이다. 필자는 자량위를 '선한 마음과 상응하는 마음작용(선심소, 긍정적 정서)'을 반복해서 확충하는 단계로 해석하고자 한다. 두 번째 단계인 가행위는 수행에 힘쓰는 단계이다. 수행자는 마음의 현상이 모두 공空함을 깨닫기 위해 '4가지 통찰(4심사관)'을 수행한다. 세 번째 단계인 통달위에서 보살은 자신과 타인이 다르지 않음을 깨닫고 자리·이타적 실천을 시작하게 된다. 보살은 이후 네 번째 단계인 수습위를 거쳐 깨달음의 경지인 구경위에 오른다. 필자는 마음을 조절하여 병리적 원인인 번뇌를 소멸하고자 하는 유식학의 이 수행과정을 현대적 치유의 방법으로 재해석할 수 있음을 밝히고자 한다.

다섯째, 현대심리학의 몸과 마음에 대한 치유방법을 유식학적으로 어떻게 해석할 수 있을까? 동서고금을 막론하고 건강한 몸과 마음은 인간의 주요 관심의 대상이다. 필자는 고대 인도에서 형성된 유식학의 수행관 또한 번뇌를 소멸하여 건강하고 행복한 상태에 도달하는 방법을 제시한다고 본다. 따라서 필자는 현대 심리치료를 유식학적으로 해석해 볼 것이다. 우선 칼 로저스(Carl Ransom Rogers, 1902~1987)가 제안하는 치료자가 갖춰야 하는 태도를 보살의 자리·이타의 견지에서 살펴본다. 이어서 프리츠 펄스(Fritz Perls, 1893~1970)의 게슈탈트 치료에서 부정적 정서를 순화하는 방법을 유식학의 긍정적 정서(선심소)의 함양과 비교·분석한다. 또한, 허버트 벤슨(Herbert Benson, 1935~2022)의 '이완반응'에서 부정적 정서가 완화되는 과정을 살펴본다. 다음으로 아론 벡(Aaron Temkin Beck, 1921~2021)의 인지치료 모델을 고찰하고 이를 유식학의 '4가지 마음의 영역(4분설)'으로 해석해 볼 것이다. 이어서 유식학의 '4가지 통찰(4심사관)'과 서양 심리학의 '탈중심화' 이론을 비교하고, 마지막으로 '구별하는 작용을 확인하는 작용(자증분)'과 '확인하는 작용을 다시 확인하는 작용(증자증분)'의 견지에서 메타인지를 해석해 볼 것이다.

본 논의를 위해 우선 '정서'와 '인지' 작용을 다루고 있는 현대심리학을 비롯한 상담치료, 생리심리학(뇌과학), 불교학 등의 현황을 살펴보도록 하자.

2. '정서'와 '인지'의 연구 분야

1) 현대심리학

현재 인간의 마음을 다루고 있는 여러 분야 가운데, '정서'와 '인지' 작용을 분석하고 이를 토대로 구체적인 치유방법을 모색하고 있는 분야는 현대심리학이다. 심리학은 인간의 마음과 행동을 과학적으로 연구하는 분야로 "인간의 인지, 정서 및 성격 영역과 이 영역들의 생물학적 기전과 발달과정, 또 사회행동, 이상행동 및 조직행동을 중심 내용으로 한다."[2] 현대심리학에서는 마음의 다양한 측면을 과학적으로 규명하고 나아가 사회 속에서 나타나는 행동의 양상까지 연구하고 있다. 주로 실험적(경험적) 방법을 사용하여 개인과 집단의 심적 과정과 행동을 연구하고 있다.

사실 인간의 마음과 행동의 양상은 매우 다양하다. 따라서 이를 다루는 심리학도 여러 분야로 나누어져 있다. 예컨대 사회심리학, 발달심리학, 성격심리학, 임상심리학, 인지심리학, 정서심리학 등이 그것이다. 다음은 본 논의의 주제인 '정서'와 '인지'를 다루고 있는 정서심리학과 인지심리학의 정의, 이론, 연구현황을 중심으로 각각에 대해 살펴보자.

(1) 정서심리학(情緒心理學, psychology of emotion)

'정서심리학'은 '정서'를 어떻게 다루어야 하는지, 자기 정체성을 형성하기 위해 '정서'와 이성은 어떻게 통합하는지에 관하여 주로 연구하는 분야이다.

현재 '정서'의 발생을 설명하는 3가지 대표 이론으로 제임스-랑게(James-Lange)의 말초기원설, 캐넌-버드(Cannon-Bard)의 중추기원설, 샤흐터(Stanley Schachter)와 싱어(Singer)의 2요인설(Two factor theory) 등이 있다.

첫째, 제임스-랑게의 '말초기원설'은 신체의 말초 반응들이 감정을 유도한다고 본다. 어떤 자극이 왔을 때 신체 변화가 먼저 생겨나고, 그 신체 변화에 대한 정보가 대뇌에 전달되어 감정 곧 '정서'가 생겨난다

---

2 http://psych.snu.ac.kr/about(2022.08.19.).

고 보는 견해이다.[3] 예를 들어 친구의 가족이 다치거나 돌아가셨을 때 친구가 슬피 우는 모습을 보고 같이 눈물이 나면서 슬픈 감정을 느끼는 경우가 있을 것이다. '슬프니까 우는 것이 아니라, 우니까 슬픈 것이다'라는 말에서 나타나듯이, 슬프게 하는 분위기로 인해 자신도 울게 되고, 이로 인해 자신에게 슬픈 '정서'가 생겨난다고 본다. 신체적 변화를 감지하고 나서야 감정이 느껴진다는 설이 '말초기원설' 이다.[4]

둘째, 캐넌-버드의 '중추기원설'은 인간의 감정을 뇌가 결정한다고 본다. 캐넌-버드는 대뇌와 내장 조직 사이의 신경이 절단된 동물도 감정이 생겨난다는 것을 실험적으로 증명하였다. 그리고 전기 자극을 대뇌의 시상하부에 직접 자극함으로써 감정을 발생시킬 수 있다는 것을 입증하였다. 곧 대뇌중추에서 '정서'가 생겨난다고 주장한다.[5]

셋째, 샤흐터와 싱어의 2요인 이론은 제임스-랑게 이론을 확장하여 주장한 이론이다. 신체적 변화가 감정을 발생시키지만, 그 감정의 종류는 그때의 상황에 대한 해석 곧 인지 내용에 따라 결정된다는 이론이다. 이 이론에서는 인지적인 측면 또한 정서의 기원이 된다는 것을 보여주고 있다. 정서체험은 생리적 변화와 그에 대한 인지적 평가로부터 생겨난다고 본다.[6]

---

3 Michelle N. Shiota & James W. Kalat 저, 민경환 외 역, 『정서심리학』, 센게이지러닝 코리아(주), 2016, p.14.

4 위의 책, pp.13~14.

5 Robert Plutchik 저, 박권생 역, 『정서심리학』, 학지사, 2011, pp.64~67.

6 S. Schachter, & J. E. Singer(1962), "Cognitive, social, and physiological determi-

이상에서 살펴본 바와 같이, '정서'가 신체의 말초신경에 비롯된다는 '말초기원설', 대뇌중추에서 생겨난다는 '중추기원설', '정서'는 생리적 변화와 인지적 해석 모두에서 생겨난다는 '2요인 이론'이 정서기원설의 대표 이론이다. 이 이론들은 '정서'가 매우 복합적인 현상의 결과임을 보여준다.

한편 최근 연구주제 가운데 필자가 주목할 만하다고 생각한 것을 소개하자면 다음과 같다.

첫째, 의사소통의 측면에서 '정서'의 역할을 조명한 연구이다. 이 연구는 슬픔, 기쁨, 공포, 우울, 두려움, 불안함 등과 같은 '정서'가 마음을 표현하는 수단이 된다는 점에 주목한 것이다.[7] 주요 연구로 정서표현 훈련이 대인관계에 끼치는 영향을 밝힌 것이 있으며, 부모와 유아의 '정서'를 통한 의사소통이 유아의 친사회적 성향에 미치는 효과 등을 밝힌 것이 있다. 이 연구들은 표정이나 행동으로 의사를 표현할 때, '정서'가 중요한 역할을 한다는 것을 보여준다. 일상의

---

nants of emotional states", *Psychological Review*, Vol 69, No 5, p.398.

7 이 주제에 관한 연구는 다양하다. 이정은·김경숙, 「부모 의사소통 및 정서표현성이 유아의 자아 탄력성에 미치는 영향」, 『아동교육』 28(2), 2019, pp.149~165.; 조수경, 「부모-자녀 간 의사소통, 사회적 지지 및 정서표현 갈등 간의 관계」, 『인간 이해』 30(1), 2009, pp.61~79.; 이은희, 「부모의 의사소통 유형 및 정서표현성이 유아의 친사회적 행동에 미치는 영향」, 『학습자중심 교과교육연구』 19(14), 2019, pp.347~371.; 장정주·김정모, 「정서자각에 기초한 정서표현 훈련이 정서자각, 정서표현, 정서표현의 억제 및 대인관계에 미치는 효과」, 『한국심리학회지: 상담 및 심리치료』 23(4), pp.861~884.

삶 속에서 의식적 또는 무의식적으로 드러나는 '정서' 작용과 그 역할을
구체적으로 고찰한 연구이다.

둘째, 환경 적응의 측면에서 '정서'의 역할에 주목한 연구이다. 이
연구는 '정서'가 환경에 적응하고 생존할 수 있도록 하며, 그러한 적응이
인간의 생존확률을 높였다고 본다.[8] 특히 '정서'와 '인지'가 상호 협동하
여 우리의 생존을 도와준다고 본 연구는 주목할 만하다. 이 연구는
'정서'와 '인지'가 발생하는 뇌의 부위가 다르며 신경학적으로 분명히
다르지만, 두 작용이 상호 협동하여 인간이 생존할 수 있도록 해왔다고
주장하고 있다.[9]

실제로 우리의 몸과 마음에서 생겨나는 '정서'와 '인지' 작용을 잘
살펴보면, 두 작용이 분리되어 생겨나기보다는 함께 작용하는 경우가
대부분임을 누구나 관찰할 수 있다. 예를 들면 슬프고 우울한 감정은
이전에 경험했던 기억이 떠올라 더욱 강해질 수 있다. 마음에 상처를
냈던 경험 내용이 자동으로 다시 떠올라, 우울한 상태가 더 심해지는
경우가 그것이다. 때로는 기쁨에 소리를 지르거나 두려워서 땀을
흘리는 몸의 생리적인 반응이 나타나기도 한다. 이처럼 '정서'는 단일한
감정으로 경험되기보다는 '인지' 작용과 몸의 작용이 혼재되어 복합적
으로 나타난다고 볼 수 있다.

따라서 필자는 '정서'와 '인지' 작용을 구분하여 논의하지만, 실제로
는 두 작용이 복합적으로 일어나고 있다는 사실을 전제하고 있음을

---

8 서미숙, 「정서와 사고의 신경생리학적 기초」, 『한국심리학회지: 건강』 9(1), 2004,
  pp.53~68.
9 서미숙(2004), pp.53~68.

미리 밝혀둔다.

(2) 인지심리학(認知心理學, cognitive psychology)

'인지심리학'은 인간의 마음이 자신과 환경에 대한 지식을 어떻게 형성하는지, 그리고 그 지식을 활용하여 생활 속에서 직면하게 되는 여러 상황을 어떻게 해결하는지를 다루는 심리학의 한 분야이다. 주로 인간의 사고와 정보처리 과정을 과학적으로 탐구한다. 구체적으로 인간이 지각을 통해 받아들인 정보, 학습, 기억, 주의 등의 처리 과정에서, 그러한 내용을 어떻게 심리적으로 가공하고 행동으로 표출하는지를 연구한다. 인간이 지식을 획득하는 방법, 획득한 지식을 구조화하여 축적하는 메커니즘을 주요 연구대상으로 한다.

특히 시각, 청각과 그 밖의 감각이 어떻게 뇌로 수용되는지를 연구하는 분야를 지각심리학이라고 부르기도 한다. 그리고 이 지각심리학이 다루는 감각 과정부터 기억, 주의, 의사판단 등의 부분까지 통틀어 인지심리학이라고 칭한다. 이렇게 부르는 이유는 지각심리학과 인지심리학을 구분하더라도, 현실적으로 둘을 나누어 연구하는 것은 불가능하기 때문이다.[10]

현재 인지심리학은 인지과학의 영역까지 확장되고 있다. 인지과학은 두뇌와 마음 그리고 인간의 마음이 만들어낸 컴퓨터, 기타 인공물(언어, 문화체제 등의 소프트 인공물과 각종 기계 등의 하드 인공물 포함) 사이의 정보적 인지적 관계를 다루는 학문이다.[11]

---

10 https://namu.wiki/w/인지심리학?from=인지주의(2022.09.01.).
11 이정모, 〈인지과학과 심리학의 관계〉(2013).

2) 상담치료

상담치료는 심리학의 응용분야인 상담심리학을 기반으로 한다. 심리
상담은 상담을 통해 인간의 마음을 치료하는 과정으로서, 여기에는
다양한 치료방법이 존재한다. 본 논의는 인지치료와 정서치료에 국한
해서 살펴보기로 하겠다. 그리고 인지치료와 정서치료를 구분해서
고찰하고자 한다. 하지만 실제 치료 과정에는 두 가지가 혼재되어
진행된다는 것을 염두에 둘 필요가 있다.

(1) 정서치료

정서치료는 '정서' 장애가 주로 우리의 신념, 평가, 해석에 대한 반응에
서 나타난다고 본다. 본 논의에서는 이러한 장애에 대한 대표적인
정서치료로서 엘리스(Albert Ellis, 1913~2007)의 합리적 정서행동치료
(REBT, Rational-Emotion Behavior Therapy)를 소개하고자 한다.

　엘리스는 인간을 성장 지향적인 존재, 곧 스스로 사고와 정서 및
행동을 변화시킬 능력을 갖추고 있는 존재라고 보았다. 그리고 인간의
사고, 행동, 감정이 매우 밀접하게 상호작용한다는 견해를 제시하였
다. 특히 인간의 정서적 문제는, 외부적인 사건에 의해 만들어지는
것이 아니라, 인간 스스로 만들어낸 잘못된 혹은 비합리적인 신념(자기
언어)에 의해 생겨난다고 생각했다.[12]

---

https://m.blog.naver.com/PostView.nhn?isHttpsRedirect=true&blogId=met-
apsy&logNo=40201375076(2022.09.03.)

[12] 다음의 인지치료에서 살펴볼 아론 벡(Aaron Temkin Beck, 1921~2021)이, 자신과
세계에 관한 정보를 처리하는 과정에서 생겨나는 오류와 왜곡을 문제의 핵심으로

이 비합리적 신념 곧 '자기언어'에 대해 좀 더 자세히 살펴보자. 여기서 '자기언어'는 일어날 사건에 대해 스스로 평가하는 일련의 생각이다. 예를 들어 오랜만에 만난 친구가 새로 산 내 구두를 유심히 보면서 이 구두를 어디서 샀느냐고 물을 때, '자기언어'가 '내 구두가 촌스럽다고 업신여기는 것이다'라고 하면, 감정은 '불쾌하거나 화가 나며' 이어서 '친구의 말에 반응하여 대답하지 않고 무시하는' 행동으로 나타날 것이다. 반면 '자기언어'가 '내 구두가 너무 괜찮아 보여 자신도 사서 신으려고 하는구나'라고 하면, 감정은 '유쾌해지거나 뽐내며', '구두를 산 가게를 친절하게 알려주는' 행동으로 이어질 수 있다.[13] 엘리스는 이러한 '자기언어'가 그 사람의 신념에서 나온다고 보았다. 그리고 엘리스는 비합리적 신념이 정서적 문제의 원인이라고 주장한다. 엘리스는, 우리의 정서와 행동은 '자기언어'에 의해 결정되므로, 일어난 사건은 변화시킬 수 없어도 '자기언어'를 변화시킴으로써 정서와 행동을 통제할 수 있다고 생각했다. 즉 엘리스는 상황에 대해 스스로 말하는 '자기언어'에 따라 감정과 행동이 달라지므로, '자기언어'가 변화되면 감정과 행동도 변화된다고 본다. 행동하기 전, 혹은 하는 동안 자신에게 무엇을 말하였는가에 따라 문제행동이 결정된다는 것이다.

따라서 합리적 정서행동치료는 다음과 같이 진행된다. 우선 상담자

본 것에 비해, 엘리스는 비합리적인 신념이 문제의 핵심(자기언어)이라고 가정하였다는 점에서 그 특징이 있다.

https://m.blog.naver.com/mj0147won/222150718796(2022.09.03.)

13 https://m.blog.naver.com/mj0147won/222150718796(2022.09.03.)

는 내담자(환자)가 비합리적이고 부적절한 '자기언어'를 인식하고, 보다 합리적이고 긍정적인 '자기언어'로 대체하도록 돕는 방법을 사용한다.[14] 이 심리상담(치료)을 통해 내담자(환자)는 과거에 획득된 비합리적 신념들을 밝히고 논박하는 기술을 배운다. 이를 통해 내담자는 비효과적인 사고방식을 효과적이고 합리적인 인지로 대치하게 되고, 그 결과 자신이 처한 상황에 대한 정서적 반응을 변화시키게 된다. 특히 이 치료는 대부분 정서장애의 핵심이 '비난'이라고 보는 점을 주목할 필요가 있다. 즉 우리가 신경증이나 성격장애를 극복하려면 자신과 타인에 대해 '비난'하지 않는 것이 좋다고 제안한다. 그리고 우리 자신은 불완전하지만, 그 자체를 수용하는 것을 배우는 것이 중요하다고 본다.

이 치료는 혼란스러운 정서적 현상을 직접 일으키는 비합리적 신념들을 부각하고 이 신념을 변화시킬 방법을 제시한다는 점에서 그 의의가 있다고 평가할 수 있다.

(2) 인지치료

인지치료는 심리적 장애의 주요 근원 가운데 하나가 '인지'나 사고라고 보는 데에서 출발한다. 이 치료는 내담자(환자)의 사고과정을 수정, 변화시킴으로써 정서적, 행동적 장애를 없애는 방법을 사용한다. 부언하면, 인지치료는 잘못된 인지과정이 심리장애를 일으킨다고 보고, 이 인지과정을 재구성하는 것을 치료의 과제로 삼는다.[15]

---

14 최옥채·박미은·서미경·전석균, 『인간행동과 사회환경』, 양서원, 2007.
15 https://blog.daum.net/mindmove/17062 (2022.08.22.).

　대표적인 치료이론으로 아론 벡(Aaron Temkin Beck, 1921~2021)의 인지치료(Cognitive Therapy)를 들 수 있다. 이것은 자신의 경험을 자각하고 구조화하는 방식에 의해 행동의 양상이 결정된다는 이론에 근거를 두고 있다. 특히 이 인지치료는 과거 어린 시절에 형성된 개인의 '인지도식'이 전체 삶에 영향을 미친다고 본다. 따라서 이 치료의 목표는 내담자가 어린 시절에 형성된 자동적으로 사고하는 패턴을 스스로 변화시키고, 나아가 사고의 도식을 재구성하도록 하는 것이다. 이것은 내담자가 의미를 부여하는 인지체계를 주요 대상으로 한다. 그리고 내담자가 부적응적 사고와 감정을 자각하고 변화시킬 수 있도록 도와준다. 이를 위해 치료자는 내담자(환자)가 자신의 신념을 지지해 주는 증거를 모으고 그것을 중요하게 여기도록 격려하는 역할을 한다.[16]

　아론 벡의 인지치료는 부정적 사고와 부적응적 신념을 자각하고 변화시키는 상담치료이다. 이 치료과정에서 상담자는 내담자의 '자동사고'를 관찰하고 '중간 믿음'인 태도, 가정, 규칙 및 가장 깊이 존재하는 '핵심 믿음'을 환자 스스로 인지하게 한다. 나아가 내담자가 자신의 사고 도식을 바꿈으로써 병리적 증상을 극복하도록 하는 치료이다.

3) 생리심리학(뇌과학)

'생리심리학'은 경험적이고 과학적인 방법으로 인간의 뇌와 행동을 연구한다. 생물학적 배경을 기반으로 심리에 접근하는 분야이다. 생리심리학자들은 마음이 대부분 신경계에서 비롯된다고 본다. 이 관점에

16　https://blog.daum.net/mindmove/17062(2022.08.22.).

서 그들은 신경계 메커니즘에 관해 연구하여, 인간의 마음과 행동에 대한 진실을 밝혀내고자 한다.[17]

최근까지 진행된 '정서'와 '인지'에 대한 생리심리학적인 연구는 뇌에 기반을 둔 접근방식을 취한다. 이 뇌에 관한 연구는 주로 '정서'와 사고(인지)를 담당하는 뇌의 영역이 구체적으로 어느 곳이며, 어떤 생화학적 속성을 띄고 있는지, 그리고 서로 어떻게 관련되는지를 밝히고자 한다.[18]

본 논의에서는 생리심리학적 연구의 학문적 배경과 생리심리학에서 보는 '정서'와 '인지'에 대해 살펴본다.

(1) 생리심리학의 배경

생리심리학(뇌과학)적 연구의 학문적 배경에는 진화론이 있다. 찰스 로버트 다윈(Charles Robert Darwin, 1809~1882)에 기원을 둔 진화론은 시간이 지남에 따라 생물이 다양하게 변하는 과정을 설명한다. 곧 진화(evolution)는 생명의 변화를 말한다.

대략 100만 년 전쯤에 포유류 뇌에도 결정적인 변화가 일어나게 된다. 그것은 뇌의 가장 바깥층에 여러 개의 피질층이 생겨난 현상이다. 이러한 신피질은 현재 인간의 뇌에서 가장 많은 부피를 차지하고 있으며, 인간에게만 있는 고등한 능력, 예를 들면 합리적이고 계획적인 사유능력, 충동을 억제하는 능력을 담당하고 있다고 한다. 신피질은

---

17 https://ko.wikipedia.org/wiki/생리심리학(2022.09.03.).

18 서미숙, 「정서와 사고의 신경생리학적 기초」, 『한국심리학회지: 건강』 9(1), 2004, pp.53~68.

지적이며 합리적인 능력을 담당한다고 알려져 있다.[19]

진화론에 의하면 인간의 뇌 가운데 변연계 또한 호흡, 배고픔과 같은 기본적인 생존 기능을 담당하는 뇌간(brain stem)에서 진화된 것이다. 뇌간은 거의 모든 동물의 뇌에도 존재한다. 환경에 적응하기 위해 이 뇌간을 둘러싼 새로운 구조물이 생겨나고 나아가 변연계가 형성되었다고 한다.[20] 특히 인간의 변연계는 뇌의 다른 영역과 연결되어 있으며 정서를 주로 담당하고 있다고 한다. 이 정서 뇌는 시간이 지나면서 점점 더 복잡해지는 현상을 보인다고 한다.[21]

한 연구에 따르면 정서반응의 양상 또한 진화를 거친다고 한다. 진화가 인간에게 준 혜택으로서 자동적 '정서' 반응을 그 예로 든다.[22] 뱀이나 무서운 동물과 마주치면, 순간적으로 방어반응이 일어나고 생각과 행동이 멈추게 된다. 혈압이 오르며 스트레스 호르몬이 분비되고 근육이 수축한다. 이러한 긴박한 상황에서는 성공과 실패의 가능성을 생각하고 이 가운데 하나를 선택하는 인지적 전략은 유용하지 않다. 시간이 걸리기 때문이다. 따라서 위험한 상황에서는 어떻게 반응할지에 대해 생각하고 결정하는 과정을 거치지 않는 현상 곧

---

[19] Damasio, A. R. (1994), *Descartes'error: Emotion, reason, and the human brain*, NewYork: Grosset/Putnam.

[20] Maclean, Paul. D. (1978). "A mind of three minds: Educating the triune brain." In J. Chall & A. Mirsky (Eds.), *Education and the brain, 77th yearbook of the national society for the study of education*. Chicago: University of Chicago Press.

[21] Maclean, Paul. D. (1978).

[22] 서미숙(2004).

자동적 '정서' 반응이 생겨난다는 것이다.

(2) 뇌과학에서 보는 '정서'와 '인지'

앞에서 살펴보았듯이, '정서'와 '인지' 작용을 일으키는 뇌 부위는 그 생겨난 시기가 각각 다르다. 또한 '정서'와 '인지'는 다른 뇌 시스템으로 작동한다고 한다. 뇌량(Corpus Callosum)을 절단했을 때, 환자의 인지적 사고의 흐름은 차단되었지만, 정서의 정보소통은 차단되지 않는 현상이 그 예가 된다. 곧 뇌의 우반구는 그 자극이 무엇인지에 관해 좌반구와 '인지' 경험을 공유하지 못하지만 '정서'적 의미는 공유할 수 있다고 한다.[23]

또 한 예로서 에두아르드 클라파레드(Edouard Claparede)라는 한 의사가 건망증 환자를 대상으로 수행한 실험이 있다.[24] 그 환자는 뇌가 손상되었기 때문에, 클라파레드가 누구인지 매번 잊었다고 한다. 그래서 의사는 만날 때마다, 자기를 소개하면서 그 환자와 악수를 했다고 한다. 한 번은 악수할 때 의도적으로 손에 압정을 감추어 환자의 손에 찌르게 하는 실험을 했다고 한다. 그 후 환자는 그 사건을 잊고 진료를 받으러 왔는데, 의사가 손을 내밀어 악수를 청하자 화들짝 놀라며 악수를 거부했다고 한다. 이 실험 후, 클라파레드는 정서 경험에 대한 기억이 없더라도, 정서적 기억 시스템이 작동한다고 결론을 내렸다.

이상의 두 가지 예(뇌 분리환자와 클라파레드의 뇌손상환자)는 '정서'와

---

23 서미숙(2004).

24 서미숙(2004).

'인지' 작용의 메커니즘이 신경생리학적으로 분명하게 구별된다는 것을 보여주는 연구결과이다.[25]

4) '정서'와 '인지'에 대한 불교학 연구

이상에서 서양의 심리학, 상담치료, 생리심리학(뇌과학) 분야에서 진행되고 있는 '정서'와 '인지'에 대한 연구와 치유방법을 살펴보았다.

서구와 비교해 볼 때 인간의 '정서'와 '인지'에 대한 한국의 불교학연구는 초기 단계라 할 수 있다. 대부분의 연구가 개별논문으로 출판되고 있다. 간단히 소개하면 다음과 같다.

우선 '정서'가 발현되는 과정, '정서'의 특징, '정서' 치유 방식에 관해 초기불교의 견지에서 연구한 논문이 있다. 이 연구는 '정서' 발현의 과정을 근根·경境·식識의 구조를 통해 분석하였다. 이를 통해 감각이 '정서'의 토대가 되며 감각이 '정서'로 표출되기 위해서는 감각에 대한 내용을 지각하고 사유하는 작용이 필요하다고 분석한다. 이어서 '정서'의 특징을 무상성無常性으로 해석한다. 또한 '정서'는 '정서'의 발생으로 그치는 것이 아니라 뒤이어 '인지' 작용과 행동으로 이어진다는 것을 밝히고 있다. 그리고 부정적 정서를 치유하기 위해 관찰, 대치, 근원 자체를 무상하다고 통찰하는 방식을 제안한다. 특히 '정서'를 치유하기 위해서는 '정서'의 내용과 원인에 대한 바른 앎이 중요함을 강조한다.[26]

---

25 서미숙(2004).

26 이필원, 「초기불교의 정서이해-인지심리학의 관점을 중심으로」, 『인문논총』 67, 2012, pp.49~80.

이 밖에 부정적 정서는 우리의 몸과 마음에 상처를 입히며, 이러한 상처를 치유하기 위한 가장 핵심이 되는 방법을 '정서'의 수용이라고 주장한 연구도 있다. 이 연구는 우리가 감정이나 느낌(정서)을 있는 그대로 받아들일 때, 치유의 가능성이 열린다고 주장한다.[27]

다음은 다양한 '정서' 가운데 특히 분노나 불안, 우울증의 치유방안을 제안한 연구가 있다. 이 논문은 분노는 계율의 실천을 방해하는 근본요인이며 반드시 제거해야 하는 번뇌라고 규정한다. 그리고 『청정도론(Visuddhimagga)』을 중심으로 그 치유방법을 고찰하여 자애명상(mettā bhāvanā)을 제안하고 있다. 곧 분노란 마음에 들지 않는 대상에 대한 반발, 거부이자 불쾌감의 '정서'이므로, 결국 상대방에 대한 자애로움이나 연민과 같은 감정을 통해 근본적으로 다스릴 수 있다고 주장한다.[28]

한편 대승불교 유식학의 견지에서 '정서'를 심층의 정서, 말나식의 정서, 표층의 정서로 나누고, 근본적인 번뇌 '정서'를 말나식의 '정서'인 아만我慢과 아애我愛로 정의한 연구가 있다. 이 논문은 분노는 그 기저에 있는 아만과 아애의 '정서'를 이해함으로써 본질적으로 치유할 수 있다고 주장한다. 특히 이 연구는 '정서'의 발현과정과 그 분류체계를, 학자 각자가 중요하게 생각하는 기준에 따라 다양하게 제시하고 있지만, 아직 이에 대한 합의가 이루어지지 않았다는 주목할 만한

---

27 전미옥, 「초기불교의 지각과정과 정서의 관계성 연구」, 『동아시아불교문화』 28집, 2016, pp.144~150.

28 이자랑, 「계율에 나타난 분노의 정서와 자애를 통한 치유」, 『한국선학』 제28호, 2001, pp.249~282.

지적을 하고 있다.[29]

또 다른 연구로 코로나-19 팬데믹 상황이 지속되면서 마음에 생겨난 정서불안의 문제를 불교적 견지에서 고찰하고 그 해결방안을 유식학의 사심사관四尋伺觀의 관점에서 모색한 것이 있다. 이 연구는 초기불교, 아비달마불교, 유식학 경전에 나타난 불안의 의미와 명칭을 살펴보고 유식학의 사심사관에 의거하여 불안이 해소되는 과정을 분석하였다.[30]

이외에 현대인이 안고 있는 심각한 정신질병 가운데 하나인 우울증의 해결방법을 모색한 연구도 있다. 이 연구는 우울증 치유를 위해서 마음챙김 명상과 자기연민 명상이 상호보완적 역할을 할 수 있다고 주장한다.[31]

한편 교육현장에서 '정서'를 어떻게 가르칠 수 있는지에 대한 흥미로운 연구도 있다. '정서' 교육 관점에서 붓다의 가르침을 분석하여 도덕교육의 의미를 연구한 것이다. 이 연구는 현 사회가 '정서' 표현의 방향성 및 기준을 상실하였기 때문에 '정서'가 사회문제로 대두되고 있다고 진단하면서 그 대책을 마련할 필요가 있다고 주장하였다. 붓다의 가르침에 기반한 '정서' 교육의 목표는 이고득락離苦得樂, 즉 괴로움을 극복하여 행복에 이르는 것이며, '정서' 교육의 내용은 연기법緣起法과

29 박지현·최태산, 「만심·탐심·진심을 통해 본 번뇌의 정서심리학」, 『인문학연구』 51, 2016, pp.517~553.
30 안환기, 「코로나-19 팬데믹 시대, 정서불안에 대한 유식학적 모색 —사심사관四尋伺觀을 중심으로—」, 『동아시아불교문화』 48, 2021, pp.411~439.
31 송영숙, 「우울증에 대한 불교심리학적 이해와 명상의 치유기능」, 『선학』 제45호, 2016, pp.199~227.

사성제四聖諦를 인식하여 마음을 변화시키는 것이라고 말한다. 그리고 행복은 부정적·해로운 마음(不善)을 긍정적·유익한 심리(善)로 변화시킴으로써 생겨난다고 보고, 붓다의 가르침과 방법이 이른바 '정서' 교육과 다르지 않다고 주장한다. 그리고 붓다가 활용한 '정서' 교육의 방법과 효과를, 대화법을 통한 '정서'의 변화, 자신을 모델링으로 한 '정서'의 체화, 사마타 명상을 통한 '정서'의 안정, 위빠사나 명상을 통한 통찰지의 확립이라고 정의하고 있다.[32]

이상에서 살펴보았듯이 불교의 견지에서 '인지'와 '정서'에 관한 연구는 아직 체계적으로 진행되지 않은 상황이라 할 수 있다.

3. 글의 구성

본 저서는 다음과 같은 순서로 논의한다.

1부에서는 '정서'와 '인지'작용의 토대가 되는 몸과 마음을 살펴본다. 이를 위해 1장에서는 몸과 마음을 유기적 관계로 보는 초기불교의 5온·12처·18계를 뇌과학의 관점에서 살펴보고, 나아가 유식학의 전5식, 제6의식, 제7말라식, 제8알라야식을 고찰하고자 한다. 특히 유식학에서 몸과 마음의 유기적 관계를 안위동일(安危同一, ekayogakṣema: 편안함과 위태로움을 함께한다)'로 표현하고 있음에 주목하고자 한다. 2장에서는 유식학(법상종)의 5위100법이 생겨난 배경, 기원 등을『구

---

32 장승희, 「초기불교에서 마음의 구조와 붓다의 정서교육」, 『윤리교육연구』 39, 2016, pp.41~65.

사론』의 5위75법과 비교하면서 기술한다. 그리고 5위100법이 담겨 있는 문헌을 소개한다.

2부에서는 5위100법 가운데 마음(심)과 마음작용(심소)을 '정서'와 '인지'로 분류하고 이에 대해 살펴본다. 우선 1장에서는 '정서' 작용의 메커니즘을 유식학의 견지에서 고찰하고 뇌과학에서 제시하는 편도체, 시상하부, 부신피질, 호르몬 분비의 과정과 비교·분석해 본다. 이어서 '정서'를 '부정적 정서'와 '긍정적 정서'로 나누어 고찰하고, 각각의 '마음작용(심소)'에 대한 현대적 의미를 기술한다. 여기서 필자는 '부정적 정서'를 해탈에 방해가 되는 번뇌로 '긍정적 정서'를 해탈에 도움이 되는 것으로 정의한다.

2장에서는 우선 인지작용의 메커니즘을 유식학과 뇌과학의 관점에서 비교한다. 특히 제6의식과 전전두엽, 제7말나식과 좌뇌의 상후두정엽(Parietal lob), 제8알라야식과 대뇌피질(Cerebral cortex)의 작용에 주목해서 고찰하고 이에 대해 논한다. 이어서 '인지'를 '부정적 인지'와 '긍정적 인지'로 나누어 고찰하고 그 현대적 의미를 기술한다.

3부에서는 치유를 통해 건강한 몸과 마음을 만드는 과정을 살펴본다. 1장에서는 부정적 정서가 무상함을 통찰하는 유식학의 수행관을 살펴본다. 특히 부정적 정서를 순화하는 방법으로서 긍정적 정서(선한 마음과 상응하는 마음작용)'의 함양에 주안점을 두고 분석할 것이다. 이와 함께 미국의 심리학자인 칼 로저스(Carl Ransom Rogers, 1902~1987)의 3가지 핵심 조건(공감, 무조건적 존중, 일체감 혹은 진실함)이 탐냄·성냄·어리석음을 순화하는 치유조건이 됨을 살펴본다. 그리고 이를 긍정적 정서(선한 마음과 상응하는 마음작용)의 함양을 통한 부정적 정서의 순화과정에 응용해 본다. 또한, 허버트 벤슨(Herbert Benson, 1935~)의 '이완반응(Relaxation Response)'이 부정적 정서를 완화하는 과정을 살펴본다.

2장에서는 왜곡된 인지를 있는 그대로 볼 수 있도록 하는 유식학의 수행관을 살펴본다. 특히 호법護法의 '4가지 마음의 영역(4분설)'을 통해 인지의 기반이 되는 마음을 깊이 있게 분석해 본다. 나아가 유식학의 '가행위'에서 제시하는 '4가지 통찰(4심사관)'과 '4가지 있는 그대로 보는 지혜(4여실지)'를 통해 '탈중심화'에 이르는 과정을 살펴본다. 이와 함께 미국 정신과 의사인 아론 벡(Arun Beck, 1921~)의 핵심 믿음, 중간 믿음, 자동적 사고로 구성된 인지치료 모델을 고찰하고, 이를 유식학의 수행관과 비교·분석해 보고자 한다. 또한, 유식학의 '4가지 통찰(4심사관)'과 서양심리학의 '탈중심화' 이론을 비교해 본다. 마지막으로, 메타인지를 '구별하는 작용을 확인하는 작용(자증분)', '확인하는 작용을 다시 확인하는 작용(증자증분)'의 견지에서 해석해 볼 것이다.

1부

. . .

몸과 마음

불교는 마음을 관찰하여 해탈에 이르는 것을 궁극의 목표로 삼고 있다. 깨달음을 이룬 붓다는 변하지 않는 것은 없으며, 인연에 따라 현상의 흐름이 생겨난다고 통찰하였다. 그리고 5온·12처·18계를 통해 인간의 몸과 마음을 유기적인 관계로 설명하였다.

불교사상사를 살펴볼 때, 인간과 존재에 대한 설명은 더욱 세밀하게 진행된다. 부파불교 설일체유부의 5위75법과 대승불교 유식학의 5위100법이 그 예가 된다. 이러한 분류체계는, 그 이면을 살펴보면 모두 몸과 마음을 기반으로 펼쳐진 인식과 존재의 세계를 나타내고 있다.

본 논의에서는 '정서'와 '인지' 작용의 토대가 되는 몸과 마음의 관계를 초기불교의 5온·12처·18계를 중심으로 고찰한다. 나아가 부파불교의 5위75법에서 대승불교 유식학의 5위100법에 이르기까지 인간을 설명하는 변화양상을 살펴보고, 그 현대적인 의미를 논의하고자 한다.

1장 몸과 마음의 유기적 관계

1. 5온·12처·18계

불교는 몸과 마음의 관계를 구체적으로 어떻게 설명하고 있을까? 고타마 붓다는 최상의 깨달음 곧 '그 이상이 없는 바르고 평등한 깨달음(무상정등각無上正等覺)'에 이른 후, 인간을 포함해서 현상 전체를 한편으로는 5온五蘊으로 설명하기도 하고, 한편으로는 12처十二處를 통해 그리고 다른 한편으로는 18계十八界로 설명하였다. 이 3가지(3과三科)는 초기불교 이래 불교 전반에서 제시하는 존재에 대한 분류방식이다. 본 절에서는 경전을 기반으로 무아의 관점에서 5온·12처·18계를 살펴본다.

1) 5온

(1) 무아의 통찰

① 5온 무아

5온은 색(色, rūpa)·수(受, vedanā)·상(想, saṃjñā)·행(行, saṃskārā)·
식(識, vijñāna)의 5가지 관점에서 인간을 구분하고 설명한 것이다.
'색'은 몸을 나타내며 '수·상·행·식'은 마음의 작용을 구체적으로 분류
한 것이다. 여기서 '수'는 느끼는 작용을, '상'은 대상에 대해 생각하는
작용을, '행'은 의욕을, 그리고 '식'은 판단하고 선택하는 작용을 말
한다.

　인간의 내부에 아트만(ātman)이나 영혼(soul)과 같이 영원히 존재하
는 무엇인가가 있다고 여기는 사람들에게, 인간은 색·수·상·행·식과
같은 5가지 요소가 모여진 것에 불과하다고 설한 것이 5온설의 핵심이
다. 붓다는 이 사실을 정확히 알기 위해 자신의 모습을 근본적으로
성찰할 것을 제안하였다. 또한, 다음의 글에서 보듯이, 5온 각각도
생겨나고 사라지는 존재로서 영원하지 않음을 관찰하라고 말하였다.

　어느 때 부처님께서 사위국 기수급고독원에 계셨다. 그때 세존께서
　모든 비구들에게 말씀하셨다. 5수음受陰이 있다. 어떤 것이 다섯
　가지인가? 색수음과 수수음·상수음·행수음·식수음이니, 이 5수
　음은 다 생겨나고 사라지는 법(生滅法)이라고 관찰하라. 이른바
　'이것은 색이요, 이것은 색의 발생이며, 이것은 색의 소멸이다.
　수·상·행도 마찬가지이며, 이것은 식이요, 이것은 식의 발생이며,
　이것은 식의 소멸이다'라고 관찰하라.[1]

인용문에서 언급되고 있는 '5수음'은 '5온'에 대해 집착이 가해진 것을 의미하는 개념이다. 그래서 '5취온五取蘊'이라고도 한다. 윤회의 세계에 존재하는 인간은 모두 '5수음'으로 구성되어 있다고 본다. '5수음'은 색수음·수수음·상수음·행수음·식수음을 말한다.

이 '5수음(오취온)' 가운데 '색수음'은 물질을 의미하는 것으로서 집착된 우리의 몸을 가리킨다. 사실 인간은 대부분 자신의 몸에 대해 집착을 하면서 살아간다. 자신의 몸이 항상 건강하고 아름다운 상태로 존재할 것이라고 착각한다. 그러나 병이 들고 늙어서 초췌한 모습이 되면 그것을 보고 괴로워한다. 붓다는 이러한 고통이 몸에 대한 집착에서 생겨난다고 보았다. 그리고 이 집착을 없애는 방법으로서 몸을 구성하고 있는 물질의 근본 모습을 통찰할 것을 제안한다. 곧 몸은 4대(지·수·화·풍)로 이루어져 있으며, 4대는 영원하지 않기 때문에 그것으로 구성된 우리의 몸 또한 영원하지 않음을 정확히 보라고 한다. 그러면 몸에 대한 집착이 사라질 수 있다고 한다.

마찬가지로 우리의 마음(수수음·상수음·행수음·식수음)도 모두 변하며 영원하지 않음을 있는 그대로 보라(여실지견如實知見)고 한다. 곧 '수'는 느끼는 작용을 말하며, 여기에는 즐거운 느낌, 괴로운 느낌, 또는 즐겁지도 괴롭지도 않은 느낌이 있다고 분석한다. 그리고 이 느낌은 우리가 경험하듯이 항상 변하기 때문에 영원하지 않음(무상無常)을 자각하라고 한다. '상'은 앞에서 언급했듯이 마음에 나타나는 이미지를 일컫는다. 붓다는 우리 마음에 떠오른 이미지 또한 영원히

---

1 『雜阿含經』 제3권 제59경 「생멸경生滅經」(T02).

존재하지 않고 상황에 따라 변함을, 즉 조금 전에 떠올랐던 이미지가
다른 것으로 바뀌는 현상을 자각하라고 한다. 마찬가지로 붓다는
마음의 능동적 작용으로서 의지나 욕구를 말하는 '행' 또한 영원히
그 모습대로 존재하지 않는다고 설하였다. 또한, 대상에 대한 지각
(受)·표상(想)·의지(思)·분석(勝解·尋·伺)·판단(慧) 등과 함께하면
서 대상을 종합적으로 인식(了別)하는 '식' 역시 상황에 따라 계속
변한다는 것을 제대로 통찰하라고 하였다.[2]

붓다는 참다운 지혜로써 '5온'에 대해 깊이 관찰하여 그것이 영원히
존재하지 않음(무아)을 체득한다면, 윤회의 세계에서 벗어나지 못하게
하는 3가지 결박(三結)을 끊을 수 있다고 하였다. 이 3가지 결박은
5온의 일부 또는 전체를 '나'라고 여기고 그것이 영원히 존재한다고
집착하는 '유신견有身見', 올바르지 못한 계율이 열반으로 인도하는
길이라고 생각하고 그것을 받들고 집착하는 계금취견戒禁取見, 그리고
불교가 제시하는 진리에 대해 의심(疑)하는 것을 말한다. 나아가 범부
凡夫의 지위를 초월하여 4향4과 중 첫 번째의 과果인 예류과豫流果에서
수행에 대해 확신하게 될 것이며, 계속해서 수행하면 결국 깨달음의
경지인 아라한과阿羅漢果를 증득하게 될 것이라고 말하고 있다.[3]

---

2 『雜阿含經』 제3권 제61경 「분별경分別經」(T02).

3 4향4과四向四果는 아라한의 경지에 도달하기 위한 과정을 4단계(4향)로 분류하고,
그 각각의 결과(4과)를 예류과豫流果, 일래과一來果, 불환과不還果, 아라한과阿羅漢
果로 표현한 것이다. 예류는 깨달음에 이르는 길을 하천의 흐름에 비유하여
그 흐름에 참여한 것, 일래는 수행의 과정에서 한 번 더 욕계의 세계에 태어나는
것, 불환은 욕계로 더 이상 돌아오지 않는 것, 아라한은 해탈의 상태를 말한다.

이 과정을 통해 집착이 가해진 5취온이 완전히 극복된 상태, 즉
집착이 사라져서 번뇌가 없는 5무루온無漏蘊의 상태가 되며, 이 경지는
완전한 깨달음의 상태인 열반의 경지라고 말하고 있다.[4] 붓다는 5온의
본모습을 정확히 통찰하면 결국 완전한 깨달음에 이를 수 있음을
보여주고 있다.

②불교사상사에서 5온의 위상

붓다는 인간이 색·수·상·행·식의 5가지가 화합하여 만들어진 것이
며, 이 5가지가 흩어짐으로써 소멸하는 존재임을 보여주었다.

붓다가 적멸한 후 사람들은 붓다의 가르침을 이해하기 위해 노력하
였다. 붓다가 옆에 있다면, 잘 이해되지 않은 부분에 대해 바로 설명을
들을 수 있었을 것이다. 하지만 그들은 붓다의 가르침이 기록되어
있는 경전의 글귀나 붓다의 가르침을 전해 들었던 사람들의 의견을
참조하면서 이해해야 했다. 이런 배경에서 사변적으로 분석하는 경향
이 생겨났다. 불멸 후 100여 년이 지난 부파불교 시대에 이르게 되면서
붓다의 가르침이 더욱 체계적인 이론으로 정립된다. 그 결과물이
아비달마(阿毗達磨, Abhidharma) 문헌이다. 아비달마란 아비(abhi)와
다르마(dharma)의 복합어로서 붓다의 가르침(다르마)에 대한(abhi)
연구와 해석을 말한다.[5] 다양한 교설, 진리, 법칙, 존재, 존재요소에

---

4 『雜阿含經』 제3권 제61경 「분별경分別經」(T02).

5 'abhi'는 '~에 대한'이라는 뜻과 함께 '뛰어난(勝)'이라는 뜻을 가진 접두어이다.
  그리고 'dharma'란 붓다의 가르침인 '법法'을 말한다. 부파불교 가운데 하나인
  설일체유부說一切有部 학파에서는 '부처님의 법에 대한 설명'이라는 뜻으로 아비달

대해 분석하고 체계적으로 정리한 것이다.[6]

특히 부파불교의 설일체유부說一切有部는 5온(色·受·想·行·識蘊)
을 보다 세밀하게 분류한다. 우선 색온色蘊과 식온識蘊은 그대로 물질
의 법(색법色法)과 마음의 법(심법心法)으로 분류하였고, 행온行蘊은
'마음과 상응하는 행'과 '마음과 상응하지 않는 행'으로 나누어서 전자는
수受·상想을 포함하는 마음작용의 법(심소법心所法)에, 후자는 따로
독립시켜 '마음과 상응하지 않는' 심불상응행법心不相應行法으로 분류
했다. 그리고 인과의 법칙을 벗어나 생성과 소멸의 작용이 없는 것을
무위법無爲法이라 하여, 이 5가지를 5위라 불렀다.[7] 설일체유부는
이 5위 각각에 법(존재요소)들을 분류하여 이른바 5위75법의 체계를
수립했다. 그리고 이 요소(법)들의 이합집산離合集散에 의해 현상세계
가 생겨나고 소멸한다고 주장했다.

하지만 현상을 구성하는 요소가 영원히 존재한다는 설일체유부의

마를 사용한다. 한편 남방 상좌부에서는 '뛰어난 법(승법勝法)'이라는 뜻으로 사용
한다. 하지만 양자가 주장하는 '부처님의 법에 대한 설명(대법)'이나 '뛰어난 법(승
법)'은 붓다의 가르침(다르마)을 체계적이고 논리적으로 조직한 것을 의미한다는
점에서는 같다.

6 불교에서 법(다르마)은 교설, 최고의 진리, 법칙, 존재, 존재요소 등 다양한 의미를
지닌다. 교설은 깨달음의 내용을 가르치며 설명하는 것, 최고의 진리는 깨달음의
내용, 법칙은 깨달음의 차원에서 본 세계를 구성하는 원리, 존재는 깨달음의
차원에서 본 세계의 양상, 존재요소는 일체 현상을 구성하는 것을 표현한다.
법(다르마)은 깨달음의 다양한 양상을 모두 포괄하는 개념이다. 본 저서에서는
논의의 맥락에 따라 법을 때로는 최고의 진리로, 때로는 깨달음의 차원에서
본 존재로 표현하고자 한다.

7 http://encykorea.aks.ac.kr/Contents/Item/E0078336(2022.11.29.).

실체론적 생각은 붓다의 본지인 무아설에 어긋난다는 비판을 받게 된다. 그 대표적인 예가 용수(龍樹, 150~250년경?)의 비판이다. 용수는 '공空'의 입장에서 설일체유부를 비판하면서 대승불교 중관학의 큰 흐름을 형성했다. 용수가 주장한 '공'은 '텅 빈'을 의미하는 것이 아니다. 붓다가 제시한 '무아'를 재해석하여 제시한 것이다. 앞에서 말했듯이 '무아'는 불변하는 실체가 없음을 의미한다. '공' 또한 실체를 부정하는 의미로서 제시된 것이다.

용수에 의해 비판을 받았지만, 존재를 체계적으로 설명하고 있는 설일체유부의 5위75법은 이후 유식학의 법상종에 큰 영향을 주게 된다. 법상종은 마음을 중심으로 현상을 분석하여 5위100법을 제시했다. 법상종은 5온 가운데 색온色蘊을 물질의 법(색법色法)으로, 식온識蘊을 마음 곧 심왕心王으로 분류했다. 그리고 설일체유부와 마찬가지로 행온行蘊을 '마음과 상응하는 행'과 '마음과 상응하지 않는 행'으로 나누었다. 법상종은 전자를 수受·상想을 포함하는 마음작용의 법(심소법心所法)으로, 후자는 따로 독립시켜 마음과 상응하지 않는 법(심불상응행법心不相應行法)으로 분류했다.

법상종은 설일체유부가 57개의 법(존재요소)이 실체라고 주장한 것과 달리, 100개의 법은 '모두 실체가 아니며' '임시로 세운 것(假立)'이라는 입장을 보였다.[8] 법상종은 붓다의 본지를 철저히 계승하여, 현상을 구성하는 100가지 요소(법)는 모두 무아(法無我)이며, 이 요소(법)들로 구성된 존재 또한 무아(人無我)임을 주장한다. 초기불교의 무아론

---

8 『成唯識論卷』 7권(T31).

은 대승불교 유식학으로 계승되어 인무아人無我와 법무아法無我의 2무아二無我의 사상으로 전개되었다.

이상에서 살펴본 바와 같이, 불교사상사에서 5온은 5위75법과 5위 100법이 생겨나는 토대가 되었다.

(2) '5온', 몸과 마음의 관계

앞에서 붓다가 '5온'을 설한 목적을 살펴보았다. 본 논의에서는 몸과 마음의 측면에서 '5온'을 고찰해 보고자 한다.[9]

불교에서 '색온'은 외계 또는 외계와 접하는 곳이며, 수온·상온·행온·식온은 내부에서 일어나는 마음의 작용을 나타낸다. '색온'이 몸을 나타내는 것이라면, 수온·상온·행온·식온은 마음의 영역을 가리킨다. 불교에서는 이 '5온'을 통해 몸과 마음이 유기적 관계임을 보여준다. 곧 '5온'은 외계로부터 온 자극이 감각기관을 통해 받아들여졌을 때, 이에 반응하여 마음의 작용이 생겨나는 현상을 구조적으로 분석한 것이다. '5온'은 몸과 마음이 독자적으로 작용하면서 존재하는 것이 아니라 서로 의존하는 관계 곧 연기적 관계임을 나타낸다.

그렇다면 구체적으로 몸과 마음을 연결하는 접점은 무엇이 될 수 있을까? 필자는 대상을 받아들이는 감각기관인 '5근' 가운데 '승의근勝義根'에 주목해 보고자 한다.

---

9 초기불교 이후 부파불교와 대승불교에서는 '5온'을 개인 존재에서 확대하여 일체 존재의 구성요소로 본다. 이 관점에서는 대체로 색色을 물질계(色: 물질적 요소)로 보고 수受·상想·행行·식識은 마음(6식 또는 8식)과 그 작용에 관한 것으로서 정신계 (名: 정신적 요소)를 의미하는 것으로 본다.

'5근'은 '색온'에 속한다. '색온'은 4가지 원소(四大種, 지·수·화·풍)로 만들어진 것(四大種所造色)을 말한다. 우선 4가지 원소를 자세히 살펴보면, 지地는 뼈, 손톱, 머리카락 등과 같이 육체의 견고함을 나타낸다. 수水는 침, 혈액, 오줌 등과 같은 유동적이고 습한 성질을 말한다. 화火는 체온과 같이 따뜻하고 건조한 성질을 나타낸다. 그리고 풍風은 몸속의 기체와 같이 가벼움 또는 운동성을 가리킨다.[10] 이 4가지 원소로 만들어진 것에는 감각기관의 대상인 5경(五境, 색·성·향·미·촉)과 5가지 감각기관인 '5근五根' 그리고 무표색(無表色, 외부로 표출되지 않는 신체적인 행위와 언어적인 행위)이 있다.

설일체유부와 유식학에서는 '근根'을 더욱 세밀하게 구분하여 '승의근勝義根'과 '부진근扶塵根'으로 나누어 설명하고 있다. '승의근'은 4대종(지·수·화·풍)으로 만들어진 특수하고 매우 미세한 것이다. 맑고 투명한 물질(정색淨色, rūpa prasāda)로 만들어진 내적인 감각기관을 말한다.[11] '승의근'은 육신의 눈·귀·코·혀·몸과 같은 거친 물질이 아니다. 현대의학의 견지에서 볼 때, 감각신경과 같은 기능을 일컫는 것으로 보인다. 한편 '부진근'은 눈이나 귀와 같은 육신의 외적 감각기관을 말하며 '승의근'을 돕는다는 뜻이 있다.[12]

---

10 모로 시게키 저, 허암 역, 『오온과 유식』, 민족사, 2015, p.79.

11 권오민, 『아비달마불교』, 민족사, 2003, pp.69~81.; 『瑜伽師地論』 卷五十七(T 30).

12 이러한 견해는 현대 생리학(적 심리학)에서 몸을 바라보는 관점과 유사하다. 현대 생리학에서는 몸을 '인식을 만들어내는 수단'이라고 보고 있다(모로 시게키 저, 허암 역, 『오온과 유식』, 민족사, 2015, pp.65~66).

이 관점에 따르면 '색온'은 단지 외부에서 확인할 수 있는 눈, 귀, 코, 혀, 피부로 이루어진 몸(부진근)만을 의미하지 않는다. '색온'은 대상을 인식하는 깨끗하고 미묘(淨妙)한 '승의근'을 포함하고 있다. '승의근'은 '부진근'을 통해 받아들여진 정보를 더욱 정확하게 인식하여, 마음의 영역인 느끼고(수), 생각하고(상), 의욕을 일으키고(행), 판단하는 작용(식)의 토대로서 그 역할을 한다. 이 관점에서 '승의근'은 몸과 마음을 이어주는 역할을 하는 것으로 보인다.

잘 알려졌듯이 고대 인도인들은 수행을 통해 몸을 관찰하여 그 결과를 경전이나 논서에 기록하였다. 특히 초기불교의 부정관不淨觀은 무덤가에서 시신이 부패하는 모습을 관찰하여 탐욕을 다스리는 수행법이다. 이를 통해 몸이 뼈나 근육, 내장 등으로 이루어졌다고 관찰하였다. 인도 불교도들이 수행을 통해 제시한 '승의근'은 현대의학에서 제시하고 있는 감각 신경계와 유사하다는 점에서 매우 놀라운 발견이라고 할 수 있다.

(3) 5온五蘊의 뇌과학적 해석

앞에서 보았듯이 '색온'은 몸을 나타내는 주요개념이다. 필자는 '색온' 가운데 특히 감각기관을 '승의근'과 '부진근'으로 나누고, '승의근'이 몸과 마음의 관계를 설명하는 주요한 역할을 한다고 보았다.

본 논의에서는 '5온'을 현대 뇌과학의 관점에서 고찰하고자 한다. 뇌과학은 뇌의 신비를 밝혀내 인간의 물리적·정신적 기능을 탐구하는 분야이다. 최근에는 뇌 신경세포가 활성화하는 패턴을 분석하여, 이 패턴만으로 인간이 무엇을 보며 무슨 생각을 하고 어떻게 움직이려는

지를 알아내려는 시도가 진행되고 있다.[13]

이미 살펴보았듯이 '5온'은 인간의 인식과정을 구조적으로 설명하고 있다. 따라서 현대 뇌과학의 견지에서 '5온'을 해석해 보는 것은 의미 있는 작업이라 생각된다.

이를 위해 우선 뇌를 '5온' 가운데 '색온'으로 해석해 보는 것에서 논의를 시작해 보자. 뇌과학의 주요 탐구대상인 뇌는 물질로 구성되었으며 몸의 한 부분이다. 따라서 '5온' 가운데 '색온'에 속한다. 뇌과학에 따르면 우리가 눈으로 대상을 보면 그 정보가 시신경을 통해 뇌에 전달되어 대상을 인식하게 된다. 즉 '5온'의 '색온'인 감각기관(눈)을 통해 대상이 받아들여지고 '색온'인 뇌에 그 정보가 전해지면서 인식의 작용이 생긴다.

이 과정에서 마음의 영역인 수온·상온·행온의 작용이 생겨난다. '수온'은 바깥에서 들어온 소리, 빛, 맛, 촉감 등의 정보를 처음으로 받아들여 느끼는 작용을 표현한 말이다. 받아들인 정보에 대해 '즐거움(樂)', '괴로움(苦)', '괴롭지도 않고 즐겁지도 않음(不苦不樂)'을 느끼는 작용을 말한다. '수온'은 '상온' 및 '행온'과 함께 마음을 만드는 세력이다.

뇌과학의 관점에서 볼 때, '수온'은 대뇌변연계(limbic system)에 존재하는 편도체(amygdala)가 반응을 일으키는 느낌이다. 편도체는 감정을 저장하는 감정중추이다. 외부 자극으로 감각기관에 들어온 것은 시상(thalamus)[14]을 거쳐 편도체에 빠르게 전달된다. 따라서 시각피질을

---

13 https://www.etri.re.kr/webzine/20170915/sub04.html(2022.12.15.).
14 시상(thalamus)은 통합중추로서 주요 감각계의 최종 중계소다. 즉 시각계, 청각계

통해 자세한 모습을 분석하기 전에 '느낌'이 먼저 일어난다고 한다.
예를 들자면 선인장 가시나 장미꽃 가시에 찔려 몹시 아팠던 경험이
있을 것이다. 그러한 경험을 한 사람은 그 후 선인장만 보면 자신도
모르게 아픈 느낌이 먼저 생겨난다고 한다. 이것은 찔려서 아팠던
감정의 기억이 편도체에 저장되어, 선인장을 보기만 해도 움찔해지는
느낌이 나타나는 현상이다. 편도체에 전달된 가시에 찔려 아프다는
이 느낌은 빠르게 시상하부(hypothalamus) → 뇌하수체(pituitary gland)
→ 부신피질(adrenal cortex)로 전달된다고 한다. 그 결과 몸을 움츠리거
나 피하거나 하는 반응이 일어나면서 스트레스 호르몬이 분비되고
얼굴색이 어두워지고, 몸이 뻣뻣해지는 현상이 나타나는 것이라고
한다. 좀 더 자세히 언급하자면, 감각기관에 의해 수용된 정보는 뇌의
'시상'에 전달되고, 여기서 두 갈래로 신호가 펼쳐진다. 그중 하나는
시각피질(감각피질[Cerebral cortex])로 향하고 다른 하나는 편도체로
향한다. 편도체로 가는 정보는 시각피질로 가는 것에 비해 상세하지는
않지만, 상대적으로 빠르게 전달된다고 한다. 그리고 이 과정에서
생겨나는 느낌(감정)은 편도체에 저장된 기존의 정보를 참조한 결과
나타나는 현상이라고 한다.

다음은 '5온' 가운데 '상온'이 형성되는 과정을 살펴보자. 감각정보가

및 체감각계는 시상을 거쳐 대뇌피질에 투사된다. 또한, 운동 신호를 중계하고,
의식과 수면을 조절하는 모든 감각신경이 이곳(시상)에 모였다가 다시 해당
감각 대뇌피질 및 대뇌변연계, 뇌간 망상체 그리고 소뇌 등으로 전달된다. 단,
후각은 시상을 거치지 않고 곧바로 후각피질로 들어간다. https://ko.wikipedia.
org/wiki/시상(2022.10.28.).

신경을 통해 전달되는 곳인 '시상'에서는 편도체뿐만 아니라 앞에서
언급한 바와 같이 대뇌의 감각피질(Cerebral cortex)로도 정보가 전달
된다. 뇌과학에 따르면 대뇌의 감각피질을 통해 감각대상이 인식
(perception)되는 과정은 두 단계라고 한다. 우선 감각기관(5근)을 통해
들어온 감각의 정보가 대뇌의 감각피질에서 감각표상(percept)을 생성
한다. 다음은 기억된 정보를 떠올려 뇌에 표상된 것과 비교하여 새로
들어온 그것이 무엇인지 아는 작용 곧 '상온'이 생겨난다.[15] 대뇌 감각피
질로 전달된 정보의 모양이 인지된 '상온'은 편도체로 전달되어 '수온'을
조절하기도 한다고 본다.

〈도식 1-1〉【감각정보의 반응 경로】

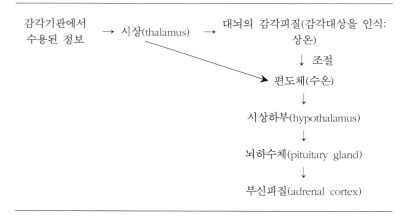

다음은 마음의 능동적 작용으로서 의지를 말하는 '행온'을 살펴보자.
'행온'은 '상온'과 '수온'의 영향을 받는다. 예컨대 장미꽃이 안근眼根에

---

15 문일수, 『오온과 전5식』, 무량수, 2020, p.108.

의하여 받아들여져서 그것이 '시상'으로 전달되었다고 하자. 이때 '시상'에서 편도체로 가는 정보는 느낌(수온)을, 그리고 시각피질(대뇌의 감각피질)로 가는 정보는 인식(상온)을 만든다. 뇌는 신경으로 복잡하게 연결되어 있어서, 어느 한 곳에서 시작한 신경 에너지는 활발하게 다른 곳으로 전달되어 나간다고 한다. 즉 편도체와 시각피질로 나간 뇌의 활성화된 에너지는 다른 뇌부위로도 전달된다는 것이다. 따라서 이러한 에너지의 전파는 수온, 상온을 형성하고 거기에 맞추어서 행동하려는 욕구가 생성된다고 해석된다. 구체적으로 행동·말·마음(身口意)으로 표현하고자 하는 의욕이 생겨나는데, 뇌과학에서는 이것을 에너지의 활성에 의해 생겨난다고 본다.[16]

한편 '식온'은 인식대상을 구별하여 이해하는 것(了別)을 말한다. '행온'과 '상온'·'수온'은 설일체유부와 유식학에서 '마음작용의 법(심소법)'으로 분류되고 있으며, '식온'은 '마음의 법(심법 또는 심왕)'으로 분류되고 있다는 점을 고려할 때, '식온'은 보다 주체적으로 작용한다고 볼 수 있다. 뇌과학의 견지에서 보면, '식온'은 대뇌의 전전두피질(dorsolateral prefrontal cortex)의 역할, 곧 감정과 행동 그리고 기억을 통합하는 작용에 비견된다.

---

[16] 1983년 샌프란시스코 캘리포니아 대학 의과대학(UCSF) 신경연구소의 리벳(Benjamin Libet, 1916~2007) 등이 '어떤 움직임을 해야겠다고 의식적으로 느끼기 전에 이미 뇌는 그 행동을 위한 준비를 시작하고 있다'는 실험결과를 발표했다고 한다. 즉 어떤 행동을 위한 뇌활성이 선행한다는 것이다. 그들은 이 뇌활성에 해당하는 뇌파를 '준비전위(readiness potential, RP)'라고 명명하였다. 문일수는 행동에 앞서 일어나는 이 무의식적 뇌활성이 '행온'이라고 본다(문일수〔2020〕, pp.119~120.).

2) 12처

(1) 몸과 마음의 관계

12처는 존재 전체를 6근인 안처眼處·이처耳處·비처鼻處·설처舌處·
신처身處·의처意處와 6경六境인 색처色處·성처聲處·향처香處·미처味
處·촉처觸處·법처法處인 총 12가지를 처處로 분류한 법체계이다.

처(處, āyatana)는 '마음(심)'과 '마음작용(심소)'을 생겨나게 하고
증가시키는 문(門, dvāra)이라는 뜻이다. 달리 말하면 12처의 각 처處는
현재 생겨나지 않은 '마음(심)'과 '마음작용(심소)'을 생겨나게 하고,
이미 생겨나서 작용하고 있는 마음의 세력을 강하게 하는 역할을
한다는 것을 의미한다. 예를 들면 여행을 다녀온 후 여행지에서 찍은
사진을 보면, 사진에 찍힌 장면들이 감각기관으로 들어오게 된다.
이때 눈(眼)은 우리의 마음에 사진이라는 시각적인 정보가 들어오는
문이라는 점에서 그것을 안처라고 부른다. 또한, 여행 중에 찍었던
사진을 계속 보면서 우리의 마음은 그곳에서 경험했던 것을 더욱
생생하게 떠올리게 된다. 이것은 이미 작용하고 있던 마음의 작용이
강해지는 현상이다. 모두 '처'에 의해서 생겨난 현상이라 할 수 있다.[17]

초기불교에서는 일체의 존재가 이처럼 열두 가지 문(12처)을 통해
우리 마음속으로 들어온다고 정의하고 있다. 『아비달마구사론』에서
도 '처'를 '마음(심)과 마음작용(심소)을 생기게 하는 문'이라고 한다.[18]

---

17 감각기관을 나타내는 6근을 6내처六內處 또는 6내입처六內入處라 하고, 감각기관
   을 자극하는 6경을 6외처六外處 또는 6외입처六外入處라고 부르기도 한다(『阿毘達
   磨俱舍論』[T29, 9c16-18]).

18 『阿毘達磨俱舍論』(T29, 5a02), "心心所法, 生長門義是處義."

『대승오온론』에서도 거의 동일하게 기술하고 있다.[19] 마음의 작용을
발생시켜 성장시키는 장소, 바꾸어 말하면 인식을 발생시키고 확장하
는 장소를 12처라고 보는 것이다. 12처는 일체의 존재를 12가지로
분류하고 마음의 현상이 발생하는 구조를 보여주는 하나의 틀이다.

한편 5온의 견지에서 볼 때, 12처는 5온의 색온을 구체적으로 펼쳐놓
은 것이라고 할 수 있다. 곧 12처에는 5가지 감각기관인 안·이·비·설·
신과 5가지 인식대상(육경)인 색·성·향·미·촉이 속해 있다. 여기에는
인식이 생겨날 때 작용하는 감각기관과 그 각각의 대상이 구체적으로
제시되고 있다. 나아가 12처에서는 5온의 수·상·행·식과 같은 정신적
작용을 의처과 법처로 표현하고 있다. 여기서 의처는 축적된 과거
경험의 총체, 즉 기억의 총체를 의미한다. 또한, 5가지 감각기관인
안처·이처·비처·설처·신처가 각각 5가지 인식대상인 색처·성처·향
처·미처·촉처를 대상으로 인식작용을 일으킬 때, 의처는 그 작용
결과를 대상으로 삼아서 과거 경험했던 기억과 비교하면서 인식작용을
일으키기도 한다. 한편 의처는 감각기관에 의해 형성된 것뿐만 아니라
4성제, 연기, 중도와 같은 진리를 표현하는 개념 및 추상적인 내용과
지식에 대해서도 분별·회상·추리·사고하는 작용을 일으킨다. 곧 의
처의 대상은 법처가 된다.

이처럼 12처는 5온에서 살펴보았듯이 의처를 기반으로 몸과 마음이
유기적으로 연결되어 있음을 보다 구체적으로 보여준다고 해석할
수 있다.

---

19 모로 시게키 저, 허암 역, 『오온과 유식』, 민족사, 2015, p.266.

(2) 뇌과학의 관점에서 본 12처

뇌과학의 견지에서 살펴볼 때, 안처와 색처는 눈을 통해 대상이 수용되는 현상을 나타낸다. 그리고 이처와 성처는 귀를 통해 소리가 전달되는 현상을 말하며, 비처와 향처는 코를 통해 냄새를 맡는 과정을, 설처와 미처는 혀를 통해 맛을 감지하는 과정을, 그리고 신처와 촉처는 피부를 통해 감촉을 느끼는 작용을 나타낸다. 뇌과학에서는 감각기관(눈·귀·코·혀·피부)이 대상을 만나는 순간, 각각의 경로를 통해 에너지가 전달된다고 본다. 예컨대 눈을 통해 물체가 수용될 때 각막, 홍체, 동공, 수정체와 같은 경로를 통해 망막에 상이 맺히고, 이것이 시신경을 통해 뇌에 에너지가 전달된다고 본다.

곧 색경(물체)은 안근(눈)을 통해 받아들여져 안근의 망막에 물체가 맺히게 된다. 이때 에너지는 시신경을 타고 시상으로 가고, 여기에서 대내 후두엽(occipetal lobe)의 시각피질에 전달된다. 이런 과정을 통해 시각피질에 생성된 뇌활성 에너지는 그 색경에 대한 감각표상(감각지, percept)을 만든다. 감각표상을 불교 개념으로 표현하면 '안식'이다. 뇌에 맺힌 상을 말한다. 이제 뇌에 어떤 물체(색경)에 대한 '상'이 생성된 것이다. 하지만 아직 그 '상'이 무엇인지는 모른다.

그 '상'을 아는 것은 '의근'의 작용으로 만들어진다. 안식은 의근의 대상이 되어 그 '상'의 의미가 해석된다. 예컨대 그 '상(안식)'은 '나무이다'라고 파악된다. 5온 가운데 '상온'이 만들어진 것이다. 그런데 아는 과정에는 기억정보와의 대조가 필요하다. '의근'이 바로 그 역할을 한다. 뇌과학에 따르면, '의근'은 전전두엽에 있다고 한다. 전전두엽은 사유작용을 하는 곳이면서 동시에 이전에 경험했던 내용을 저장하는 곳이라는 것이다. 색경의 경우 망막에 맺힌 '상'이 시신경을 통해 시각피질에 맺혀 전전두엽으로 전달되면 그 '상'이 의근에 의해 포섭되어 '상'의 정체가 무엇인지 기억정보와 대조함으로써 그것이 무엇인지 분별한다. 이런 과정을 거쳐 색경에 대한 5온의 '상온'이 일어난다고 할 수 있다.[20]

'상온'은 언어를 사용하여 생각하고 판단하는 마음의 작용이다. 어떤 것을 언어로 표현할 때, 예를 들자면 '이것은 파랗다'라고 표현해도 빛의 밝기에 따라 달라 보이기 때문에 완전히 똑같은 '파란 것'은 없다고 할 수 있다. 그러나 그것을 '파랗다'라는 한마디로 정리해 버리는 기능을 '상'이라고 한다.[21]

안처와 색처를 살펴본 바처럼 뇌과학에서는 감각기관에 의해 수용된 정보가 어떻게 인식되는지를 구체적으로 보여주고 있다. 이에 대한 메커니즘은 다음과 같이 정리해 볼 수 있다.

〈도식 1-2〉【감각정보의 인지 과정】

인식대상 → 감각기관(후각제외) → 대뇌의 시상(thalalmus) → 감각피질(전5식) ← 의근
↓
'의식' 형성

우선 5가지 감각기관(전5근)이 인식대상(5경)을 받아들이게 되면

20 문일수, 『오온과 전5식』, 무량수, 2020, pp.109~110.
21 모로 시게키 저, 허암 역, 『오온과 유식』, 민족사, 2015, p.130.

그 순간 에너지가 변화되면서 전기신호로 전환된다. 이것은 척수신경
또는 뇌신경을 통해 대뇌의 시상(thalalmus)으로 들어가게 된다. 시상
에서는 감각기관(눈·귀·입·피부)에 따라 각각의 감각이 분류된다.
이어서 대뇌피질에 있는 관련된 1차 감각피질(primary sensory cortex)로
전달되어 감각표상(percept, 법경)을 만들게 된다. 전5식(안식·이식·비
식·설식·신식)이 생성된 것이다. 이것은 뇌에 마음의 거울처럼 상
(image)이 맺힌 것과 같다. 단, 후각은 시상을 거치지 않고 곧바로
후각피질로 들어간다고 한다. 의근(의처)은 1차 감각피질에 만들어진
표상(전5식)을 대상으로 하여 의식을 생성한다. 즉 '상'에 대해 분별하는
작용이 만들어진다.[22]

3) 18계

(1) 5온·12처·18계의 가르침

18계(十八界, astādaśa dhātavaḥ)는 존재 전체를 6근인 안계眼界·이계耳
界·비계鼻界·설계舌界·신계身界·의계意界와 6경인 색계色界·성계聲
界·향계香界·미계味界·촉계觸界·법계法界와 6식인 안식계眼識界·이
식계耳識界·비식계鼻識界·설식계舌識界·신식계身識界·의식계意識界
의 총 18가지 요소로 분류하는 법체계이다. 계(界, dhātu)는 요소,

---

22 냄새는 코 천장 후각 상피에 있는 후각수용 신경세포가 감지한다. 이후 이
신경세포가 후각 망울(olfactory bulb)에 신호를 보내면, 후각 망울의 신경세포는
시상(thalalmus)을 거치지 않고 곧바로 편도체와 1차 후각피질로 신호를 전달한
다. 편도체는 감정중추로서 느낌을 불러일으켜 행동에 영향을 미친다. 한편
1차 후각 피질에서는 냄새를 구별하는 후각인지가 생겨난다(문일수[2020], p.159,
pp.184~185.).

원소, 종류 등을 뜻한다. 18계는 12처에 6식을 합한 것으로, 감각기관을 통해 정보(대상)를 수용하여 주관적으로 대상을 인식하는 마음의 구조를 나타낸다.

『아비달마구사론』에 따르면 고타마 붓다가 5온·12처·18계의 3가지 법체계의 분석방식으로 중생에게 가르침을 편 것은 중생들에게 다음의 3가지 이유 곧 어리석음(愚), 근기(根), 즐기는 것(樂)이 있기 때문이라고 한다.[23] 이에 대해 좀 더 자세히 살펴보면 다음과 같다.

첫째, 교화될 유정(有情, 중생)에 3가지 유형의 어리석음이 있어서, 다음과 같이 5온·12처·18계로 나누어 설했다고 한다. ① '마음작용(心所)'의 본성을 정확히 보지 못하고 그것을 모두 나(我)라고 집착하는 수행자에게 '마음작용(심소)'을 수受·상想·행行으로 나누어 상세히 설명하는 5온을 설하였다. ② 유독 물질(色)의 본성을 정확히 알지 못하고 물질을 나(我)라고 집착하는 유형에게는 물질을 5근五根과 5경五境으로 나누어 상세히 설명하는 12처를 설하였다. ③ 물질(色)과 마음(心: 마음과 마음작용을 합한 것) 모두에 어리석어 물질과 마음을 나(我)라고 집착하는 유형에게는 물질과 마음을 각각 10가지와 8가지로 나누어 상세히 설명하는 18계를 설하였다.[24]

둘째, 중생의 근기(根機: 가르침을 받을 수 있는 능력)가 다르기 때문에 다음과 같이 나누어서 가르쳤다고 한다. ① 예리한(利) 근기를 가진 중생에게는 5온을 설하였다고 한다. ② 중간(中) 근기의 유형을 나타내는 중생에게는 12처를 설하였다고 한다. ③ 둔한(鈍) 근기를 가진

---

23 『阿毘達磨俱舍論』(T29, 5b03).
24 『阿毘達磨俱舍論』(T29, 5b04-06).

중생에게는 18계를 설하였다고 한다.[25]

셋째, 고타마 붓다는 중생이 즐기는 것에 따라 다음과 같이 3가지로 분류하여 가르쳤다. ① 간략한 글(略文)을 즐기는 중생에게는 5온을 설하였다. ② 중간의 글(中文)을 즐기는 중생에게는 12처를 설하였다. ③ 자세한 글(廣文)을 즐기는 중생에게는 18계를 설하였다.[26]

한편 『대승오온론』에서는 자신에 대해 집착(我執)하는 성향을 없애는 방법으로 붓다는 5온·12처·18계를 각각 설했다고 한다.[27] 『대승오온론』에 따르면 우선 5온을 설한 것은, 확고하게 존재한다고 생각하는 '나'(一性我執)가 실은 다양한 요소가 모여서 이루어진 것임을 알도록 하기 위한 것이다. 12처는 '식'이 발생하는 장소(감각기관, 6처)를 분류하여, 대상을 경험하는 '나'(受者)는 실은 여러 요소가 모여서 만들어진 것(處)임을 알도록 설한 것이다. 18계는, '식'이 실제로 보거나 듣는 행위의 주체(作者)이며 그것이 '나'라고 집착하는 것에 대해 그것은 요소의 집합체일 뿐이라는 것을 자각하도록 설한 것이다.[28]

(2) 18계를 통해 본 몸과 마음

5온·12처·18계는 인간의 인식세계를 중심으로 현상을 분류한 체계이다. 18계는 5온과 12처와 비교해 볼 때, 더 자세하게 몸(색)과 마음(심과 심소)을 분석하고 있다는 사실을 확인할 수 있다. 5온의 색온은

---

25 『阿毘達磨俱舍論』(T29, 5b06-07).

26 『阿毘達磨俱舍論』(T29, 5b07-08).

27 『大乘五蘊論』(T31, 850b08-10).

28 모로 시게키 저, 허암 역, 『오온과 유식』, 민족사, 2015, p.284.

12처와 18계에서 5근(처, 계)과 5경(처, 계)으로 세분화되며, 수온·상온·행온은 법처와 법계로, 식온은 12처 가운데 의처로 18계 가운데 의계와 안식계·이식계·비식계·설식계·신식계로 구분되고 있다.

〈도표 1-1〉【5온·12처·18계 도표】

5온	색온	수온·상온·행온	식온
12처	오근 ─ 오경 안이비설신 색성향미촉 처처처처처 처처처처처	법처	의처
18계	안이비설신 색성향미촉 계계계계계 계계계계계	법계	의계 ─ 안이비설신의 식식식식식식 계계계계계계

18계는 몸을 구성하는 5가지 감각기관(5근)이 대상(5경)을 만났을 때 5식이 생겨나며, 의근(의계)은 5식(식계)과 법계를 대상으로 한다는 것을 보여준다. 18계의 특징은 몸과 마음의 관계를 5온과 12처에 비해 자세하게 보여주고 있다는 데 있다. 곧 몸을 구성하는 5가지 감각기관이 대상을 만나게 될 때 5가지 마음의 작용인 '식'이 생겨나며, 의근은 그 '식'을 대상으로 삼아 그것을 파악한다. 18계는 이러한 인식작용이 생겨나는 현상을 구조적으로 나타낸다.

(3) 뇌과학으로 본 18계

마음에 대한 뇌과학의 관점은 2000년 노벨 생리의학상을 수상한 에릭 칸델(Eric kandel, 1929~) 교수의 말에서 명백하게 나타난다. 그는

1997년 콜롬비아 대학의 뉴욕주립 정신과학연구소 100주년 기념행사에서 '마음과 몸의 관계에 관한 5가지 원칙'을 발표하였다.[29] 이 가운데 첫 번째 원칙이 '모든 정신적 현상, 심지어 가장 복잡한 심리과정도 뇌의 작용에서 유래한다'였다. 즉 우리가 흔히 마음이라고 일컫는 것은 뇌의 작용에서 생겨난다는 것이다. 마음은 뇌에서 창발(emergence)한다는 입장이다.[30] 창발은 "하위 계층(구성요소)에는 없는 특성이나 행동이 상위 계층(전체 구조)에서 자발적으로 돌연히 출현하는 현상이다."[31] 5가지 감각기관이 색·성·향·미·촉을 대상으로 물질을 느낄 때 에너지가 형성되며, 이에 따라 뇌신경 회로가 활성화되고, 이어서 에너지가 퍼져 나가면서 생겨나는 것이 마음이라는 것이다.[32]

본 논의에서는 특히 18계 가운데 의계(의근)를 중심으로 마음이 생겨나는 과정을 뇌과학의 견지에서 살펴보고자 한다. 앞에서 살펴보았듯이, 불교에서 안근(눈)에 의해 최초로 생성된 '상'은 '안식(안식계)'이다. 이 '상(안식)'은 의근(의계)을 통해서 파악되고 해석된다. '의근'이라는 '일종의 감각기관'에 의해 식별되면서 '상(안식)'은 그 의미를 갖는다. 다시 말하면 의근에 포섭되어 기존에 기억된 내용과 비교·분석될 때 '안식'은 '해석되어' 의식계에 들어온다. 뇌과학에서 볼 때,

29 Kandel, Eric R (1998), "Five principle about the relationship of mind to brain- A New intellectual Framework for Psychiatry," *American J Psychiatry* 155: pp.457~469.

30 문일수(2020), pp.217~218.

31 https://ko.wikipedia.org/wiki/창발(2022.12.17.).

32 문일수(2020), p.217.

이 '안식'은 에너지가 신경에 의해 전달되면서 생겨난 것이다.

뇌과학에서는 감각기관에서 감각대상을 감지하는 부분을 감각수용 영역이라 한다. 예를 들면 '안식'은 망막, '이식'은 속귀의 코르티기관, '비식'은 후각 망울의 후각토리(olfactory glomerulus), '설식'은 혀, '신식' 은 피부와 근육이 그 수용 영역이다.[33] 이 가운데 눈을 통해 들어온 정보는 대뇌의 시상(thalalmus)으로 전해지고 이것은 다시 시각피질로 전달된다. 이후 전전두엽에 의해 그 내용은 분석되고 해석되며 나아가 통합하는 현상이 발생한다. 이 과정은 모두 에너지의 활성화가 입체적 으로 신경망을 타고 퍼져 나가면서 생겨나는 현상이 된다.[34]

뇌과학에 따르면 뇌에는 수많은 신경회로가 동시에 다발적으로 활약하고 있다. 이 신경회로는 뇌에서 일어나는 신경세포들의 활성을 감지한다. 불교에서 말하는 '의근'이 대뇌에 있는 특별한 신경회로인 셈이다. 이 신경회로가 신경세포 가운데 특별한 것을 선택하고 집중하 여 포섭한다. 즉 '의근'이 접근하여 포섭한 뇌신경 활성은 활성이 강해져 서 마음속에 들어온다.[35] 이를 통해 '안식'이 생겨나는 것이라 할 수 있다.

앞에서 살펴보았듯이, 불교에서 '의근'은 법경法境을 대상으로 '의식' 을 형성하며, 또한 '전5식'의 내용을 종합적으로 판단하는 작용을 한다. 이 결과 생성된 '의식'의 내용은 다시 '의근'의 대상이 되어 분별되

---

33 박문호, 『그림으로 읽는 뇌과학의 모든 것』, ㈜휴머니스트 출판그룹, 2022, pp.49~50.; 문일수(2020), p.208.

34 문일수(2020), p.167.

35 문일수(2020), p.34.

고 판단된다. 예컨대 파리에 있는 루브르 박물관에서 모나리자를 보고 그때 그림에 대해 '신비롭다'는 생각을 했다고 하자. 눈으로 보았을 때 모나리자 그림이 '안식'이 되어 나의 '의근'이 그 '안식'에 대해 '신비롭다'고 생각을 한 것이 '의식'이 된다. 그리고 나서 우리는 그 '의식'의 내용을 떠올려 다시 생각할 수 있다. 즉 기억할 수 있다. 이러한 작용 모두 '의근'에 의해 이루어진다고 할 수 있다.

뇌과학과 연결하여 생각해 보면, 이 '의근'은 뇌 속에 생긴 법경(뇌가 활성된 결과)에 접근하여 '의식'을 형성하기도 하고, 또한 '의근'은 '전5식'에 의하여 생겨난 것을 대상으로 '의식'을 형성하기도 한다고 해석해 볼 수 있다. 이 두 가지는 모두 뇌에서 활성화된 법경을 감지한 결과이다. 이 결과는 다시 '의근'의 대상이 될 수 있다.[36]

그런데 '의식'이 생겨나는 근거는 현대 뇌과학에서도 풀리지 않은 수수께끼라고 한다. 지금도 여전히 뇌가 어떻게 '의식'을 생성하는지 모른다고 한다. 추론만 있을 뿐이라고 한다.[37] 사실 붓다도 '의근'에 대해서 구체적으로 설명하지 않았다. 단지 법경을 대상으로 하는 감각기관이며 전5식을 경험(통합)한다고 말하였다.[38] 이에 비해 부파불교와 유식학에서는 보다 구체적으로 의근에 대해 정의하고 있다. 모두 마음이 찰나찰나 생멸하며 지속해서 흘러간다고 표현한다. 하지

---

36 문일수(2020), p.76.

37 문일수(2020), p.22.; 필자는 유식학의 견지에서 볼 때 제6의식의 작용이 뇌의 전전두엽에서 생겨난다고 보는 것이 좋을 것 같다는 의견을 제시하였다. 이에 대해서 본 저서의 2장을 참조하라.

38 문일수(2020), p.27.

만 이 현상에 대한 정의가 다음과 같이 다르다. 부파불교는 현재 이 순간의 마음은 앞 찰나가 사라지면서 생겨나게 하는 것이라고 보고 앞 찰나의 마음을 의근으로 정의하였다. 반면 유식학에서는 마음의 구조를 8가지로 구분하고 제6의식 보다 깊이 존재하는 제7말나식이 '의근'의 역할을 한다고 보고 있다.

2. 유식학의 몸과 마음

1) 8가지 마음의 구조

붓다의 본지인 무아無我는 대승불교인 유식학과 중관학에 그대로 이어진다. 용수는 부파불교인 설일체유부의 아공법유我空法有, 곧 마음과 몸을 구성하는 궁극의 실재인 법은 실체로서 존재(법유)하지만 나(我)는 법으로 구성되어 있을 뿐 나라고 부를 수 있는 실체가 없다(아공)는 입장에 대해 비판하고 아공법공我空法空을 제시하였다. 용수는 존재를 구성하는 법法 또한 영원하지 않음(법공)을 설파하여 붓다의 본지를 다시 드러내었다. 유식학 또한 아공我空과 법공法空의 견지에서 영원한 나도 존재하지 않으며(아공) 나에게 나타나는 인식대상 또한 영원하지 않음(법공)을 밝히면서 붓다의 본지를 이어받았다. 특히 유식학은 수행자들이 마음을 근본적으로 변화시켜 해탈에 이르고자 하는 과정에서 마음을 면밀하게 관찰하여 그 내용을 체계화한 대승불교이다. 따라서 마음에 대해 깊이 있게 해석하였다고 평가되고 있다.

　따라서 본 논의에서는 유식학의 특징인 마음의 8가지를 우선 살펴보고자 한다. 유식학은 초기불교경전에도 이미 언급되고 있는 '전5식前五

識' 및 '의식'을 비롯해서 이보다 더 마음속 깊이 존재하는 '말나식', '알라야식'을 제시하고 있다.

이 가운데 '전5식'과 '의식'은 앞에서 설명한 바와 같이 안眼·이耳·비鼻·설舌·신身·의意의 여섯 가지 감각기관 즉 6근六根이 각각의 감각대상인 색色·성聲·향香·미味·촉觸·법法이라는 6경六境을 만날 때, 각각 감각하는 기관을 통해 생기는 인식작용이다. 즉 안식眼識·이식耳識·비식鼻識·설식舌識·신식身識·의식意識이 생겨난다. 그리고 이를 전6식前六識이라 한다. 이 가운데 '의식' 앞의 다섯 가지가 '전5식'이다. 그리고 제6의식의 작용은 '의근意根'을 바탕으로 생겨난다고 본다. '의근'은 생각이 발생하는 토대 곧 생각의 뿌리를 말한다. '전5식'이 감각기관을 매개로 하여 생겨나듯이, 제6의식은 '의근'을 매개로 생겨난다고 한다. 그리고 '전5식'과 '법경法境'을 대상으로 분석하고 판단하는 작용을 한다고 설명하고 있다.

그런데 이 '의근'에 대한 해석은 부파불교와 대승불교인 유식학에서 차이를 보인다. 앞에서 간단히 언급한 바와 같이 부파불교와 유식학은 인간의 마음이 찰나에 생겨났다가 사라지면서 계속 이어진다고 본다는 점에서 같지만, '의식'의 뿌리에 대해서는 다르게 해석했다. 근본적인 이유는 마음의 구조에 대한 관점이 다른 데 있다고 할 수 있다. 부파불교에서는 마음을 여섯 가지 식으로 분류하고 있지만, 유식학에서는 여섯 가지 식을 비롯하여 이보다 깊은 곳에 제7식과 제8식이 있다고 보고 있다.

이러한 관점에서 부파불교는 앞생각이 없어지면서 이어서 뒷생각을 발생시키므로 뒷생각의 뿌리가 앞생각이 된다고 해석했다. 즉 앞생각을 뿌리(의근)로 해서 뒷생각이 일어난다고 본다. 반면 유식학에서는 전5식을 비롯해서 제6식을 표층의식으로 분류하고, 제6식의 뿌리(의근)로서 자기를 중심으로 생각하는 제7식인 '말나식'을 새롭게 설정한다. '말나식'은 '의식'보다 한 단계 깊은 마음의 세계이다. 그리고 이 '말나식'의 토대로 '알라야식'까지 제시하고 있다.

유식학은 심층의식으로서 제7식인 '말나식(末那識, manas-vijñāna)'과 제8식인 '알라야식(ālaya-vijñāna)'을 제시하고 있다. '말나식'은 우리가 일상생활에서 쉽게 자각할 수 있는 '제6의식'보다 더 깊은 곳에서 작용하는 마음으로 정의되고 있다. '말나'는 산스끄리뜨 '마나스(manas)'를 음사한 것으로 '사량하다' 곧 '생각하여 헤아린다'는 뜻이다. '식'은 마음을 의미한다. 따라서 말나식은 '사량하는 마음'이라는 뜻이다.

제6의식도 사량하는 마음인데, 말나식은 특히 '자기를 중심으로 생각하고 헤아리는 마음'이라는 점에서 '의식'과 차이가 있다고 볼 수 있다. '말나식'은 '의식'이 작용할 때 '의식'의 뒤에서 항상 자기의 처지에서 생각하며 자기중심으로 판단하게 하는 마음이다. 유식학은 인간이 자기중심적으로 생각하며 행동하는 것은 모두 '말나식'이 '제6의식' 뒤에서 작용하기 때문이라고 본다. 그리고 이 '말나식'을 '제6의식'이 생겨나는 뿌리 즉 소의근所依根으로 보고 있다.

'말나식'의 이러한 특성은 이보다 더 깊은 곳에 존재하는 '알라야식'을 대상으로 하여 그것(알라야식)이 자신이라고 생각하는 자기중심적인 자아의식(아집)에 기원을 둔다. '알라야식'은 요가수행자들이 발견한 새로운 마음이다. '알라야식'의 ālaya는 산스끄리뜨로서 '저장하는 곳'을 의미한다. '알라야식'은 우리가 자고 있든 깨어 있든 언제나 작용하며 마음의 가장 깊은 곳에 존재하는 마음이다. '의식'이나 '말나식'보다 깊은 곳에 존재하면서 마음이 작용한 결과를 모두 간직하는 심층에 존재하는 마음을 말한다. 제7말나식 다음의 식이라 해서 제8알라야식이라 부른다.

이처럼 유가행파의 요가수행자들이 마음을 깊이 있게 관찰하여 일반인들은 자각할 수 없는 마음의 양상을 표현했다. 그 가운데 대표적인 것이 '말나식'과 '알라야식'이다. 두 개념은 심층에 존재하는 마음을 표현한 것으로서 대승불교 유식학에서 처음 나타나는 개념이다. 불교의 다른 학파와 구분되는 유식학의 독자적인 개념이라 할 수 있다.

2) 알라야식(마음)과 몸의 관계

제8식인 '알라야식'은 '근본식'으로서 모든 마음의 작용을 일으키는 토대가 된다. 유식학에서는 '알라야식'이 마음의 작용 결과를 저장하는 것 이외에 다양한 역할을 한다고 본다.[39] '알라야식'의 여러 기능 가운데 몸과 마음의 관계를 보여주는 것을 소개해 보면 다음과 같다.

첫째, 일체종자식(一切種子識, sarvabījaka-vijñāna)이다. '종자(種子, bīja)'는 우리가 생각하고 말하며 행동했던 모든 경험이 씨앗처럼 '알라야식'에 저장되어 있다가 싹을 틔우듯이 새로운 생각, 언어, 행위를

---

39 알라야식의 주요 기능을 나열해 보면 다음과 같다. ① 윤회의 주체, ② 모든 마음작용의 전제가 되는 근본식根本識, ③ 몸의 형태를 유지하는 아다나식阿陀那識, ④ 업의 성질이 변화되어 성숙하게 하는 이숙식異熟識, ⑤ 경험의 흔적을 담고 있는 일체종자식一切種子識 등이 있다.

일으키는 에너지를 비유적으로 표현한 것이다. '알라야식'에 우리 삶의 모든 흔적이 '종자'로 담겨 있다고 보는 점에서 '알라야식'을 '일체종자 식'이라고 한다.[40] 본 논의에서는 일체종자식을 알라야식 연기설을 통해 설명할 것이다.

둘째, 아다나식(ādāna-vijñāna)이다. 산스끄리뜨 ādāna는 붙잡아 유지한다는 의미를 가지고 있다. 이것은 몸이 흐트러지지 않고 형태를 유지하도록 하는 기능을 말한다.[41] 눈·코·입이 제자리에 존재하고 얼굴을 현 상태로 유지하도록 하며 팔과 다리가 그 위치에서 역할을 하도록 신체의 모양을 유지하게 하는 역할을 하는 '알라야식'의 기능을 부각하여 아다나식이라고 부른다.

셋째, 알라야식은 몸에 감추어져 있으며 몸과 편안함과 위태로움(안 위安危)을 같이한다고 한다.[42] 알라야식(마음)과 몸 중 한쪽이 편안한 상태 혹은 위태로운 상태이면 다른 쪽도 그와 상응해서 편안하거나 위태로운 상태가 됨을 의미한다.

이 3가지는 모두 몸과 마음(알라야식)의 유기적 관계를 설명하고 있다. 알라야식의 기능을 그 특징에 따라 구분한 것이다. 이것을 고려하 면서 각각의 특징에 주목하여 구체적으로 살펴보자.

(1) 알라야식 연기설

우선 큰 틀에서 볼 때, 몸과 마음의 상호작용은 알라야식 연기설에

---

40 『解深密經』 卷1(T16, 692b).

41 『解深密經』 卷1(T16, 692b).

42 『解深密經』 卷1(T16, 692b).

의해 설명될 수 있다. 이 이론에 따르면 우리가 몸으로 어떤 행위를 할 때 여기에는 마음이 작용하며, 그 행위의 결과는 마음 깊은 곳의 알라야식에 '종자'로 저장된다.[43] 이 현상은 몸과 마음의 작용 결과가 '종자'의 형태로 알라야식에 스며든다는 의미로 현행훈종자現行熏種子라고 일컬어진다. '현행훈종자'는 현재 작용하고 있는 행위·말·생각 등이, 예컨대 소시지를 만들 때 고기에 연기가 스며들 듯이 '알라야식'에 스며들어(훈습되어) 마음 깊은 곳의 '알라야식'에 '종자'로 저장된다는 뜻이다.

그리고 저장된 '종자'는 '알라야식' 속에서 고정된 상태로 존재하지 않는다. 지극히 짧은 순간에 사라지고 이어서 비슷한 성질을 가진 '종자'가 생겨나며 사라지고 또 생겨나면서 '알라야식'에서 '종자'는 계속 이어진다고 본다. 다시 말하면 사라지는 '종자'는 비슷한 '종자'를 생겨나게 하는 현상이 계속 발생한다는 것이다. 이것을 종자생종자種子生種子로 표현한다.

『성유식론』에서는 이러한 현상을 나타내는 '종자'의 특징을 다음과 같이 제시하고 있다. 곧 '종자'는 앞에서 언급한 바와 같이 순간순간 사라지고 생겨나는 과정을 반복하면서 지속한다. 그리고 '종자'는 미래의 결과를 생겨나게 하면서 또한 그 결과와 함께 존재한다. 또한 '종자'는 그 성질이 바뀌거나 끊어지지 않고 지속적이다. 또 '종자'는 그 성질이 결정되어 있어서 선한 것에서 악한 것이 생겨나거나 악한

---

43 그래서 알라야식을 '일체종자식'이라고 부른다. 여기서 '종자'는 단순히 저장된 결과만을 의미하는 것이 아니라 특수한 정신적 힘, 다시 말하면 에너지를 의미한다.

것에서 선한 것이 생겨나지 않는다 등등.[44] 『성유식론』에서는 마음속으로 생각했던 것과 언어로 표현하고 행동했던 모든 내용이 사라지지 않고 '알라야식'에 '종자'로 저장되며, 그것은 고정된 것으로 존재하는 것이 아니라 지속해서 변화한다고 본다. 하지만 '종자'가 가지고 있는 특성은 계속 유지된다고 한다. '종자'는 그 성질이 완전히 바뀌거나 사라지지 않는다는 것이다.

그리고 알라야식 연기설에 따르면 마음 깊은 곳에 존재하는 '종자'는 서로 맞는 인연이 다가왔을 때 표층의 마음 곧 우리 자신이 자각할 수 있는 마음에 싹을 틔우듯이 생각으로 말로 또는 행동으로 나타난다고 한다. 이 현상을 종자생현행種子生現行으로 표현하고 있다.[45]

지금까지 살펴본 알라야식 연기설을 예를 들어 보면 다음과 같을 것이다. 한국인이라면 중고등학교 시절에 경주 불국사에 수학여행을 간 경험이 거의 있을 것이다. 유식학에서는 그 경험은 사라지지 않고

---

44 유식학에서는 알라야식에 존재하는 '종자'는 다음의 6가지 속성을 갖추어야 비로소 '종자'로서 작용이 가능하다고 한다. 1) 종자는 순간순간마다 생멸을 반복하면서 지속한다(찰나멸의刹那滅義). 2) 종자는 미래의 결과를 생겨나게 하면서 그 결과와 함께 존재한다(과구유의果俱有義). 3) 종자는 성질이 바뀌거나 끊어져서 없어지지 않으며 지속적이다(항수전의恒隨轉義). 4) 종자는 선·악·무기를 일으킬 힘이 결정되어 있다. 선의 종자에서 악의 결과가 생겨나거나 악의 종자에서 선의 결과가 생겨나는 경우는 결코 없다(성결정의性決定義). 5) 제8식의 종자가 원인(因)으로 있다 해도 이에 상응하는 연緣이 없으면 생겨나지 않는다. 따라서 언제까지라도 인연이 있을 때까지 기다린다(대중연의待衆緣義). 6) 종자는 오직 자기의 결과만을 발생시킨다(인자과의引自果義).(『成唯識論』[T31, 9b8-26])

45 요코야마 코이츠, 안환기 역, 『유식, 마음을 변화시키는 지혜』, 민족사, 2019, pp.58~60.

마음 깊은 곳에 존재하는 알라야식에 '종자'의 형태로 저장된다고
본다(현행훈종자). 이 경험은 '종자'로서 마음속에 그 성질을 유지하면
서 사라지고 다시 생겨나는 과정을 반복하며 존재하다가(종자생종자),
이후 TV나 인터넷에서 경주 불국사에 관한 이야기나 사진을 보게
되면 저장되어 있던 내용이 기억으로 떠오르는 경험(종자생현행)을
하게 된다.

유식학의 알라야식 연기설은 몸과 마음이 상호작용하여 인식의
세계가 펼쳐지는 현상을 원리적으로 설명해 주고 있다. 곧 연기적
관점에서 몸으로 행한 작용이 마음에 저장되고 이후 그 저장된 결과는
다시 마음과 몸의 작용으로 나타나는 현상을 보여준다.

〈도식 1-3〉【종자와 현행의 관계: 알라야식연기】

(2) 몸의 형태를 유지하는 아다나식(알라야식)

'알라야식'은 몸과 마음을 '흩어지지 않게 잡아주는 역할'을 한다. 따라
서 '알라야식'을 '아다나식(阿陀那識, ādāna-vijñāna)'이라고 부르기도
한다. '아다나'는 산스끄리뜨 ādāna의 음역이다. 한자로 '집지執持'라

고 번역된다. '붙잡아 유지한다'는 뜻이다.

　구체적으로 '알라야식'은 '종자'와 모든 5가지 감각기관(눈·귀·코·혀·피부)을 잡아 유지하여(집지하여) 흩어지거나 무너지지 않도록 하는 작용을 한다고 하여 '아다나식'이라고 불린다. 곧 나 자신이 행한 결과인 '종자'를 보존하고, 나의 얼굴과 몸이 지금의 모습처럼 유지되도록 잡아주는 작용을 '알라야식'이 한다는 것이다. 일반인들은 심층에 존재하는 '알라야식'의 미세한 작용을 자각할 수는 없지만, 유식학에서는 '알라야식'이 이러한 역할을 한다고 본다.

　앞에서 언급한 바와 같이, 유식학은 우리가 생각하고 행동하고 말하는 모든 행위의 결과는 사라지지 않고 심층에 존재하는 '알라야식'에 저장된다고 본다. 저장된 결과는 식물의 씨앗이 물과 햇빛을 받아 싹을 틔우듯이, 과거에 행한 결과물인 '종자'는 외부에서 자극이 오면 전5식으로 생겨나거나 제6의식의 작용으로 나타난다는 것이다. 예를 들면 예전에 파리 루브르 박물관에 갔던 경험이 있을 때, TV에 나오는 루브르 박물관을 보고 예전에 내가 가보았던 장소였다는 생각(제6의식)이 떠오르는 현상을 자각할 때가 있다. 그러면서 더 집중해서 TV에 나오는 그림들을 보게 된다. TV에서 방영되고 있는 장면이 외부의 자극이 되어 내 마음에 저장되어 있던 '종자'가 의식으로 떠오르게 된다. 화면 속에 나타난 루브르 박물관 모습과 박물관 내부에 있는 그림과 조각품들에 대해 나의 시선이 머물면서 시각작용이 생겨난다. 그리고 이 작용의 결과는 다시 '종자'로 '알라야식'에 저장된다. 이 '종자'는 이후 여러 인연에 의해 또 다른 작용을 일으키는 원인이 된다. 이러한 현상이 가능하려면 과거 경험의 결과물인 '종자'가 사라지지 않고 존재해야 한다. 유식학은 이 저장된 결과(종자)가 '알라야식'에서 존재하면서 흩어지지 않는 것은 '알라야식'이 그 역할을 하기 때문이라고 한다.

일상을 보내면서 우리는 몸이 이러한 모습으로 존재하는 것은 당연하다고 생각한다. 그 이유에 대해 생각하는 것은 무의미하다고 여기기도 한다. 그런데 유식학은 흥미롭게도 이것이 가능한 이유를 따져보고 유식학의 논리에 따라 그 근거를 제시하고 있다. 곧 표면으로보이는 우리의 몸이 허물어지지 않고 그대로 유지되는 것은 무엇인가가 심층에서 그것을 잡고 있기 때문이라고 설명한다. '알라야식'이그 역할을 하고 있다는 것이다.

'알라야식'과 몸과의 관계를 보여주는 예는 중생이 현생에 태어나는과정을 보여주는 다음의 글에서도 찾을 수 있다.

부모 모두 탐하고 애착하는 것이 지극하여 결정적으로 최고일때에 각각 한 방울씩 짙은 정혈精血을 내는데, 그 두 방울(정자와난자)이 화합하여 모태 안에서 마치 끓인 우유가 응결된 것처럼한 덩어리가 된다. 이곳에(정자와 난자가 합쳐진 곳에), 일체종자一切種子로 이루어져 있으며 성숙한 것(종자)을 간직하고 (전5식과제6의식, 제7말나식 등이) 의존하는 것을 지니고 수용하는, 아뢰야식阿賴耶識이 화합하여 의탁하게 된다.[46]

---

46 『瑜伽師地論』 권1(T30, 283a1-5), "爾時父母貪愛俱極. 最後決定各出一滴濃厚精血. 二滴和合住母胎中合爲一段. 猶如熟乳凝結之時. 當於此處. 一切種子異熟所攝. 執受所依阿賴耶識和合依託."

앞의 인용문은 '알라야식'이 부모의 정자와 난자와 결합하면서 새롭게 다시 태어나는 과정을 보여준다. 『유가사지론瑜伽師地論』에서는 이것을 '갈라람위(羯羅藍位, Kalalaṃ)'라고 한다. '갈라람위'는 어머니의 자궁에 '알라야식'과 부모의 정자와 난자가 결합하는 순간부터 출생할 때까지의 266일간을 5가지 단계로 나눈 것 가운데 첫 7일간을 일컫는다.[47]

전생前生에 지은 업을 담고 있는 '알라야식'은 부모의 정자와 난자가 결합하는 순간 그 속에 들어감으로써 어머니의 뱃속에서 태아로 자라게 된다.[48] 이후 태아는 어머니의 몸에서 나와 인격체로서 삶을 살아간다.

유식학에 따르면 인간의 마음 깊은 곳에 존재하는 '알라야식'은

---

47 어머니의 자궁에서 태아가 성장하는 5가지 단계(胎內五位)는 어머니 자궁에 들어가면서부터 출생할 때까지의 266일간을 5위位로 나눈 것이다. ①갈라람위(羯羅藍位, Kalalaṃ)는 알라야식과 정자와 난자가 화합한 상태이다. 태에 들어간 지 첫 7일간이다. ②알부담위(額部曇位, Arbudaṃ)는 우유가 연하게 엉킨 것과 같은 상태이며 둘째 7일간이다. ③폐시위(閉尸位, Peśī)는 살이 겨우 엉켜서 아직 굳어지지 않은 상태이며 셋째 7일간이다. ④건남위(鍵南位, Ghanaḥ)는 살이 엉켜서 굳어지는 시기이며 넷째의 7일간이다. ⑤발라사카위(鉢羅奢佉位, Praśākhā)는 눈·귀·손·발이 나타나는 시기이며 다섯째의 7일부터 출생할 때까지이다. 다시 태외오위胎外五位가 있다. 사람의 일생을 5위로 나눈 것이다. ①영해위嬰孩位는 출생에서부터 6세까지이다. ②동자위童子位는 7세로부터 15세까지이다. ③소년위少年位는 16세로부터 30세까지이다. ④성년위盛年位는 31세로부터 40세까지이다. ⑤노년위老年位는 41세 이후를 말한다(『瑜伽師地論』권1〔T30, 284c26-285a6〕).
48 『瑜伽師地論』권1(T30, 283a1-5).

인간의 몸을 붙잡아 흩어지지 않게 유지하고, 인간이 말하고 행동하고 생각하는 작용의 결과 만들어진 '종자'를 저장한다. 이후 인연이 다하면 현생을 마치게 되는데, 그때 '알라야식'은 다음 생에 태어나기 전에 머무르는 중유中有의 세계로 가게 된다. 그리고 자신이 지은 업에 따라 또 다른 몸을 받게 된다. 유식학은 사망한 몸이 부패하여 흩어지게 되는 것은 '알라야식'의 작용이 사라져서 몸을 잡아주지 못하기 때문이라고 본다.

(3) 안위동일(安危同一, ekayogakṣema)

유식학에서 몸과 '마음(알라야식)'의 관계를 선명하게 보여주는 개념은 '안위동일(安危同一, ekayogakṣema, anyonyayogakṣema)'이다. '안위동일'은 '편안함과 위태로움을 함께한다'는 뜻으로 '알라야식'과 몸의 유기적 관계를 나타내는 말이다. 곧 몸의 상태가 편안하면 '알라야식'도 편안하며 몸의 상태가 좋지 않으면 '알라야식'도 유기적으로 상응하여 함께 좋지 않게 된다는 것을 말한다. 마음(알라야식)과 몸의 상태가 함께 유지되는 것을 표현하고 있다.

'안위동일'은 유식학 경전인 『해심밀경解深密經』의 「심의식상품心意識相品」에서 제8식의 기능을 설명하는 가운데 다음과 같이 몸과 마음(알라야식)의 관계를 정의하는 용어로서 등장한다.

광혜여, 이 식을 또한 아다나식阿陀那識이라고 부르니, 무슨 까닭인가? 이 식이 몸을 뒤따라 다니면서 그것을 붙잡고 유지하기 때문이다. 또한, 아뢰야식阿賴耶識이라고 부르니, 무슨 까닭인가? 이식은 몸을 간직하고 수용하며, (거기에) 드러나지 않게 숨어 있으며, 편안함과 위태로움을 함께한다는 뜻이 있기 때문이다. 또한, 심心이라 부르니, 무슨 까닭인가? 이 식이 빛깔(色)·소리(聲)·냄새(香)·맛(味)·감촉(觸) 등을 쌓아서 자라게 하기 때문이다.[49]

제8식인 '알라야식'은 다양한 역할을 한다. 인용문에 나타난 바와 같이 몸이 흐트러지지 않게 유지하는 역할을 하므로 '아다나식(ādāna-vijñāna)'이라고 하며, 몸속에 드러나지 않게 존재하면서 편안함과 위태로움을 몸과 같이하므로 '알라야식(ālaya-vijñāna)'이라고 부른다고 한다.[50] 그리고 인식의 대상인 5경(색·성·향·미·촉)을 받아들여 그 내용을 '종자'로 저장하여, 마음(알라야식)에 정보(종자)가 쌓이고 나아가 이 '식'이 점점 확장되므로 '심(citta)'이라고도 부른다. '아다나식'과 '알라야식' 그리고 '심'은 제8식의 다양한 역할을 구분해서 표현한 것이지만, 그 이면을 살펴보면, 모두 마음과 몸의 관계 속에서 각각의 특징을 설명하고 있음을 발견할 수 있다.

유식학에 의하면 '알라야식'은 현재의 삶을 맞이하는 순간부터 사망에 이를 때까지 몸과 결합하여 편안함과 위태로움을 함께하며 그 상태를 지속한다. 앞에서 언급했듯이 현재의 삶이 시작되는 때는

---

49 『解深密經』卷1「心意識相品」(T16, 0692b16-18), "廣慧! 此識亦名阿陁那識. 何以故? 由此識於身隨逐執持故. 亦名阿賴耶識. 何以故? 由此識於身攝受、藏隱、同安危義故. 亦名爲心. 何以故? 由此識色聲香味觸等積集滋長故."

50 산스끄리뜨 ālaya는 '저장소'를 의미한다. 따라서 현장은 ālaya-vijñāna를 장식藏識이라고 번역하였다.

'알라야식'이 어머니의 모태에서 부모와 인연을 맺는 순간이다. 즉 '알라야식'과 부모의 정자와 난자가 결합하면서 삶이 다시 시작된다. 이 상태는 수정란이 엉겨 맺혀진 것으로, 묽은 죽과 같은 형태를 지닌다. 여기에서 모태의 진액과 '알라야식'의 특별한(功能) 힘으로 미세한 감각기관(根)과 손톱·뼈와 같이 견고한 것이 생겨나며 혈액·체온 등이 생겨난다고 한다. 『유가사지론』의 다음 글은 갈라람위(알라야식이 모태에 들어간 지 첫 7일간의 시기)에서 '알라야식'과 미세한 감각기관이 서로 편안함과 위태로움(安危)을 함께하기 시작하는 현상을 설명한다.

> 또한, 이 갈라람羯羅藍 단계의 (미세한) 몸은 마음·마음작용과 편안함과 위태로움을 함께하기 때문에 의지하여 맡긴다고 한다. 마음·마음작용이 의지하여 맡기는 힘 때문에 몸은 문드러지거나 없어지지 않고, 몸의 손해(損)와 이익(益) 때문에 그것(마음·마음작용)도 또한 손해를 입고 이익을 본다. 따라서 이것을 편안함과 위태로움을 같이한다고 설명한다.[51]

인용문에 의하면 갈라람위에서 미세한 감각기관(몸, 色)은 마음(心·心所)과 편안함과 위태로움(安危)을 함께한다고 한다. 그리고 마음(심과 심소)이 의지하려는 힘 때문에 감각기관(몸)은 없어지지 않고, 몸과 마음은 서로 편안함과 위태로움을 같이한다는 것이다. 인용문에서

---

[51] 『瑜伽師地論』卷1(T30, 283a15-18), "又此羯羅藍色與心心所. 安危共同故名依託. 由心心所依託力故. 色不爛壞. 色損益故彼亦損益. 是故說彼安危共同."

"알라야식'이 갈라람위에서 최초로 감각기관에 의지하고 맡기며 편안함과 위태로움을 같이한다'고 표현한 것은 생을 받는 순간부터 '알라야식'과 몸은 유기적으로 결합되어 있음을 보여준다.

곧 태아는 어머니의 몸에서 나와 아기가 되고 조금 더 지나면 어린이가 된다. 이후 청년기를 지나 어른으로 성장하면서 주체적으로 자신의 삶을 살아가게 된다. 유식학에 의하면 인간의 '알라야식'과 몸은 어머니 자궁 속의 갈라람위에서 시작해서, 어머니와 분리된 후 성장하고 죽음에 이르기까지 밀접하게 서로 연결되어 있으면서 편안함과 위태로움을 같이한다.

이 '안위동일(편안함과 위태로움을 같이한다)'의 의미를 현대적으로 해석해 보면 다음과 같을 것이다. 실제로 우리는 살아가면서 몸과 마음이 밀접하게 연결되어 있음을 경험하게 된다. 예를 들자면 정신적으로 스트레스를 받게 되면 식사를 하더라도 소화가 잘 되지 않는 경우가 있다. 마음이 몸에 영향을 주는 현상이다. 또한, 몸이 피곤하면 정신이 혼미해진다. 반면 어떤 일을 추진해서 좋은 결과를 만들었을 때, 그래서 주변으로부터 인정을 받았을 때 마음은 상쾌해지고 즐거워진다. 몸 또한 가볍고 편안해짐을 경험한다. 이 현상은 마음(알라야식)과 몸이 편안함과 위태로움(안위)을 같이한다는 예가 된다.

2장 5위100법의 형성 배경과 내용

불교는 몸과 마음 그리고 이를 기반으로 형성된 현상세계를 다양한 범주로 분류한다. 1장에서 살펴보았듯이, 초기불교의 5온·12처·18계는 몸과 마음이 유기적으로 연결되어 있음을 체계적으로 보여준다. 대승불교 유식학 또한 알라야식 연기설, 아다나식, 안위동일(편안함과 위태로움을 같이함)과 같은 개념을 통해 몸과 마음의 유기적 관계를 보여주고 있음이 분석되었다.

 본 장에서는 5온·12처·18계가 부파불교의 5위75법과 대승불교 유식학의 5위100법으로 통합되면서 그 내용이 더욱 세밀해짐을 살펴볼 것이다. 이어서 몸과 마음의 유기적 관계를 구조적으로 분석한 유식학(법상종)의 5위100법을 고찰한다. 구체적으로 5위100법이 생겨난 배경과 그 내용을 『아비달마구사론』의 5위75법과 비교하면서 진행할 것이다. 마지막으로 5위100법이 담겨 있는 문헌을 소개한다.

1. 5위100법의 배경

1) 무아론의 계승

불교는 4가지 성스러운 진리(4성제四聖諦)에 나타나듯이, 고苦의 문제
를 해결하여 궁극의 경지인 해탈에 이르는 것을 목표로 삼고 있다.
그리하여 나를 비롯한 모든 존재에 대해 효과적으로 이해하기 위해
일체 현상이 유기적으로 연결되어 있음을 무아의 관점에서 분석하였
다. 초기불교경전의 5온·12처·18계와 부파불교의 5위17법 및 5위100
법이 그 대표적인 예가 된다. 5위100법에 이르기까지 무아론이 계승되
는 양상을 다음에서 고찰해 보자.

(1) 5온·12처·18계를 통해 본 무아론

앞에서 살펴보았듯이, 5온설은 무아를 설명하기 위해 제시되었다.
불교는 인간의 내부에 아트만(Ātman)과 같은 실체는 존재하지 않으며,
인간은 단지 5온(색·수·상·행·식)으로 구성되어 있다고 본다. 이 5가
지 요소 이외에 나(我)라고 부를 수 있는 것은 어디에도 존재하지
않는다고 본다. 또한, 이 5가지도 각각 영원하지 않다고 본다.[52]

 불교는 한편으로 12처의 범주로 현상을 분석하기도 한다. 12처는
존재 전체를 6가지 감각기관(6내입처)과 6가지 감각기관의 대상(6외입
처)으로 분석하는 법체계이다. 이 가운데 5가지 감각기관(내입처)과
이에 대응하는 5가지 대상(외입처)은 5온의 색온을 세밀하게 분류한

---

52 『雜阿含經』 제3권 제59경 「생멸경生滅經」(T02); 『雜阿含經』 제3권 제61경 「분별
  경分別經」(T02).

것이다. 그리고 5온의 수온·상온·행온을 법처로, 그리고 5온의 식온을 의처로 분류하였다.

또 다른 한편 18계는 존재 전체를 6근과 6경 그리고 6식의 총 18가지를 계界로 분석한 법체계이다. 18계는 12처에 6식을 더한 것이다. 곧 12처 중 의처를 의근과 6식으로 나누어 의근을 의계意界라 하고, 6식을 각각 안식계·이식계·비식계·설식계·신식계·의식계라 부른 것이다. 원래 마음은 하나로 볼 수 있지만, 감각기관에 따라 시각·청각·후각·미각·촉각으로 감각을 구분하듯이, 마음이 나타나게 되는 근거인 6가지 감각기관에 따라 나누고 각각 안식계·이식계·비식계·설식계·신식계·의식계로 이름을 붙였다.[53]

앞에서 살펴본 바와 같이, 부파불교의 주요 논서인 『아비달마구사론』에서는 붓다가 5온·12처·18계를 설한 이유를 다음과 같이 설명하고 있다. 우선 5온을 설한 것은 수행자들 가운데 마음작용을 모두 나 자신이라고 집착하는 자들이 있어서, 이들에게 마음작용을 수受·상想·행行으로 나누어 그 각각은 영원하지 않음을 상세히 설명하기 위해서라고 한다. 또한, 붓다는 육체(색)를 나라고 집착하는 수행자들에게 몸을 5근과 5경 곧 10처로 나누어, 몸 또한 영원한 것이 아님을 12처를 통해 설하였다고 한다. 그리고 18계는 마음과 몸 모두에 대해 집착하는 수행자들에게 마음과 몸 모두 실체가 아님을 보여주려고 제시하였다고 한다.[54]

5온·12처·18계는 이후 설일체유부의 5위75법에 통합된다.

---

53 권오민, 『아비달마불교』, 민족사, 2003, pp.49~56.
54 『阿毘達磨俱舍論』(T29, 5b04-06); 1장 1. 5온·12처·18계의 가르침 참조.

(2) 5위75법의 아공법유我空法有

설일체유부는 초기불교에서 5온·12처·18계로 분류한 이유를 단지
객관적인 사실에 대한 지적 욕구 때문이 아니라고 본다. 궁극적으로
번뇌를 수반하는 법(유루법)을 번뇌가 없는 법(무루법)[55]으로 바꾸고,
생성과 소멸의 세계에 존재하는 유위법으로부터 생멸의 변화가 없는
절대적인 세계에 존재하는 무위법인 열반으로 나아가기 위한 것이
분류의 목적이라고 본다.[56]

이러한 생각은 설일체유부가 5위75법의 체계를 수립하는 기반이
되었다. 5위75법에서 5위는 존재를 크게 '물질의 법(색법色法)', '마음의
법(심법心法)', '마음작용의 법(심소법心所法)', '마음과 상응하지 않는

---

55 유루법有漏法은 '번뇌를 수반하는 법'을 말하며 무루법無漏法은 '번뇌를 수반하지
  않는 법'을 말한다. 예를 들어 4성제 가운데 집제集諦는 번뇌 그 자체를 말하므로
  유루有漏이고, 고제苦諦는 번뇌 그 자체는 아니지만 번뇌를 증장시키는 작용을
  하므로 유루이다. 반면 무루無漏은 '번뇌를 수반하지 않는 법'을 가리킨다. 예컨대
  4성제 중 멸제滅諦는 현재 생겨나 있는 번뇌와 미래에 생겨날 수 있는 번뇌가
  모두 끊어진 상태라는 의미의 무루이고, 도제道諦는 현재 생겨나 있는 번뇌와
  미래에 생겨날 수 있는 번뇌가 끊어지게 하는 길을 가고 있다는 의미의 무루이다
  (『阿毘達磨俱舍論』 제1권〔T29, 1b27~1c19〕).

56 불교에서는 일체법을 여러 가지 방법으로 분류한다. 그중에는 크게 유위법有爲法
  과 무위법無爲法으로 분류하는 방식이 있다. 유위(有爲, saṃskṛta)는 여러 인연이
  함께 모여서 만들어진 것 또는 인연에 의해 조작된 생성과 소멸의 세계, 곧
  우리가 경험하는 현상의 세계를 뜻한다. 유위법은 유위의 세계, 곧 인연에 의한
  생성과 소멸의 세계에 존재하는 모든 개별 존재(法)를 가리킨다. 한편 무위(無爲,
  asaṃskṛta)는 인연의 화합에 의해 만들어지지 않은 세계, 생멸의 변화가 없는
  절대적인 진리 또는 진리의 세계를 뜻한다. 무위법은 진리의 세계에 존재하는
  모든 개별 존재(법)를 가리킨다(권오민, 『아비달마불교』, 민족사, 2003, pp.45~49.).

법(심불상응행법心不相應行法)', 인연화합에 의해 만들어지지 않은 법, 곧 '함이 없는 법(무위법無爲法)'으로 나눈 것이다. 더 자세히 설명하면, '5온' 가운데 '색온'은 그대로 '물질의 법(색법)'으로, '식온'은 '마음의 법(심법)'으로 분류하였다. 그리고 '행온'은 '마음과 상응하는 행'과 '상응하지 않는 행'으로 나누어서 전자는 '수온'과 '상온'을 포함하는 '마음작용의 법(심소법)'으로 분류하고, 후자는 따로 독립시켜 '마음과 상응하지 않는 법(심불상응행법)'으로 분류하였다. 그리고 인과의 법칙을 벗어나 생성과 소멸의 작용이 없는 것을 인연화합에 의해 만들어지지 않은 법, 곧 '함이 없는 법(무위법)'으로 분류하였다.

그리고 이 5위에 75법이 속하게 된다. 75법은 각각 고유한 성질을 가지며, 변하지 않는 실체로서 과거·현재·미래에 존재한다고 정의된다. 그리고 이 법들이 생겨나서 머물고 변화하며 소멸하는 작용이 일어나는 상태를 현재, 작용이 끝난 상태를 과거, 작용이 아직 일어나지 않는 상태를 미래라고 하여, 설일체유부의 명제인 '법은 과거·현재·미래에 존재하며 법은 실체로서 영원히 존재한다'는 '삼세실유三世實有·법체항유法體恒有'의 이론적 바탕으로 삼는다. 곧 75법은 실체로서 존재하며 여러 인연의 조합에 의해 각 개체 및 일체 존재 현상이 생겨난다는 아공법유我空法有의 관점을 제시한다. 설일체유부는 이러한 주장 때문에 붓다의 본지인 무아론에 어긋난다는 비판을 받았다.

이후 용수는 '공'의 관점에서 '무아'를 재해석하고, 모든 존재는 공하다는 아공我空과 존재를 구성하는 요소인 법 자체도 공하다(법공法空)는 것을 논리적으로 보여주었다.

(3) 5위100법의 아공법공我空法空

잘 알려져 있듯이, 유식학은 인도에서 생겨나서 중국으로 전파되었다. 이 과정에는 현장(玄奘, 602~664)이 큰 역할을 하였다. 현장은 당시 중국에 전해져 있던 한문 불교경전의 내용과 계율에 대한 의문을 팔리어와 산스끄리뜨 원전을 통해 해결하기 위해 인도로 가게 된다. 이후 중국으로 돌아와 사망할 때까지 만 19년에 걸쳐 자신이 가지고 돌아온 불교경전을 한문으로 번역하는 데 종사하였다. 현장의 번역사업은 당시 중국을 비롯하여 이후 동아시아불교가 꽃피우는 터전이 되었다.

특히 현장은 그의 제자인 규기(窺基, 632~682)와 함께 세친(世親, 316~396?)이 쓴 『유식삼십송』을 한문으로 번역하고 해석하여 중국에 유식종파를 형성한다. 이 과정에서 현장과 규기는 『유식삼십송』에 대한 인도의 10대 논사들의 해석 가운데 호법(護法, 530~561)의 해석을 중심으로 『성유식론』을 완성하였다고 한다. 법상종은 이 『성유식론』을 기반으로 형성된 중국의 유식불교 종파이다.

본 논의에서 살펴볼 5위100법은 법상종에서 분류한 법체계이다. 5위100법은 유식학의 기본 관점인 마음을 중심으로 현상세계를 크게 5가지로 나누고 다시 이 5가지를 100가지로 분류한 것이다. 5온·12처·18계가 무아의 견지에서 인간을 비롯한 모든 법에 대해 구조적으로 분석하고 있듯이, 유식학의 5위100법 또한 이 관점을 계승하고 있다. 5위는 마음의 관점에서 현상을 크게 '마음의 법(심법心法)', '마음작용의 법(심소법心所法)', '물질의 법(색법色法)', '마음과 상응하지 않는 법(심불상응행법心不相應行法)', 인연화합에 의해 만들어지지 않은 법, 곧 '함이

없는 법(무위법無爲法)'으로 분류하고 있다. 설일체유부에서 '물질의
법(色法)'을 맨 앞에 배치한 것과 달리 유식학에서는 '마음의 법(심법)'을
맨 앞에 둠으로써 마음을 중심으로 현상을 분석하고 있음을 보여준다.

5위를 5온·12처·18계와 관련하여 차례로 살펴보면 다음과 같다.
우선 '마음의 법(심법)'은 8가지 마음(식)을 말한다. '심왕心王'이라고도
표현한다. '심왕'은 마음의 주체적인 측면인 안식·이식·비식·설식·신
식·의식·말나식·알라야식을 말한다. '마음의 법(심법)'은 5온의 식온
과 12처의 의처, 18계의 안식계·이식계·비식계·설식계·신식계·의
식계를 포함하고 있다. '마음작용의 법(심소법)'은 '마음의 법(심법)'으
로부터 나온 것으로 '마음에 소유된 것'을 말한다. 『성유식론』에서는
'심왕'과 '마음작용의 법(심소법)' 관계를 '항상 심왕에 의지해서 일어나
고 심왕과 상응하기 때문에 심소라고 부른다'고 하였다. 여기에는
5온의 수온·상온·행온이, 12처의 법처, 18계의 법계가 속한다. '물질
의 법(색법)'에는 5온의 색온이, 12처의 5내입처와 5외입처, 18계의
안계·이계·비계·설계·신계의 5근과 색계·성계·향계·미계·촉계의
5경이 속한다. 그리고 '마음과 상응하지 않는 법(심불상응행법)'에 5온의
행온, 12처의 법처, 18계의 법계가 속한다. '함이 없는 법(무위법無爲法)'
에는 12처의 법처와 18계의 법계가 이에 해당된다.

유식학의 5위100법을 세운 법상종에서는, 비록 일체법을 5종류의
총 100개의 법으로 나누었지만, 이들 100개의 법은 '모두 실체가 없는
것'이며 단지 '가상으로 또는 임시로 세운 것'이라고 한다.[57] 유식학의

---

57 『成唯識論』 7권(T31).

기본 전제에 따라 이 모두는 하나의 마음 곧 알라야식에서 생긴 것이라고 본다. 곧 『성유식론』에 의하면 '시각적 인식을 나타내는 안식과 청각적 인식을 의미하는 이식은 앎이라는 측면에서는 동일하다고 할 수 있다. 하지만 안식과 이식 사이에는 뚜렷이 구분되는 특징 즉 자상自相이 있다. 따라서 구분하여 다루는 것이 유용하다고 여겨서 5위100법으로 분류한 것'이라고 한다.[58]

붓다는 5온을 통해 인간은 이 5가지로 만들어진 것일 뿐 내부에 실체라고 부를 수 있는 것이 없음을 설명하였다. 나아가 12처와 18계를 통해 무아를 설명한다. 반면 붓다가 멸한 후 부파불교 가운데 설일체유부에서는 5위75법으로 현상을 설명하면서 75법 모두 실체로서 존재한다고 주장하였다. 곧 75가지 실체들의 이합집산으로 현상에 존재하는 개체들이 만들어지고 소멸한다는 아공법유我空法有를 주장한다. 앞에서 살펴보았듯이 이것은 후에 용수에 의해 비판을 받게 된다. 유식학은 용수의 아공법공我空法空을 이어받으면서 붓다의 본지인 무아론을 계승한다. 그리고 마음의 관점에서 무아無我를 인무아人無我와 법무아法無我로 구분해서 논의한다. 유식학 논서인 『유가사지론』에서는 다음과 같이 인무아와 법무아에 대해 설명하고 있다.

다시, 모든 무아는 차별이 없으므로 모두 공空이라고 하는데, (이 무아를 구분해서) 보특가라무아(인무아)와 법무아를 말한다. 보특가라무아란 온갖 인연에 의해 생겨나는 (각각의) 행(行: 유위법,

---

58 『成唯識論』 7권(T31).

즉 개인 존재로서의 5온)을 떠나서 그것의 바깥에 따로 존재하는
실제의 나란 존재하지 않는다는 것을 말한다. 법무아法無我란 온갖
인연에 의해 생겨나는 일체의 행(諸行: 모든 유위법, 즉 무위법을
제외한 존재 전체로서의 5온)의 본질이 영원한 것이 아니고 일시적인
것임을 말한다. 이와 같은 2가지 무아를 하나로 포섭하여 그곳에서
이것을 대공大空이라고 부른다.[59]

보특가라는 산스끄리뜨 pudgala의 음을 한자의 음을 빌려 번역한
것이다. 그 의미는 실체로서 존재하는 인격체를 말한다. 따라서 보특가
라무아는 인무아로 해석된다. 곧 아트만과 같은 실체의 나는 존재하지
않는다는 의미이다. 법무아는 인연에 따라 생겨나는 모든 현상의
본질은 실체가 아님을 나타낸다. 유식학에서는 이와 같이 무아를
인무아와 법무아로 더 구분해서 설명하고 있다. 5위100법을 논하는
『대승백법명문론』에서도 명백하게 다음과 같이 인무와와 법무아를
설하고 있다.

세존께서 말씀하신 바와 같이 일체법은 무아이다. 무엇이 일체법이
고 무엇을 무아라고 하는가? 일체법은 간략히 하여 다섯 가지가
있다. 첫째는 마음의 법이고, 둘째는 마음이 지닌 법(心所法)이고,
셋째는 물질의 법이고, 넷째는 마음과 상응相應하지 않는 법이고,

---

59 『瑜伽師地論』93권, "復次一切無我無有差別. 總名爲空. 謂補特伽羅無我. 及法無
我. 補特伽羅無我者. 謂離一切緣生行. 外別有實我不可得故. 法無我者. 謂卽一
切緣生諸行性. 非實我. 是無常故. 如是二種. 略攝爲一. 彼處說此名爲大空."

다섯째는 함이 없는 법이다. … 무아란 간략히 하여 두 가지가
있다. 첫째는 인무아이고, 둘째는 법무아이다.[60]

『대승백법명문론』에서는 모든 법은 무아라고 말하며 시작하고 있
다. 그리고 현상에 존재하는 모든 법을 크게 5가지(마음의 법, 마음작용의
법, 물질의 법, 마음과 상응하지 않는 법, 인연화합에 의해 만들어지지 않은
법, 곧 함이 없는 법)로 구분하고 이 5가지를 각각 100가지 법으로
분류하고 있다. 그리고 무아란 인무아(人無我, pudgala-nairātmya, 보특
가라무아)와 법무아(法無我, dharma-nairātmya)를 말한다고 설명하고
있다. 대승불교 유식학에 이르면 무아론이 인무아와 법무아로 정리되
고 있음을 확인할 수 있다.

2) 5온·12처·18계와 5위75법

앞에서 언급한 바와 같이 5위75법은 일체 현상을 다섯 범주(5위: 마음의
법, 마음에 소속된 법, 물질의 법, 마음과 상응하지 않는 법, 인연화합에 의해
만들어지지 않은 법, 곧 함이 없는 법)로 나누고 각 범주에 75법을 나누어서
소속시킨 것이다.[61] 설일체유부는 5위에 5온·12처·18계를 통합하여

---

60 『大乘百法明門論』(T31, 855b15-21), "如世尊言. 一切法無我. 何等一切法. 云何
爲無我. 一切法者. 略有五種言無我者. 一者心法. 二者心所有法. 三者色法. 四
者心不相應行法. 五者無爲法. … 言無我者. 略有二種. 一補特伽羅無我. 二法
無我."

61 『아비달마구사론』의 계품界品·근품根品에서 제시되는 법은 70여 개이다. 이것은
5위로 분류되어 있다. 후에 『아비달마구사론』의 한역자인 현장의 제자 보광에
의해 쓰여진 『구사론기俱舍論記』에서 법의 수가 75개로 확정되어 『구사론』의

일체법의 체계를 세우고자 하였다. 통합된 부분을 구체적으로 살펴보면 다음과 같다.

첫째, 5온의 색온은 5위75법에서 그대로 물질의 법(색법色法)으로 분류된다. 그리고 수온·상온·행온·식온은 '마음의 법(심법)'과 '마음작용의 법(심소법)'의 구성요소로 분류되고 있다. 즉 '식온'은 심의식을 포괄하는 '마음의 법(심법)'으로, 그리고 나머지 온들은 '마음작용의 법(심소법)'에 일부로 편입된다. 특히 '행온'을 '마음과 상응하는 행'과 '마음과 상응하지 않는 행'으로 나누었다. 그리고 '마음과 상응하는 행'은 '수온'과 '상온'을 포함하는 '마음작용의 법(심소법)'에, '마음과 상응하지 않는' 관념적 존재들은 따로 독립시켜 '마음과 상응하지 않는 법(심불상응행법)'으로 분류하였다.

둘째, 12처에서는 5온의 '색온'이 안·이·비·설·신의 5처인 5근과 색·성·향·미·촉의 5처인 5경으로 자세히 나누어지는 양상이 나타난다. 18계에서도 10계(안계·이계·비계·설계·신계, 색계·성계·향계·미계·촉계)로 분류된다. 5근과 5경은 5위75법의 '물질의 법(색법色法)'으로 분류되었다. 이외에도 설일체유부는 '드러나지 않은 물질(무표색無表色, avijñapti-rūpa)'을 5위75법의 '물질의 법(색법色法)'에 새롭게 포함하고 있다. '드러나지 않은 물질(무표색)'은 '외부로 드러나지 않은 행위(무표업無表業)'라고도 한다. 이것은 설일체유부의 독특한 용어로서 '드러난 행위(표업表業)'와 상반된 의미를 나타내는 개념이다. '외부로 드러나지 않은 행위(무표업)'는 구체적으로 외부로 표출되지 않는 신체적

체계가 5위75법이라고 불리게 되었다(다케무라 마키오, 정승석 역, 『유식의 구조』, 민족사, 2006, p.172).

행위와 언어적 행위를 가리킨다. '외부로 드러나지 않은 행위(무표업)'는 행위가 이루어졌을 때 시간이 지나도 남아 있어서 마음에 계속 영향을 미친다고 한다. '물질의 법(색법)'이 물질의 최소단위인 극미로 이루어져 있다고 정의되는 반면 '드러나지 않은 색(무표색)'은 극미로 이루어져 있지 않고, 공간을 차지하지도 않는다고 한다. 하지만 특성상 4대종(지·수·화·풍)을 원인으로 하므로 '물질의 법(색법)'에 포함하고 있다.[62]

5위75법의 '마음(심법)'은 인식의 주체를 말한다. 12처의 의처와 18계에서는 의계와 안식계·이식계·비식계·설식계·신식계·의식계가 '마음(심법)'으로 통합된다.

5위75법의 '마음작용의 법(심소법)'은 마음인 '심왕'에 의지하여 구체적으로 드러나는 심리작용을 의미한다. 5위75법의 '마음작용의 법(심소법)'은 다시 다음의 6가지 총 46법으로 분류된다. 우선 마음과 동시에 일어나는 '일체의 마음과 두루 함께 일어나는 마음작용(대지법大地法)'에는 5온의 '수온'과 '상온' 그리고 '행온'이 포함된다. 이외에 '선한 마음에서 항상 발견되는 마음작용(대선지법大善地法)', '오염된 마음에서 항상 발견되는 마음작용(대번뇌지법大煩惱地法)', '악한 마음에서 항상 발견되는 마음작용(대불선지법大不善地法)', '특정한 오염된 마음에서 발견되는 마음작용(소번뇌지법小煩惱地法)', 선·불선·무기의 '어떠한 마음과도 함께 생겨날 수 있는 마음작용(부정지법不定地法)' 등이 있다.

5위에는 이외에도 '마음과 상응하지 않는 법(심불상응행법心不相應行

---

62 그리고 제6의식의 대상 가운데 법처에 포섭되는 색으로 정의하고 있다.

法)'에 속하는 14가지 법과 어떤 조작이나 인과법칙에 놓여 있지 않고, 그 자체로 존재하는 '인연화합에 의해 만들어지지 않은 법, 곧 함이 없는 법(무위법無爲法)' 3가지가 법이 있다. 설일체유부의 5위75법은 일체 존재에 대해 있는 그대로 보는(여실지견) 지혜를 깨달아 얻으며, 나아가 해탈의 경지에 도달하기 위한 준비작업에 해당한다고 할 수 있다. 다음은 지금까지 이야기한 내용을 도표로 정리하였다.

〈도표 1-2〉【5온·12처·18계와 5위75법】

5온	12처	18계	5위75법
색온	안처 색처 이처 성처 비처 향처 설처 미처 신처 촉처	안계 색계 이계 성계 비계 향계 설계 미계 신계 촉계	안근 색경 이근 성경 비근 향경 설근 미경 신근 촉경 무표색
식온	의처	안식계 이식계 비식계 설식계 신식계 의계 의식계	마음(심·의·식)
수온·상온· 행온	법처	법계	마음에 소속된 법(심소유법) 마음과 상응하지 않은 법(심불상응 행법) 인연화합에 의해 만들어지지 않은 법, 곧 함이 없는 법(무위법)

2. 5위100법의 내용

1) 5위75법과 5위100법

본 논의에서는 유식의 5위100법을 유부의 5위75법과 간략하게 비교해 보고자 한다. 먼저 형식을 살펴보고 이어서 각 법의 내용을 살펴보기로 한다.

우선 5위에 대해 살펴보면 그 종류는 같지만, 그 순서가 다르다. 5위75법에서는 5위의 순서를 '물질의 법(색법)', '마음의 법(심법)', '마음작용의 법(심소법)', '마음과 상응하지 않은 법(심불상응행법)', '인연화합에 의해 만들어지지 않은 법, 곧 함이 없는 법(무위법)'의 순으로 세운다. 이것은 마음 바깥의 대상이 실재한다고 인정하고 그것에 의해 '마음의 법(심법)', '마음에 소속된 법(심소유법)'이 일어난다고 보기 때문이다. 반면 유식에서는 '마음의 법(심법心法)', '마음작용의 법(심소법心所法)', '물질의 법(색법色法)', '마음과 상응하지 않는 법(심불상응행법心不相應行法)', '인연화합에 의해 만들어지지 않은 법, 곧 함이 없는 법(무위법無爲法)'으로 그 순서를 세우고 있다. 유식에서는 '마음의 법(심법)'이 가장 중심이 된다는 것을 보여준다. 즉 이 순서는 모든 존재가 식(마음)이 변해서 생겨난 것(식전변)이며 '마음의 법(심법)'을 떠나서는 아무것도 존재하지 않는다는 유식의 근본 입장에서 나온 것이다. 5위의 순서를 통해 설일체유부와 유식학의 근본 입장의 차이를 확인할 수 있다.

〈도표 1-3〉【5위의 순서】

설일체유부	유식학
물질의 법(색법), 마음의 법(심법), 마음작용의 법(심소법), 마음과 상응하지 않는 법(심불상응행법), 인연화합에 의해 만들어지지 않은 법, 곧 함이 없는 법(무위법)	마음의 법(심법), 마음작용의 법(심소법), 물질의 법(색법), 마음과 상응하지 않는 법(심불상응행법), 인연화합에 의해 만들어지지 않은 법, 곧 함이 없는 법(무위법)

다음은 5위에 대해 '물질의 법(색법)', '마음의 법(심법)', '마음작용의 법(심소법)', '마음과 상응하지 않는 법(심불상응행법)', '인연화합에 의해 만들어지지 않은 법, 곧 함이 없는 법(무위법)' 순으로 설일체유부와 유식학을 비교하고자 한다. '마음작용의 법(심소법)'을 마지막에 다루는 것은 다른 법에 비해 법의 수가 많기 때문이다.

앞에서 언급한 바와 같이 설일체유부에서 '물질의 법(색법)'은 5근과 5경 그리고 '겉으로 드러나지 않은 물질(무표색)'을 말한다. 유식학에서도 5근과 5경을 '물질의 법(색법)'으로 보고 있다. 하지만 '물질의 법(색법)'에 관한 설명은 부파불교의 그것과 완전히 내용을 달리하고 있다. 곧 유식학에서는 '물질의 법(색법)'을 마음에 존재하는 종자種子로부터 생겨나는 것이라고 설명한다. 더 구체적으로 말하면 4대종(지·수·화·풍)과 그것으로 만들어진(所造色) '종자'가 '끊임없이 이어지는 마음'에 의지하다가 현상계에 나타난다고 한다. 그리고 이러한 '물질(색법)'에 14종이 있다고 한다. 지·수·화·풍 및 색·성·향·미·촉과 안근 등의 5근이 그것이다.[63] 이외에 유식학은 설일체유부의 '겉으로 드러나지

---

[63] 『瑜伽師地論』(T30, 290a).

않은 물질(무표색)'을 '법처소섭색法處所攝色'으로 표현하고 있다. '법처 소섭색'은 12처 가운데 법처에 속한 물질을 말한다. 이것은 의식의 대상인 법처에 포함되는 '물질(색)'로서 소립자와 같은 '이론상'의 궁극 적인 물질이거나, 계를 받을 때 발생하는 독특한 물질 등을 말한다.

한편 설일체유부에서 '마음(심법)'은 하나의 식만을 인정한다. 즉 6가지 식을 하나의 전체로 생각한 것이다. 반면 유식학에서는 8가지 식 각각을 모두 인정하고 있다. 유식학에서 '마음(심법)'은 마음의 본체를 말하고, '마음작용의 법(심소법)'은 '마음(심법)'에 딸린 법을 의미한다. '마음(심법)'과 '마음작용의 법(심소법)'은 생겨나는 시기, 기관(根), 대상(所緣) 등을 서로 같이하므로 상응법相應法이라고도 불린다. 반면 '마음과 상응하지 않는 법(심불상응행법)'은 물질(색)에도 마음(심)에도 상응하지 않는 것을 말한다. 여기에는 언어, 위치, 시간 등이 속한다.

이상에서 살펴본 '마음의 법(심법)', '마음작용의 법(심소법)', '물질의 법(색법)', '마음과 상응하지 않은 법(심불상응행법)'은 생겨나고 변화하 며 소멸하는 '유위법'으로 분류된다. 그리고 이것을 제외한 나머지, 곧 생멸 변화하지 않는 법이 '무위법'이다. '무위법'에는 궁극의 경지인 '진여', 선도 아니고 악도 아닌 것을 의미하는 '무기' 등이 속한다.

설일체유부와 유식학은 모두 5위 가운데 특히 '마음작용의 법(심소 법)'에 가장 많은 법을 분류하고 있다. 하지만 그 분석의 방법은 다음과 같이 약간 차이를 보인다.

〈도표 1-4〉【마음작용의 법(심소법) 분류】

설일체유부	유식학
일체의 마음과 두루 함께 일어나는 마음작용(대지법), 선한 마음에서 항상 발견되는 마음작용(대선지법), 오염된 마음에서 항상 발견되는 마음작용(대번뇌지법), 악한 마음에서 항상 발견되는 마음작용(대불선지법), 특정한 오염된 마음에서 발견되는 마음작용(소번뇌지법), 어떠한 마음과도 함께 생겨날 수 있는 마음작용(부정지법)	두루 행하는 마음작용(변행심소), 특정한 대상에만 나타나는 마음작용(별경심소), 선한 마음과 상응하는 마음작용(선심소), 번뇌의 마음작용(번뇌심소), 부수적으로 작용하는 번뇌성의 마음작용(수번뇌심소), 정해지지 않은 마음작용(부정심소)

설일체유부의 '일체의 마음과 두루 함께 일어나는 마음작용(대지법大地法)'은 마음이 생겨났을 때 그것이 선한 마음이건 악한 마음이건, 또는 선하지도 악하지도 않은 마음이건 간에 상관없이 그 마음과 함께 항상 일어나는 마음의 작용을 말한다. 여기에는 느낌(受), 대상을 마음속에 나타내는 작용(想), 의지(思), 감촉(觸), 마음을 모으는 작용(作意), 욕망(欲), 뛰어난 이해(勝解), 기억(念), 삼매(定), 지혜(慧) 등 10가지가 있다.

'선한 마음에서 항상 발견되는 마음작용(대선지법大善地法)'에는 믿음(信), 멋대로 하지 않음(不放逸), 몸이나 마음이 가볍고 편안함(輕安), 평온(捨), 참회(慚), 부끄러워함(愧), 탐내지 않음(無貪), 화내지 않음(無瞋), 해치지 않음(不害), 노력(勤) 등 10가지가 있다.

'오염된 마음에서 항상 발견되는 마음작용(대번뇌지법大煩惱地法)'은 번뇌에 물든 무지無知의 상태에 처한 마음과 함께 일어난다. 여기에는 어리석음(癡), 거리낌 없이 아무렇게 함(放逸), 게으름(懈怠), 불교의 진리를 믿지 않음(不信), 몽롱함(昏沈), 들뜸(掉擧) 등 6가지가 있다.

'악한 마음에서 항상 발견되는 마음작용(대불선지법大不善地法)'은 착하지 않은 마음과 항상 함께 일어나는 마음으로서, 죄를 짓고 참회하지 않음(無慚), 부끄러워하지 않음(無愧) 등 2가지가 있다.

'특정한 오염된 마음에서 발견되는 마음작용(소번뇌지법小煩惱地法)'은 적합한 인연이 갖추어졌을 때 특정한 염오심(오염된 마음)과 함께 일어난다. 분노(忿), 잘못을 숨김(覆), 인색(慳), 질투(嫉), 심하게 욕하거나 꾸짖음(惱), 해침(害), 원한(恨), 아첨(諂), 속임(誑), 잘난 척하며 뽐냄(憍) 등 10가지가 있다.

'어떠한 마음과도 함께 생겨날 수 있는 마음작용(부정지법不定地法)'은 선·불선·무기의 어떠한 마음과도 함께 생겨날 수 있는 마음작용이다. 거친 추리작용(심尋), 세밀한 추리작용(사伺), 억압으로 가위눌린 마음(睡眠), 그릇된 일을 한 것을 후회(惡作), 탐욕(貪), 성냄(瞋), 자신이 타인보다 뛰어나다는 마음(慢), 불교의 진리를 의심(疑) 등 8가지가 있다.

한편 유식학의 '두루 행하는 마음작용(변행심소遍行心所)'은 어떤 마음(8식)이 일어날 때면 그 마음(8식)과 더불어 언제나 함께 발견되는 마음의 작용(심소)을 말한다. 따라서 '두루 행하는 마음작용'이라고 한다. 여기에는 감촉(觸), 마음을 모으는 작용(作意), 느낌(受), 대상을 마음속에 나타내는 작용(想), 의지(思) 등 5가지가 있다.

'특정한 대상에만 나타나는 마음작용(별경심소別境心所)'은 마음이 특정한 대상 또는 경계에 대해서 일어날 때만 그 마음과 함께 일어날 수 있는 마음작용을 말한다. 욕망(欲), 뛰어난 이해(勝解), 기억(念),

삼매(定), 지혜(慧) 등 5가지가 있다.

'선한 마음과 상응하는 마음작용(선심소善心所)'은 오직 선한 마음 또는 착한 마음과 상응하여 일어날 수 있는 마음작용을 말한다. 믿음(信), 노력(精進), 참회(慚), 부끄러워함(愧), 탐내지 않음(無貪), 화내지 않음(無瞋), 어리석지 않음(無癡), 몸이나 마음이 가볍고 편안함(輕安), 멋대로 하지 않음(不放逸), 평온함(行捨), 해치지 않음(不害) 등 11가지가 있다.

'번뇌의 마음작용(번뇌심소煩惱心所)'은 내면의 마음(8식)이 항상 오염된 상태에 있게 함으로써 그 결과 생사를 윤회하게 만드는 마음작용이다. 여기에는 탐욕(貪), 성냄(瞋), 자신이 타인보다 뛰어나다고 여김(慢), 어리석음(無明), 불교의 진리를 의심(疑), 올바르지 않은 견해(不正見) 등 6가지가 있다.

이 '번뇌의 마음작용(번뇌심소)'을 근본으로 하여 이를 따라서 일어나는 마음작용을 '부차적인 번뇌의 마음작용(수번뇌심소)'이라고 한다. 여기에는 '다른 번뇌와 공통점이 적은 번뇌의 마음작용(소수번뇌심소)', '오염된 마음의 일부와 함께 작용하는 번뇌의 마음작용(중수번뇌심소中隨煩惱心所)', '오염된 마음과 함께 작용하는 번뇌의 마음작용(대수번뇌심소大隨煩惱心所)'이 있다. '다른 번뇌와 공통점이 적은 번뇌의 마음작용(소수번뇌심소)'은 번뇌를 가진 마음작용들이 모두 개별적으로 일어나는 것으로 다음과 같이 10가지가 있다. 분노(忿), 원한(恨), 심하게 욕하거나 꾸짖음(뇌惱), 잘못을 숨김(부覆), 속임(誑), 아첨(諂), 잘난 척하며 뽐냄(憍), 해침(害), 질투(嫉), 인색(간慳).

'오염된 마음의 일부와 함께 작용하는 번뇌의 마음작용(중수번뇌심

소)'은 더러운 마음의 일부와 일어나는 마음으로 죄를 짓고 참회하지
않음(無慚), 다른 사람의 눈을 의식하지 않고 부끄러워하지 않음(無愧)
등 2가지가 있다.

　'오염된 마음과 함께 작용하는 번뇌의 마음작용(대수번뇌심소)'은
더러운 마음과 언제나 함께 일어나는 마음으로 다음과 같이 8가지가
있다. 불교의 진리를 믿지 않음(不信), 게으름(懈怠), 거리낌 없이
아무렇게 함(放逸), 몽롱한 상태(昏沈), 들뜬 상태(掉擧), 기억하지
못함(失念), 올바르게 알지 못함(不正知), 어지러움(散亂).

　'정해지지 않은 마음작용(부정심소)'은 '심왕', 3계(욕계·색계·무색
계), 선악 등에 관해 정해지지 않은 마음작용을 말한다. 억압으로
가위눌린 마음(睡眠), 그릇된 일을 한 것을 후회(惡作), 거친 사유작용
(심尋), 세밀한 사유작용(사伺) 등 4가지가 있다.

　'마음과 상응하지 않는 법(심불상응행법)'은 물질적 감각기관(5근)에
의해 감지되지도 않고 마음과 함께 일어나지도 않는 것을 말한다.
유식학에서는 '마음과 상응하지 않는 법'을 실재하는 법이 아니라
임시로 세워진 것이라고 본다. 반면 설일체유부에서는 '법은 과거·현
재·미래에 존재하며 법은 실체로서 영원히 존재한다'고 주장하며 '마음
과 상응하지 않는 법'들도 실재한다고 본다. 아래 〈도표 1-5〉에서
알 수 있듯이, 설일체유부에서는 '마음과 상응하지 않는 법'을 14가지를
제시하고 있으며, 유식학에서는 24가지를 제시하고 있다.

〈도표 1-5〉【마음과 상응하지 않는 법의 분류】

설일체유부	유식학
획득하는 힘(득得), 획득한 것을 상실 (비득非得)	획득하는 힘(득得)
공통성(동분同分), 생명력(명근命根)	무리의 공통성(중동분衆同分), 생명력 (명근命根), 범부의 특성(이생성異生性)
사유작용이 없는 선정(무상정無想定), 사유작용이 없는 선정의 결과(무상과 無想果), 마음과 마음작용이 소멸하는 선정(멸진정滅盡定)	사유작용이 없는 선정(무상정無想定), 마음과 마음작용이 소멸하는 선정(멸 진정滅盡定), 사유작용이 없는 선정의 결과(무상사無想事)
낱말(명신名身), 문장(구신句身), 글자 또는 음소(문신文身)	낱말(명신名身), 문장(구신句身), 글자 또는 음소(문신文身)
생겨남(생生), 유지됨(주住), 달라짐 (이異), 소멸(멸滅)	생겨남(생生), 유지됨(주住), 달라짐 (노老), 소멸(무상無常)
	인과가 끊임없이 이어짐(유전流轉), 인 과법칙이 혼란되는 경우가 없음(정이 定異), 화합하여 분리되지 않음(상응相 應), 변화가 빠름(세속勢速), 변화하는 순서(차제次第) 방향(방方), 시간(시時), 숫자(수數), 화 합和合, 불화합不和合

차례로 살펴보면 다음과 같다. 우선 '득得'은 획득한 적이 없었던 것 또는 잃어버린 것을 다시 획득하는 힘을 말하며, 잃어버리지 않게 하는 원리를 일컫기도 한다. 그리고 '비득(획득한 것을 상실)'은 '획득하는 힘(득)'의 반대의미를 지닌다. 즉 이미 획득한 것을 잃어버리는 것을 말한다. 설일체유부에서는 이 '획득하는 힘(득)'과 '획득한 것을 상실(비득)' 모두 실체로서 존재한다고 본다. 반면 유식학에서는 '마음

과 상응하지 않는 법(심불상응행법)'에 '획득하는 힘(득)'만 제시하고
있다. 유식학에서 '획득하는 힘(득)'은 임시로 세워진 가설적 원리이다.

다음으로 설일체유부의 '공통성(동분同分)'은 무리의 공통성 또는
유사성을 말한다. 예를 들면 인간들이 가지는 유사성은, '공통성(동분)'
의 원리에 의해서, '생각하며 언어를 사용하는 존재'라는 것이다. 한편
유식학에서는 이것을 '무리의 공통성(중동분)'으로 표현한다.

'생명력(명근命根)'은 목숨을 이어가게 하는 능력을 말한다. 즉 중생
의 수명을 뜻한다. 설일체유부에서는 중생이 태어나서 생존할 수
있는 것은 '생명력(명근)'이라는 개별적 실체가 있기 때문이라고 본다.
반면 유식학에서는 '생명력(명근)'을 임시로 세워진 원리라고 본다.
한편 유식에서는 '범부의 특성(이생성異生性)'을 제시하고 있다. '범부의
특성(이생성)'은 성스러운 법, 곧 번뇌가 없는 지혜(무루지)를 획득하지
못한 상태로서 범부가 가지는 특성을 나타낸다. 이것은 유식에만
존재하는 원리이다.

설일체유부와 유식학에서 무상정無想定은 '사유작용(想)이 없는 선
정'을 의미한다. 그리고 '사유작용이 없는 선정(무상정)'의 결과를 무상
과(유식학에서는 무상사), 마음과 '마음작용이 소멸하는 선정'을 '멸진정'
이라고 한다. 우선 '사유작용이 없는 선정(무상정)'은 제6의식의 분별과
사유작용이 완전히 사라지게 하는 선정을 말한다. '사유작용이 없는
선정(무상정)'을 닦아서 성취하면 그 힘에 의해 다음 생에는 '무상천'에
태어난다고 한다. '무상천'은 욕계·색계·무색계 가운데 색계에 속한
다. 한편 『아비달마구사론』에 따르면 '마음과 마음작용이 소멸하는
선정(멸진정滅盡定)'은 '사유작용이 없는 선정(무상정)'과 마찬가지로

마음과 마음작용이 소멸하게 되는 선정이다.[64] 다만 '마음과 마음작용
이 소멸하는 선정(멸진정)'은 '번뇌가 없어진 지혜'를 성취한 자가 닦는
선정이며 '사유작용이 없는 선정(무상정)'과는 '범부가 닦는' 선정이라
는 점에서 차이가 있다고 한다. '마음과 마음작용이 소멸하는 선정(멸진
정)'은 무색계의 4천 중 제3천인 무소유처無所有處의 번뇌를 이미 떠난
상태에서 닦는 선정이라고 한다. 설일체유부는 '마음과 마음작용이
소멸하는 선정(멸진정)'과 '사유작용이 없는 선정(무상정)'을 실체로
보지만 유식학은 임시로 세운 법으로 본다.

　다음은 설일체유부와 유식학의 낱말(명신名身), 문장(구신句身), 글
자 또는 음소(문신文身)에 대해 살펴보자. 이 3가지는 언어와 관련된
법이다. 앞에서 말한 바와 같이 설일체유부는 이것을 모두 실체로
보고 있지만 유식학은 임시로 세운 원리라고 본다.

　이어서 설일체유부의 생겨남(생生), 유지됨(주住), 달라짐(이異),
소멸(멸滅)을 고찰해 보면, 이 4가지는 인연에 따라 생멸하고 변천하면
서 나타내는 모습을 말한다. 한편 유식학에서는 존재의 4가지 모습을
차례로 생生, 주住, 노老, 무상無常으로 표현하고 있다. 설일체유부의
생겨남(생生), 유지됨(주住), 달라짐(이異), 소멸(멸滅)과 비교해 볼
때, 이 가운데 '노'는 달라지는 것 곧 변화하는 것을 의미하며, '무상'은
소멸하는 것을 말한다.

　이외에 유식학에만 존재하는 '인과가 끊임없이 이어짐(유전流轉)',
'인과법칙이 혼란되는 경우가 없음(정이定異)', '화합하여 분리되지 않

---

64 『阿毘達磨俱舍論』(T29, 24c26-25a23).

음(상응相應)', '변화가 빠름(세속勢速)', '변화하는 순서(차제次第)' 등이
있다. '인과가 끊임없이 이어짐(유전流轉)'은 모든 유위법의 인과가
계속 이어지는 것을 의미한다. '인과법칙이 혼란되는 경우가 없음(정이
定異)'은 인과법칙이 질서 없이 생겨나는 경우가 절대로 없다는 것을
말한다. 예를 들면 선업을 지으면 반드시 즐거운 과보를 받고 악업을
지으면 반드시 괴로운 과보를 받는다는 것이다. 선업을 지었는데
괴로운 과보를 받거나 악업을 지었는데 즐거운 과보를 받거나 하는
것은 절대로 있을 수 없다는 것을 말한다. '화합하여 분리되지 않음(상응
相應)'은 여러 법이 서로 화합하는 것을 말한다. '변화가 빠름(세속勢速)'
은 활동이 매우 빠른 것을 말한다. '변화하는 순서(차제次第)'는 현상이
변화하는 순서를 일컫는다. 이외에 방향(방方), 시간(시時), 숫자(수
數), 화합和合, 불화합不和合 등이 있다. 이 가운데 '수'는 숫자를 나타내
며 법의 여러 측면을 수량으로 표시하여 숫자가 하나의 실재하는
법法인 것처럼 임시로 세운 것을 말한다. 화합은 인과의 여러 가지
원인이 모이는 것을 말한다. 반면 불화합은 인과의 여러 가지 원인이
모이지 못하는 것을 말한다.

　다음은 '무위법'에 대해 살펴보자. '무위법'은 '어떤 조작이나 인과법
칙에 놓여 있지 않고 그 자체로 존재하는 것'을 말한다. 설일체유부와
유식학에서 분류하고 있는 '무위법'은 〈도표 1-6〉과 같다.

〈도표 1-6〉【인연화합에 의해 만들어지지 않은 법, 곧 함이 없는 법(무위법)의 분류】

설일체유부	유식학
절대공간(허공虛空), 성스러운 지혜로 번뇌가 사라진 상태(택멸擇滅), 성스러운 지혜에 의한 것이 아니라 처음부터 청정한 상태(비택멸非擇滅)	절대공간(허공虛空), 성스러운 지혜로 번뇌가 사라진 상태(택멸擇滅), 성스러운 지혜에 의한 것이 아니라 처음부터 청정한 상태(비택멸非擇滅)
	치우치지 않는 평정한 상태(부동멸不動滅), 사유작용과 감수작용이 사라진 상태(상수멸想受滅), 있는 그대로의 상태·깨달음의 경지(진여眞如)

설일체유부는 '함이 없는 법(무위법)'으로 '성스러운 지혜로 번뇌가 사라진 상태(택멸擇滅)', '성스러운 지혜에 의한 것이 아니라 처음부터 청정한 상태(비택멸非擇滅)', '절대공간(허공虛空)' 등 3가지를 제시한다. '택멸'은 해탈 또는 열반의 동의어로서 불교의 성스러운 지혜로 살펴서 번뇌가 사라진 상태를 말한다. 4성제(고·집·멸·도) 중 도제道諦에 의해 획득되는 열반을 말한다. '비택멸'은 불교의 성스러운 진리로 살피지 않아도 처음부터 '함이 없는 법(무위법)'의 상태에 있었던 것을 일컫는다. 예를 들면 본바탕이 청정한 마음을 일컫는 '자성청정심'과 같은 것을 말한다. '절대공간(허공)'은 공간을 차지하거나 방해가 되지 않는 것, 즉 막힌 것이 없는 것을 본질로 하는 공간을 말한다. 이 '절대공간'은 인연의 화합으로 생긴 것이 아니라, 그 자체가 생겨나지도 않고 사라지지도 않는 것이기 때문에 '함이 없는 법(무위법)'이라고 한다.

유식학은 이 3가지에 다시 '치우치지 않는 평정한 상태(부동멸不動

滅)', '사유작용과 감수작용이 사라진 상태(상수멸想受滅)', '있는 그대로
의 상태·깨달음의 경지(진여眞如)'를 더하여 '함이 없는 법(무위법)'으로
모두 6가지를 제시한다. '치우치지 않는 평정한 상태(부동멸不動滅)'는
3계(욕계·색계·무색계) 가운데 색계에서 닦는 선정을 통해 괴로움에도
즐거움에도 치우치지 않는 평정한 상태에 도달하는 경지이다. 고요하
고 움직이지 않는 상태를 말한다. 이 상태는 인연화합에 의해 만들어진
어떤 상태가 아니라 진여의 한 측면, 즉 '함이 없는 법(무위법)'의
한 측면임을 뜻한다.

  '사유작용과 감수작용이 사라진 상태(상수멸想受滅)'는 사유작용과
감수작용이 사라진 상태에서 드러나는 또는 깨닫게 되는 무위를 말한
다. '사유작용과 감수작용이 사라진 상태(상수멸想受滅)'는 무색계의
제4천인 비상비비상처지非想非非想處地에서 멸진정을 닦는 중에, 점차
로 드러나는 또는 깨닫게 되다가 멸진정이 완성되었을 때 완전히
드러나는 또는 깨닫게 되는 '있는 그대로의 상태·깨달음의 경지(진여眞
如)'의 한 측면을 말한다.

  '있는 그대로의 상태·깨달음의 경지(진여)'는 우주의 진리인 법신法
身의 본질을 말한다. 유식학에서는 '있는 그대로의 상태·깨달음의
경지(진여)'도 다만 임시로 설정한 명칭으로서, 본래는 언어를 떠나고
마음의 작용도 떠나 있는 것으로 본다.

〈도표 1-7〉【5위75법】

5위	75법
물질의 법(색법色法) 11	5근五根: 안근眼根·이근耳根·비근鼻根·설근舌根·신근身根 5경五境: 색경色境·성경聲境·향경香境·미경味境·촉경觸境 겉으로 드러나지 않는 물질(무표색無表色)
마음의 법(심법心法) 1	마음(심·의·식)
마음작용의 법(심소법心所法) 46	일체의 마음과 두루 함께 일어나는 마음작용(대지법): 느낌(受), 대상을 마음속에 나타내는 작용(想), 의지(思), 감촉(觸), 마음을 모으는 작용(作意), 욕망(欲), 뛰어난 이해(勝解), 기억(念), 삼매(定), 지혜(慧) 선한 마음에서 항상 발견되는 마음작용(대선지법): 믿음(信), 멋대로 하지 않음(不放逸), 몸이나 마음이 가볍고 편안함(輕安), 평온(捨), 참회(慚), 부끄러워함(愧), 탐내지 않음(無貪), 화내지 않음(無瞋), 해치지 않음(不害), 노력(勤) 오염된 마음에서 항상 발견되는 마음작용(대번뇌지법): 어리석음(癡), 거리낌 없이 아무렇게 함(放逸), 게으름(懈怠), 불교의 진리를 믿지 않음(不信), 몽롱함(昏沈), 들뜸(掉擧) 악한 마음에서 항상 발견되는 마음작용(대불선지법): 죄를 짓고 참회하지 않음(無慚), 부끄러워하지 않음(無愧) 특정한 염오심에서 발견되는 마음작용(소번뇌지법): 분노(忿), 잘못을 숨김(覆), 인색(慳), 질투(嫉), 심하게 욕하거나 꾸짖음(惱), 해침(害), 원한(恨), 아첨(諂), 속임(誑), 잘난 척하며 뽐냄(憍) 어떠한 마음과도 함께 생겨날 수 있는 마음작용(부정지법): 거친 추리작용(심尋), 세밀한 추리작용(사伺), 억압으로 가위눌린 마음(睡眠), 그릇된 일을 한 것을 후회(惡作), 탐욕(貪), 성냄(瞋), 자신이 타인보다 뛰어나다는 마음(慢), 불교의 진리를 의심(疑)

마음과 상응하지 않는 법(불상응행법 不相應行法) 14	획득하는 힘(득득), 획득한 것을 상실(비득非得), 공통성(동분同分), 생명력(명근命根), 사유작용이 없는 선정(무상정無想定), 사유작용이 없는 선정의 결과(무상과無想果), 마음과 마음작용이 소멸하는 선정(멸진정滅盡定), 낱말(명신名身), 문장(구신句身), 글자 또는 음소(문신文身), 생겨남(생生), 유지됨(주住), 달라짐(이異), 소멸(멸滅)
인연의 화합에 의해 만들어지지 않은 법·함이 없는 법(무위법) 3	절대공간(허공虛空), 성스러운 지혜로 번뇌가 사라진 상태(택멸擇滅), 성스러운 지혜에 의한 것이 아니라 처음부터 청정한 상태(비택멸非擇滅)

2) 5위100법

5위100법은 세친의 『대승백법명문론大乘百法明門論』에 근거하여 중국 유식학 종파인 법상종에서 일체를 크게 5가지의 총 100개의 법으로 나눈 것이다.

대분류인 5위五位는 앞에서 살펴보았듯이 '마음의 법(심법心法)', '마음작용의 법(심소법心所法)', '물질의 법(색법色法)', '마음과 상응하지 않는 법(심불상응행법心不相應行法)', '인연의 화합에 의해 만들어지지 않은 법, 곧 함이 없는 법(무위법無爲法)'이다. 그리고 하위분류인 100법百法은 '마음의 법(심법心法)'에 8개의 법, '마음작용의 법(심소법心所法)'에 51개의 법, '물질의 법(색법色法)'에 11개의 법, '마음과 상응하지 않는 법(심불상응행법心不相應行法)'에 24개의 법, '인연의 화합에 의해 만들어지지 않은 법, 곧 함이 없는 법(무위법無爲法)'에 6개의 법으로 분류되어 있다.

유식학은 근본적으로 현상이 마음에 의해 생겨난다고 본다. 따라서 마음을 벗어난 대상에 대해서는 논하지 않는다. 이것은 5위 가운데

'마음의 법(심법)'을 맨 앞에 두고 있는 것에 반영되었다. 그다음 순서로 '마음작용의 법(심소법)'을 두고 있는데 이것은 '마음작용의 법'이 '마음의 법'과 항상 상응하여 작용하기 때문이다. 한편 '물질의 법(색법)'을 세 번째에 둔 것은 '물질의 법(색법)'이 '마음의 법(심법心法)'과 '마음작용의 법(심소법心所法)'으로부터 변화된 것에 불과하다고 보기 때문이다. 그다음으로 '마음과 상응하지 않는 법(심불상응행법心不相應行法)'을 두는 것은 '마음과 상응하지 않는 법'이 '마음의 법(심법心法)', '마음작용의 법(심소법心所法)', '물질의 법(색법色法)', '인연의 화합으로 만들어지지 않은 법, 곧 함이 없는 법(무위법無爲法)' 등과 서로 상응하지 않지만, '마음의 법'과 '마음작용의 법' 그리고 '물질의 법'과 구별하여 임시로 세운 것이라 한다. 그리고 '인연의 화합에 의해 만들어지지 않은 법, 곧 함이 없는 법(무위법無爲法)'을 최후에 둔 것은, '인연의 화합에 의해 만들어지지 않은 법(무위법)'이 '인연의 화합에 의해 만들어지는 법(유위법)'인 앞의 4위(마음의 법, 마음작용의 법, 물질의 법, 마음과 상응하지 않는 법)의 법이 없어진 때에 비로소 현현되는 것이기 때문이라고 한다.[65]

결국 5위100법은 '모든 것이 마음(식)을 떠나서 존재하지 않는다'라는 유식학의 관점에서 분류된 것이라 할 수 있다.

---

65 김동화, 『유식철학』, 보련각, 1980, pp.55~56.

〈도표 1-8〉【5위100법】

5위	100법
마음의 법(심법) 8	안식眼識·이식耳識·비식鼻識·설식舌識·신식身識·의식意識·말나식末那識·알라야식阿賴耶識
마음작용의 법(심소법) 51	**두루 행하는 마음작용(변행심소):** 감촉(觸), 마음을 모으는 작용(作意), 느낌(受), 대상을 마음속에 나타내는 작용(想), 의지(思) **특정한 대상에만 나타나는 마음작용(별경심소):** 욕망(欲), 뛰어난 이해(勝解), 기억(念), 삼매(定), 지혜(慧) **선한 마음과 상응하는 마음작용(선심소):** 믿음(信), 노력(精進), 참회(慚), 부끄러워함(愧), 탐내지 않음(無貪), 화내지 않음(無瞋), 어리석지 않음(無癡), 몸이나 마음이 가볍고 편안함(輕安), 멋대로 하지 않음(不放逸), 평온함(行捨), 해치지 않음(不害) **번뇌의 마음작용(번뇌심소):** 탐욕(貪), 성냄(瞋), 자신이 타인보다 뛰어나다고 여김(慢), 어리석음(無明), 불교의 진리를 의심(疑), 올바르지 않은 견해(不正見) **다른 번뇌와 공통점이 적은 번뇌의 마음작용(소수번뇌심소):** 분노(忿), 원한(恨), 심하게 욕하거나 꾸짖음(惱), 잘못을 숨김(覆), 속임(誑), 아첨(諂), 잘난 척하며 뽐냄(憍), 해침(害), 질투(嫉), 인색(慳) **불선심(오염된 마음의 일부)과 함께 작용하는 번뇌의 마음작용(중수번뇌심소):** 죄를 짓고 참회하지 않음(無慚), 다른 사람의 눈을 의식하지 않고 부끄러워하지 않음(無愧) **오염된 마음과 함께 작용하는 번뇌의 마음작용(대수번뇌심소):** 불교의 진리를 믿지 않음(不信), 게으름(懈怠), 거리낌 없이 아무렇게 함(放逸), 몽롱한 상태(昏沈), 들뜬 상태(掉擧), 기억하지 못함(失念), 올바르게 알지 못함(不正知), 어지러움(散亂) **정해지지 않은 마음작용(부정심소):** 억압으로 가위눌린 마음(睡眠), 그릇된 일을 한 것을 후회(惡作), 거친 사유작용(심尋), 세밀한 사유작용(사伺)

물질의 법(색법) 11	5근五根: 안근眼根·이근耳根·비근鼻根·설근舌根·신근身根 5경五境: 색경色境·성경聲境·향경香境·미경味境·촉경觸境 **법경法境**: 법처에 속한 색(法處所攝色)
마음과 상응하지 않은 법(심불상응행법) 24	획득하는 힘(득득), 무리의 공통성(중동분衆同分), 생명력(명근命根), 범부의 특성(이생성異生性), 사유작용이 없는 선정(무상정無想定), 마음과 마음작용이 소멸하는 선정(멸진정滅盡定), 사유작용이 없는 선정의 결과(무상사無想事), 낱말(명신名身), 문장(구신句身), 글자 또는 음소(문신文身), 생겨남(생生), 유지됨(주住), 달라짐(노老), 소멸(무상無常), 인과가 끊임없이 이어짐(유전流轉), 인과법칙이 혼란되는 경우가 없음(정이定異), 화합하여 분리되지 않음(상응相應), 변화가 빠름(세속勢速), 변화하는 순서(차제次第), 방향(방方), 시간(시時), 숫자(수數), 화합和合, 불화합不和合
인연의 화합에 의해 만들어지지 않은 법, 곧 함이 없는 법(무위법) 6	절대공간(허공虛空), 성스러운 지혜로 번뇌가 사라진 상태(택멸擇滅), 성스러운 지혜에 의한 것이 아니라 처음부터 청정한 상태(비택멸非擇滅), 치우치지 않는 평정한 상태(부동멸不動滅), 사유작용과 감수작용이 사라진 상태(상수멸想受滅), 있는 그대로의 상태·깨달음의 경지(진여眞如)

3. 5위100법 관련 텍스트

다음은 5위100법과 관련된 내용을 보여주는 『대승백법명문론』과 『성유식론』에 대해 간단히 소개하고자 한다.

1) 『대승백법명문론』

『대승백법명문론』은 중국 법상종 논서 중 하나이다. 5위100법은 『대승백법명문론』에서 간략하지만 완결된 모습으로 나타난다. 그런데 5위

100법은 인도 유식학 논서인『유가사지론』과『유가사지론』을 요약
정리한 무착의『현양성교론』에서도 찾아볼 수 있다.[66] 따라서 본 논의
에서는『현양성교론』과『대승백법명문론』의 마음과 현상에 대한 분류
를 간단하게 비교하고 이어서『대승백법명문론』의 특징을 살펴보고자
한다.

유식학의 주요 인물 가운데 하나인 무착(無着, Asaṅga, 300~390?)은
그의『현양성교론』에서 5위를 "심과 심소유와 색이며 불상응과 무위이
네."[67]라고 정의한다. 그리고 이 5위를 106법으로 나누고 있다. 더
자세히 살펴보면 다음과 같다.

우선 무착은 '마음의 법(심법)'을 8가지로 분류하고 '마음작용의 법
(심소법)'을 51가지로 제시한다. 그리고 51가지 '마음작용의 법(심소법)'
을 '두루 행하는 마음(변행심소)' 5가지, '특정한 대상에만 나타나는
마음작용(별경심소)' 5가지, '선한 마음과 상응하는 마음작용(선심소)'
11가지, '번뇌의 마음작용(번뇌심소)' 6가지, '부차적인 번뇌의 마음작
용' 20가지, '정해지지 않은 마음작용(부정심소)' 4가지로 세분하고
각각의 항목과 술어를 명확하게 정립한다.[68] 이것은 51가지 '마음작용
(심소)'이 세친이『대승백법명문론』을 저술하기 전에 이미 확정되어
있었음을 유추하게 한다.[69]

다음으로 살펴볼 것은 무착이 '물질의 법(색법)'을 15가지로 확정하

66 https://ko.wikipedia.org/wiki/대승백법명문론(2022.12.25.).

67 『顯揚聖敎論』(T31, 480b28), "心心所有色 不相應無爲."

68 『顯揚聖敎論』(T31, 480b28-484c9).

69 오형근,『유식과 심식사상 연구』, 불교사상사, 1989, p.116.

고 있다는 점이다.[70] 이 '물질의 법(색법)'을 『대승백법명문론』의 11가지 '물질의 법(색법)'과 비교해 보면 다음과 같다. 곧 무착의 '물질의 법(색법)'에는 지수화풍 4대 요소가 있지만, 『대승백법명문론』에는 지수화풍이 존재하지 않는다.

다음은 무착이 '마음과 상응하지 않는 법(심불상응행법)'을 24가지로 열거하고 있다는 점이다.[71] 이 부분은 『대승백법명문론』과 차이가 나지 않는다.

마지막으로 살펴볼 것은 『현양성교론』에서는 '인연의 화합에 의해 만들어지지 않은 법, 곧 함이 없는 법(무위법)'으로 8가지, 곧 '절대공간(허공)', '성스러운 지혜로 번뇌가 사라진 상태(택멸)', '성스러운 지혜에 의한 것이 아니라 처음부터 청정한 상태(비택멸)', '치우치지 않는 평정한 상태(부동)', '사유작용과 감수작용이 사라진 상태(상수멸)', '선법진여(진여가 인연에 따라 착한 법이 되는 것)', '불선법진여(진여가 인연에 따라 착하지 않은 법이 되는 것)', '무기법진여(진여가 인연에 따라 무기[착한 것도 아니고 착하지도 않은 것]가 되는 것)' 등을 제시하고 있다는 점이다.[72] 주목할 점은 『대승백법명문론』은 『현양성교론』의 '선법진여(진여가 인연에 따라 착한 법이 되는 것)', '불선법진여(진여가 인연에 따라 착하지 않은 법이 되는 것)', '무기법진여(진여가 인연에 따라 무기[착한 것도 아니고 착하지도 않은 것]가 되는 것)'를 '있는 그대로의 상태·깨달음

---

70 『顯揚聖教論頌』(T31, 483ab).

71 『顯揚聖教論頌』(T31, 484a).

72 『顯揚聖教論頌』(T31, 484b28-c1), "此有八種. 謂虛空. 非擇滅. 擇滅. 不動. 想受滅. 善法眞如. 不善法眞如. 無記法眞如."

의 경지(진여眞如)' 하나로 분류한다는 점이다. 따라서 『대승백법명문
론』은 '함이 없는 법(무위법)'을 총 6가지로 보는 점에서 『현양성교
론』과 차이를 보인다.

이상에서 살펴본 바에서 알 수 있듯이, 무착 논사는 5위를 유식사상
에 입각하여 '마음의 법(심법)'을 맨 앞에 놓았다. 그리고 5위의 분류도
'마음의 법(심법)' 8가지, '마음작용의 법(심소법)' 51가지, '물질의 법(색
법)' 15가지, '마음과 상응하지 않는 법(심불상응행법)' 24가지, '인연화
합에 의해 만들어지지 않은 법, 곧 함이 없는 법(무위법)' 8가지 등
106법으로 확정하였다. 사실상 5위는 세친보다도 먼저 무착에 의해
이미 확정되었다고 볼 수 있다.[73]

다음은 『대승백법명문론』에 대해 더 구체적으로 살펴보자. 『대승백
법명문론』에서는 일체의 법을 5가지로 분류하고,[74] 5위 각각의 순서대
로 다음과 같이 100법을 나열하고 있다.[75]

우선 '마음의 법(심법)'에는 안식·이식·비식·설식·신식·의식·말
나식·알라야식 등 8개의 법이 있다. 다음으로 '마음작용의 법(심소법)'
에는 '두루 행하는 마음(변행심소)' 5가지, '특정한 대상에만 나타나는
마음작용(별경심소)' 5가지, '선한 마음과 상응하는 마음작용(선심소)'
11가지, '번뇌의 마음작용(번뇌심소)' 6가지, '부차적인 번뇌의 마음작
용' 20가지, '정해지지 않은 마음작용(부정심소)' 4가지 등 총 51개의
법이 있다. 이어서 '물질의 법(색법)'에는 5근, 5경, '법처에 속한 물질(법

73 오형근(1989), p.116.
74 『大乘百法明門論』(T31, 855b15-16).
75 『大乘百法明門論』(T31,855b20-c19).

처소섭색)' 등 총 11개의 법이 제시된다. 그리고 '마음과 상응하지
않는 법(심불상응행법)'에는 24개의 법이 있으며, 마지막으로 '인연화합
에 의해 만들어지지 않은 법, 곧 함이 없는 법(무위법)'에는 6개의
법이 제시되고 있다.[76]

이상에서 살펴본 바에 따라 『대승백법명문론』의 특징을 제시해
보면 다음과 같을 것이다.

첫째, 유식 법상종의 기본 논서인 『대승백법명문론』은 5위100법을
통해 마음을 중심으로 인식과 존재의 세계를 구조적으로 분류하고
있다. 이를 통해 유식 법상종은 마음에 의해 펼쳐지는 현상을 주목했으
며, 이를 기반으로 세계관을 체계적으로 정리했음을 유추할 수 있다.

둘째 『대승백법명문론』의 마지막에 제시된 다음의 글은 5위100법
이 붓다가 설한 무아無我를 계승하고 있음을 보여준다.

무아란 간략히 하여 두 가지가 있다. 첫째는 인무아人無我이고,
둘째는 법무아法無我이다.[77]

이것은 대승불교의 주요 교리인 공空, 즉 아공我空과 법공法空을
인무아와 법무아로 각각 표현하는 글이다. 『대승백법명문론』은 5위
100법을 통해 현상이 생겨나고 사라지는 양상을 체계적으로 분류하고
자 했으며, 특히 100법 각각은 실체가 아니라 무아임을 보여주고자

---

76 『大乘百法明門論』에서 제시하고 있는 5위100법의 구체적인 내용은 앞의 〈도표
1-8〉을 참조하시오.

77 『大乘百法明門論』(T31, 855c20-21).

하였다.

셋째, 앞에서 5온·12처·18계가 몸과 마음이 유기적으로 연결되어 있음을 구조적으로 보여주고 있음을 고찰하였다. 필자는 5위100법 또한 몸과 마음의 유기적 관계를 체계적으로 그리고 구체적으로 자세하게 파악할 수 있게 한다고 본다.

2)『성유식론』

이번에는 5위100법의 내용을 더 구체적으로 펼쳐놓은『성유식론』을 간단히 소개하고자 한다.『성유식론』은 659년에 현장(玄奘, 602~664)이 그의 제자 규기(窺基, 632~682)와 함께 인도의 세친(世親, 316~396?)이 저술한『유식삼십송』을 기반으로 지은 것이다. 더 구체적으로 서술하자면, 현장과 규기는 인도 10대 논사 중 하나인 호법(護法, 530~561)이『유식삼십송』에 대해 해석한 것을 중심으로 하면서 다른 유식 10대 논사의『유식삼십송』에 대한 해석을 취사선택하여 지은 것이라 한다. 현장과 규기가 만든『성유식론』을 중심으로 중국 유식 종파인 법상종이 형성되었다.

『성유식론』은 총 10권으로 구성되어 있다. 중국과 일본의 법상종은 이 논서를 중심으로 세워진 종파이다. 잘 알려졌듯이, 유식학은 요가수행자들에 의해 생겨났으며, 미륵彌勒, 무착(無着, 300~390?), 세친(世親, 316~396?)에 의하여 계승되고 체계화된 학설이다. 유식학은 '일체의 존재는 마음을 기반으로 생겨났으며, 마음 바깥의 대상은 실체로서 존재하는 것이 아니다'라는 유식무경唯識無境을 통해 붓다의 본지를 드러내고자 하였다.

『성유식론』도 이런 입장에서 실체를 주장하는 사람들의 주장을 논하여 깨뜨린다. 『성유식론』은 유식학의 기본 입장인 알라야식, 말나식, 제6의식, 전5식(안식·이식·비식·설식·신식)을 '심왕'의 측면에서 분석한다. 나아가 모든 존재가 공함을 밝히고 있으며, 이를 깨닫기 위한 실천과정으로서 5가지 수행의 단계를 제시한다. 또한 『성유식론』은 『유식삼십송』의 9송~14송에 제시되고 있는 '마음작용의 법(심소법)'을 '심왕'과 관련하여 곳곳에서 자세하게 논하고 있다.

『성유식론』은 『대승백법명문론』에서 체계적으로 분류해 놓은 5위 100법을 '심왕', '마음의 작용(심소)', 존재의 공성, 수행5위와 같은 유식학의 틀 속에서 구체적으로 논한다.

2부

• • •

정서와 인지

건강한 몸과 마음은 삶을 행복하게 하는 원천이다. 몸과 마음이 상쾌하면 자신도 즐거울 뿐만 아니라 타인에게 좋은 에너지를 전하게 된다. 따라서 상호관계가 원활하게 유지될 수 있다. 하지만 우리는 여러 상황에 직면하게 되면서, 때로는 타인과 불협화음을 맞이하게 된다. 이로 인해 불안, 공포, 분노, 절망, 우울 등과 같은 경험을 한다. 부정적인 감정과 부정적인 생각으로 인해 결국 몸과 마음의 균형이 깨져 질병이 생겨나기도 한다.

불교에서는 몸과 마음의 관계를 근본적으로 사유하고 구조적으로 설명한다. 이를 통해 몸과 마음의 조화로운 상태를 추구하고 궁극적으로 해탈에 이르고자 한다. 앞에서 살펴본 바와 같이 불교는 마음의 작용과 몸을 불가분의 관계로 보고 있다. 인간을 5온·12처·18계로 설명하는 것이 그 예이다. 부파불교에서는 5위75법으로, 그리고 유식학에서는 마음을 중심으로 보다 세분해서 5위100법으로 몸과 마음의 관계를 표현하고 있다.

본 논의에서는 불교에서 제시하는 몸과 마음의 유기적 관계에 초점을 두고 특히 감정과 사유작용을 어떻게 표현하고 있으며, 그것을 현대적으로 어떻게 이해할 수 있는지를 고찰하고자 한다. 이를 위해

2부에서는 감정과 인지작용을 세밀하게 분석하고 있는 5위100법 가운데 특히 '마음(심)'과 '마음작용(심소)'을 '정서'와 '인지'로 분류하고 이에 대해 살펴본다.*

---

*이 책의 서론에서 밝힌 바와 같이 불교에는 '정서'와 '인지'라는 말이 존재하지 않는다. 하지만 분별의 작용이나 탐내는 마음, 분노하는 마음과 같은 개념들을 발견하게 된다. 분별은 구분하고 판단하는 작용으로서 인지작용을 나타낸다. 그리고 무엇인가에 대해 욕망을 일으키고, 뜻한 대로 되지 않을 때 화를 내는 것은 감정적인 작용을 의미한다. 이러한 개념들을 살펴볼 때 불교에도 현대적 개념인 '인지'와 '정서'를 표현하고 있다고 생각해 볼 수 있다.

1장 정서작용

1. 정서의 발생

일반적으로 정서란 어떤 사물이나 현상에 대해서 느끼는 여러 가지 감정의 정신 상태를 말한다. 정서와 비슷한 뜻을 가진 말들로 느낌, 감성, 감정, 기분 등이 있다. 정서는 몸과 마음의 관계 속에서 나타나는 현상이다. 본 절에서는 유식학의 '마음(심)'과 '마음작용(심소)'을 중심으로 정서작용부터 살펴보기로 하겠다. 이를 위해 우선 정서가 발생하는 근본 토대인 '마음(심心과 심소心所)' 그리고 '몸(색色)'에 대한 유식학의 정의를 살펴본다.

1) 유식학의 마음(심)과 마음작용(심소) 그리고 몸

(1) 유식학의 마음(심)과 부수적인 마음작용(심소)

잘 알려져 있듯이 유식학은 요가수행자들이 마음을 관찰한 내용을 체계화한 것이다. 수행자들은 자신의 마음이 변화하는 과정을 지켜보면서 궁극의 경지인 해탈에 이르고자 하는 사람들이다. 그들은 다양한 관점에서 마음을 세밀하게 관찰하면서, 마음의 완전한 변화를 위해 매진하였다. 따라서 이들에 의해 체계화된 유식학은 모두 마음을 중심으로 구성되어 있다. 5위100법이 배열된 순서를 보았을 때, '마음의 법(심법心法)'이 맨 앞에 배치된 것도 이러한 배경에서 기인한 것으로 볼 수 있다.

유식학에서 '마음의 법(심법)'은 8가지 마음을 말한다. 안식·이식·비식·설식·신식·의식·말나식·알라야식이 그것이다. 유식학은 이 8가지 마음과 함께 마음의 작용을 더 세밀하게 분류하고, '마음에 소속된 법' 곧 '마음작용의 법(심소법心所法)'이라고 불렀다. '마음작용의 법(심소법)'은 일상에서 작용하는 마음을 51가지로 나누어 놓은 것이다. 유식학은 '마음작용의 법(심소법)'이 독자적으로 생겨날 수 없고 '마음의 법(심법)'에 의지해서 생겨나는 것이라고 본다.

이와 관련하여 『성유식론』에서는 '마음(심)'과 '마음작용(심소)'의 관계를 왕(심왕)과 왕의 명령에 따라 움직이는 신하(심소)로 비유하고 있다. 이 비유에 따르면 왕이 나라를 다스릴 때 주위에 다양한 신하들이 함께하듯이, 주된 '마음(심)'의 작용이 일어날 때 그에 맞추어 다양한 부수적인 '마음작용(심소)'이 함께 일어난다. 마치 일을 추진할 때 왕이 전체적인 틀을 제시하고 일이 진전되는 내용을 주시하는 것처럼, '심왕'은 대상의 전체적인 모습을 만드는 작용을 한다. 반면 신하들이 구체적인 일을 실행하듯이, '마음작용(심소)'은 구체적인 인식작용이 가능해지도록 한다.

이 현상을, '마음작용'에 속하는 '두루 행하는 마음작용(변행심소遍行

心所)' 가운데 '마음을 모으는 작용(作意)'을 예로 들어 설명해 보자. '두루 행하는 마음작용(변행심소)'은 8가지 마음과 함께 작용하는 '마음 작용(심소)'을 말한다. 유식학에서는 제6의식이 마음에 떠오른 대상의 내용을 파악하려면 그 대상에 대해 마음을 모으는 작용(작의)이 함께 해야 비로소 가능하다고 한다. 이 예는 우리의 마음이 8가지 식(심왕)만 작용하는 것이 아니라, '마음작용(심소)'과 같은 세밀한 마음이 따라와 주기 때문에 인식작용이 명료하게 진행됨을 보여준다.

(2) 유식학의 몸·물질의 법(색법色法)

본 논의에서는 몸을 '물질의 법(색법)'으로 분류하고 있는 유식학의 해석을 살펴본다. 특히 제6의식의 대상이면서 '물질의 법(색법)'으로 분류되고 있는 '법처에 속한 물질(법처소섭색法處所攝色)'에 주목하고자 한다.

5위100법 가운데 '물질의 법(색법)'으로 분류된 것은 11가지이다. 5근과 5경 그리고 '법처에 속한 물질(법처소섭색)'이 그것이다. 5근은 인간의 몸을 구성하는 5가지 감각기관을 말하며 5경은 감각기관 각각 의 대상을 칭한다. 5근과 5경은 초기불교 이래 분류된 방식과 크게 다르지 않다.

대승불교 유식학은 물질을 크게 4대종四大種과 이 4대종에 의해 만들어진 물질(소조색所造色)로 분류한다. 앞에서 언급한 바와 같이 4대종은 지·수·화·풍을 말한다. 4대종에 의해 만들어진 물질(소조색) 에는 5근과 5경 그리고 '법처에 속한 물질(법처소섭색法處所攝色)'이 속 한다.[1]

　이 가운데 '법처에 속한 물질(법처소섭색)'은 12처十二處 가운데 제6의
식의 대상인 법처에 속한 것이다. 작용이나 힘, 또는 내면에 새겨져
있는 잠재력이 이에 해당한다. 유식 논서인『대승아비달마잡집론大乘
阿毗達磨雜集論』에서는 '법처에 속한 물질(법처소섭색)'을 5가지로 분류
하고 있다. '지극히 간략화된 물질(극략색極略色)', '지극히 먼 물질(극형
색極逈色)', '받아서 끌어들인 물질(수소인색受所引色)', '두루 생각하여
일으킨 물질(변계소기색遍計所起色)', '선정의 힘으로 생겨난 물질(정자
재소생색定自在所生色)'이 그것이다.[2] '마음'과 '마음작용'이 생겨나고 증
가하는 역할을 특히 강조한 표현들이다. 이에 대해 좀 더 자세히
살펴보면 다음과 같다.

　'지극히 간략화된 물질(극략색極略色)'은 5근, 5경, 4대종(지·수·화·
풍)과 같은 물질(색)을 세밀하게 나누어 이 나눔이 극한에 이르렀을
때 나타나는 물질의 최소단위를 말한다.[3] 이것은 설일체유부의 '지극히
미세한 물질(극미색極微色)'에 해당한다. 설일체유부에서는 '지극히 미
세한 물질(극미색)'을 안근(눈)을 기반으로 하여 안식이 인식하는 대상
(法)으로 본다. 이것은 색처色處 즉 색경色境에 속한 물질로서 실재하는
것으로 여겨진다. 즉 설일체유부는 지극히 미세한 극미가 여전히
물질(色 또는 身)의 영역에 속해 있으며 실재한다고 본다. 반면 유식유가
행파에서는 '지극히 간략화된 물질(극략색)'을 물질(색)을 극한으로
나누었을 때, 물질의 영역을 넘어 정신(名 또는 心)의 영역에 속하게

---

1 『大乘阿毗達磨雜集論』(T31, 696a15-16).

2 『大乘阿毗達磨雜集論』(T31, 696b27-28).

3 『大乘阿毗達磨雜集論』(T31, 696b28-29).

된 어떤 '법'이라고 본다. 따라서 실재하는 물질이 아니며 임시로 세워진 물질이라고 본다. 이것은 의근을 바탕으로 하여 제6의식이 인식하는 대상(법경)인 법처法處에 속한다고 정의한다. 오직 마음뿐(유식)임을 주장하는 유식유가행파는 그 근본 명제에 따라 '지극히 간략화된 물질(극략색)'이 정신(名 또는 心)의 영역에 속한다고 본다.

　'지극히 먼 물질(극형색)'은 '볼 수 없는 곳에 존재하는 물질(색)'을 말한다. 설일체유부에서는 '지극히 먼 물질(극형색)' 곧 '지극히 미세한 상태의 색깔(현색顯色)'은 안근을 기반으로 하여 안식이 인식하는 법이라고 본다. 그리고 색처色處 즉 색경色境에 속한 실재하는 물질이라고 본다.[4] 즉 설일체유부는 '지극히 먼 물질(극형색極逈色)' 곧 '지극히 미세한 상태의 색깔'을 물질(色 또는 身)의 영역에 속해 있으며 실재하는 시각의 대상이라고 본다. 반면 유식유가행파는 '지극히 먼 물질(극형색)'을 물질의 영역을 넘어 정신(名 또는 心)의 영역에 속하는 어떤 법이라고 본다. 다시 말하면 유식학에서 '지극히 먼 물질(극형색)'은 임시로 설정된 물질이며, 제6의식의 대상인 법처法處 즉 법경法境에 속하는 것으로 분류된다.

　'받아서 끌어들인 물질(수소인색受所引色)'은 '드러나지 않은 물질(무표색無表色)'을 말한다. 부파불교의 설일체유부에 따르면 '드러나지 않은 물질(무표색)'은 말로 짓는 업 또는 몸으로 짓는 업이 생겨날

4　설일체유부에 따르면 눈으로 볼 수 있는 대상인 색경色境은 크게 두 가지로 나뉘는데, 하나는 색깔에 해당하는 현색顯色이고 다른 하나는 모양과 크기에 해당하는 형색形色이다. 현색은 눈 즉 안근眼根으로만 지각할 수 있으며, 형색은 눈으로 보고 몸 즉 신근身根으로 감촉하여 지각된다(『俱舍論』 권1〔T31, 696a4-16〕).

때, 그와 동시에 신체 내에 생겨나는 무형의 물질을 말한다. 설일체유부는 이 무형의 물질이 신체 내부에 있는 4대종(지수화풍)을 구성요소로 하여 생겨난다고 본다. 이것은 일종의 잠재력 또는 원동력이다. 예를 들면 계율을 지켜 선을 행하면 그와 동시에 그 선에 상응하는 만큼의(또는 악을 막고 그치게 하는) 무형의 잠재력이 신체 내에 형성된다고 한다. 설일체유부에서는 '드러나지 않은 물질(무표색)'을 실재하는 물질(색)이라고 본다. 반면 유식유가행파에서는 '드러나지 않은 물질(색)' 즉 '받아서 끌어들인 물질(수소인색受所引色)'을 실재하지 않는 것으로 본다. 유가행파에 따르면 말로 짓는 업(구업) 또는 행동으로 짓는 업(신업)이 생겨날 때, 그 의지와 행위가 알라야식에 저장된다. 이 저장된 정보는 새롭게 생겨난 '종자'가 되거나, 이미 존재했던 '종자'가 더 자라나게 한다. 유가행파는 이 '받아서 끌어들인 물질(무표색)'을 실재하지 않는 것이라고 본다.

'두루 생각하여 일으킨 물질(변계소기색遍計所起色)'은 제6의식이 그릇된 분별을 일으켜 생겨나는 이미지(영상)이다. 거북이의 털, 토끼의 뿔, 허공의 꽃 등과 같은 것이 그 예이다. 거북이는 곰이나 사자처럼 털을 가진 동물이 아닌데 '거북이의 털'이 존재한다고 생각하여 그렇게 믿고 행동하는 것, 토끼는 사슴처럼 뿔이 있는 동물이 아닌데 '토끼의 뿔'이 존재한다고 분별하여 그렇게 믿고 행동하는 것, 꽃은 땅에서 자라나는 식물인데 '허공에 꽃'이 존재한다고 여겨서 그렇게 믿고 행동하는 것 등이 '두루 생각하여 일으킨 물질(변계소기색)'이다. '두루 생각하여 일으킨 물질(변계소기색)'은 제6의식이 그것을 실재하는 물질(色)로 여기는 것이다. 분류할 때는 물질의 법(색법)으로 하고, 처해 있는 곳은 제6의식의 인식대상이므로 법처에 속한다. 유식학에서는 제6의식이 두루 생각하여 일으킨 것일 뿐 실체가 없는 물질로 본다.[5]

'선정의 힘으로 생겨난 물질(정자재소생색定自在所生色)'은 선정할 때 생겨난 형태나 모양을 뜻한다. 예를 들면 물이나 불에 대해 선정할 때, 마음이 한 곳에 집중한 상태에서 선정의 힘으로 나타난 물이나 불 등을 말한다.[6]

이상에서 살펴본 바와 같이, 유식학에 의하면 지·수·화·풍 4대와 이 4대에 의해 구성된 11가지 색법, 곧 5근과 5경 그리고 '법처에 속한 물질(법처소섭색)'을 극한까지 분석해 보면 모두 마음에 의해 만들어진 것이다. 필자는 이 해석이 유식학의 근본 명제인 '오직 식만이 있고 대상은 실체로서 존재하지 않는다'는 의미를 가진 '유식무경'에서 생겨난 것으로 본다.

2) '정서'와 유식학의 '마음작용(심소)'
(1) 마음의 작용과 몸 그리고 정서

유식학에서 '마음의 법(심법)'과 '마음작용의 법(심소법)'은 마음을, '물질의 법(색법)'은 몸을 표현하는 개념으로서, 마음과 몸은 우리가

---

5 『大乘阿毗達磨雜集論』(T31, 654a16-17).

6 『大乘阿毗達磨集論』(T31, 696b27-c03). 유식학에서 5가지 '법처에 속한 물질(법처소섭색)' 가운데 앞의 4가지는 실재하지 않는 존재 곧 임시로 세워진 것으로 정의된다. 반면 '선정의 힘으로 생겨난 물질'은 실재한다는 의견과 실재하는 것이 아닌 임시로 설정된 존재라는 주장이 혼재되어 있다. 실재한다는 견해는 다음과 같다. 곧 보살10지 가운데 8지 이상의 보살이, 선정의 힘으로 4대종을 실제로 조합하여 객관적 물질로 나타낸다고 한다(星雲[2011], 『佛光大辭典』 3판).

논의하는 정서와 인지작용의 기반이 된다.

본 논의에서는 정서작용이 몸을 통해 나타나는 현상을 살펴봄으로써 마음과 몸의 관계를 살펴보기로 한다.

우선 일상에서 경험하는 다양한 감정을 예로 들어보자. 우리는 즐겁고 기쁠 때 손뼉을 치며 환호를 한다. 축구 월드컵 경기를 보면서 우리나라 선수가 골을 넣을 때, 저절로 소리를 지르면서 기뻐했던 경험을 누구나 가지고 있을 것이다. 하지만 게임에서 질 때 어떠한가. 슬픈 표정을 지으며 눈물을 흘리는 사람도 있다. 한편 우리는 공포라는 감정을 느끼기도 한다. 산길을 걷다가 사나운 짐승을 만나는 장면을 떠올리기만 해도 호흡이 가빠지며 땀이 나기도 한다. 공포가 밀려오면서 몸이 굳고 숨을 쉴 수 없는 상태가 된다. 이처럼 '정서'는 마음의 작용이며 동시에 신체적 변화를 동반한다. '정서'는 주관적으로 경험하는 느낌이나 감정이며 호흡, 맥박, 혈압 등과 같은 자율신경계 신체 전반을 통해 나타난다.

'정서'작용이 몸을 통해서 표현되는 이러한 현상을 유식학의 견지에서는 어떻게 해석할 수 있을까? 큰 틀에서 볼 때 알라야식 연기설이 해석의 한 방법이 될 수 있다. 앞에서 언급한 바와 같이 알라야식 연기설은 3가지 측면에서 인과관계를 설명한다. 첫째, 우리가 생각하고 어떤 행위를 할 때 그것은 표층의 마음(전6식)이 작용하는 것이며, 그 결과는 마음 깊은 곳에 있는 알라야식에 '종자'로 저장된다고 보는 관점이다. 유식학은 이 관계를 '현재 활동하는 마음의 결과가 종자로 저장되는 것(현행훈종자現行熏種子)'이라고 표현한다. 둘째, 저장된 '종자'는 알라야식 속에서 순간 사라지고, 이어서 비슷한 성질을 지닌

'종자'가 순간 생겨난다고 설명한다. 이것을 종자생종자種子生種子라고 표현한다. 셋째, 인연에 의해 외부에서 어떤 자극이 주어졌을 때 알라야식에 있던 '종자'가 표층의 마음에 싹을 틔워 떠오르게 되는데, 이 현상을 '종자가 마음의 작용을 생겨나게 하는 것(종자생현행種子生現行)'이라고 본다.[7] 이 세 가지는 마음의 작용을 해석하는 틀이다. 이 틀은 정서작용이 생겨나는 과정을 구조적으로 보여준다.

이상에서 설명한 알라야식 연기설의 구체적인 예로, 어릴 때 놀이기구를 타다가 다친 경험이 있는 경우를 생각해 보자. 유식학에서는 그 경험이 마음 깊은 곳에 존재하는 알라야식에 '종자'의 형태로 저장된다고 본다(현행훈종자). 이 경험은 '트라우마'로 마음속에 저장되어 순간순간 사라지고 생겨나고 하면서 존재하다가(종자생종자), 이후 비슷한 놀이기구를 보면 저장되어 있던 경험이 기억으로 떠올라 놀이기구 타는 것을 거부하게 되는 현상(종자생현행)이 나타난다. 이 알라야식 연기설은 '트라우마'와 같은 정서작용이 몸과 마음의 상호작용에 의해 이루어지고 있음을 보여주고 있다.

이외에도 우리는 정서작용이 독자적으로 발생하지 않는다는 것을 쉽게 알아차릴 수 있다. 곧 누구에게나 여행 갔을 때 즐거웠던 경험이 있을 것이다. 이후 오랜 시간이 지나서 거의 잊었다고 생각했는데, TV나 인터넷을 통해 여행했던 장소를 다시 보게 되는 경우가 있다. 그때 우리는 자신이 여행했던 그 장소를 떠올리게 된다. 그곳에서 느꼈던 좋은 감정이 되살아나기도 한다. 그래서 나의 마음이 즐거워지

---

7 요코야마 코이츠, 안환기 역(2019), pp.58~60.

고 더불어 얼굴이 환해지게 된다. 이러한 예는 마음과 몸이 상호작용함을 보여준다.

(2) '마음작용의 법(심소법)' 분류

필자는 정서와 인지작용 또한 복합적으로 상호작용한다고 본다. 때로는 정서작용이 두드러져 보이지만 그 이면에는 인지작용이 바탕이 되고 있으며 그 반대 현상도 마찬가지이다. 본 논의에서는 유식학의 5위100법 가운데 정서와 인지의 양상을 보여주는 51개 마음작용(심소)을 분류하여 그 특징을 살펴본다.

세친의 『유식삼십송』에서는 '마음작용(심소)'을 크게 6가지로, 그리고 구체적으로 51개로 분류한다.[8] 6가지는 '두루 행하는 마음작용(변행심소)', '특정한 대상에만 나타나는 마음작용(별경심소)', '선한 마음과 상응하는 마음작용(선심소)', '번뇌의 마음작용(번뇌심소)', '부수적인 번뇌의 마음작용(수번뇌심소)', 정해지지 않은 마음작용(부정심소)' 등을 말한다. '두루 행하는 마음작용(변행심소)'은 8가지 마음(심) 모두와 상응하는 '부수적인 마음작용'을 말한다. '특정한 대상에만 나타나는 마음작용(별경심소)'은 각각 별도의 대상을 가진 '부수적인 마음작용'이다. 그리고 '선한 마음과 상응하는 마음작용(선심소)'은 착한 마음과 함께 작용하는 '부수적인 마음작용'이며, '번뇌의 마음작용(번뇌심소)'은 인간의 마음을 혼란스럽게 하고 괴롭게 하는 마음작용이다. '부수적인 번뇌의 마음작용(수번뇌심소)'은 근본번뇌를 따라 나타나는 '마음작

---

8 『唯識三十頌』(T31).

용(심소)'이다. '정해지지 않은 마음작용(부정심소)'은 확정되지 않은
성질을 가진 마음의 작용을 말한다. 곧 선한 마음에도 나쁜 마음(번뇌)
에도, 그리고 선도 나쁜 마음도 아닌 무기에도 작용하는 '부수적인
마음작용'을 말한다. 이를 도표로 표시해 보면 다음과 같다.

〈도표 2-1〉【51 마음작용(심소)】

두루 행하는 마음작용(변행심소)(5)	감촉(觸), 마음을 모으는 작용(作意), 느낌(受), 대상을 마음속에 나타내는 작용(想), 의지(思)
특정한 대상에만 나타나는 마음작용(별경심소)(5)	욕망(欲), 뛰어난 이해(勝解), 기억(念), 마음을 가라앉혀 삼매에 이름(定), 지혜(慧)
선한 마음과 상응하는 마음작용(선심소)(11)	믿음(信), 노력하는 마음(精進), 참회하는 마음(慚), 부끄러워하는 마음(愧), 탐내지 않는 마음(無貪), 화내지 않는 마음(無瞋), 어리석지 않은 마음(無癡), 몸이나 마음이 가볍고 편안함(輕安), 멋대로 하지 않는 마음(不放逸), 평온한 마음(行捨), 해치지 않는 마음(不害)
번뇌의 마음작용(번뇌심소)(6)	탐욕(貪), 성내는 마음(瞋), 자신이 타인보다 뛰어나다고 여기는 마음(慢), 어리석은 마음(無明), 불교의 진리를 의심하는 마음(疑), 올바르지 않은 견해(不正見)
다른 번뇌와 공통점이 적은 번뇌의 마음작용(소수번뇌심소)(10)	분노의 마음(忿), 원한의 마음(恨), 심하게 욕하거나 꾸짖는 마음(惱), 잘못을 숨기려는 마음(覆), 속이려는 마음(誑), 아첨하는 마음(諂), 잘난 척하며 뽐내는 마음(憍), 해치는 마음(害), 질투하는 마음(嫉), 인색한 마음(慳)
불선심(오염된 마음의 일부)과 함께 작용하는 번뇌의 마음작용(중수번뇌심소)(2)	죄를 짓고 참회하지 않는 마음(無慚), 다른 사람의 눈을 의식하지 않고 부끄러워하지 않는 마음(無愧)
오염된 마음과 함께 작용하는 번뇌의 마음작용(대수번뇌심소)(8)	불교의 진리를 믿지 않는 마음(不信), 게으른 마음(懈怠), 거리낌 없이 아무렇게 하는 마음(放逸), 몽롱한 마음의 상태·푹 가라앉은 마음(昏沈), 마음이 들뜬 상태

	(掉擧), 기억하지 못하는 마음(失念), 올바르게 알지 못하는 마음(不正知), 어지러운 마음·산만한 마음(散亂)
정해지지 않은 마음작용 (부정심소)(4)	억압으로 가위눌린 마음(睡眠), 그릇된 일을 한 것을 후회하는 마음(惡作), 거친 사유작용(심尋), 세밀한 사유작용(사伺)

이상의 51가지 마음작용(심소)은 8가지 마음(심)이 작용할 때 따라서 나타나는 마음의 작용이다. 본 논의에서는 51가지 마음작용(심소)을 인지와 정서로 간단히 분류하고, 이어서 정서의 발생에 대해 살펴보고 자 한다.[9]

우선 인지작용은 생각하고 판단하고 구분하는 작용을 말한다. 이러한 현상을 두드러지게 나타내는 마음작용(심소)을 분류해 보면 다음과 같다. 첫째, 8가지 식과 '두루 행하는 마음작용(변행심소)' 가운데 '대상을 마음속에 나타내는 작용(想)'은 대상을 떠올리고 이를 판단하는 작용을 가리킨다. 따라서 분명하게 인지작용이라는 것이 드러난다. 둘째, 특정한 대상에만 작용하는 심소(별경심소) 가운데 '뛰어난 이해(승해勝解)', '기억(염念)', '지혜(慧)'를 인지작용으로 분류할 수 있다. 셋째, 착한 마음작용(선심소) 가운데 '어리석지 않은 마음(무치無癡)'이 인지작용을 나타낸다. 넷째, 번뇌를 일으키는 마음작용(번뇌심소)에서 '어리석은 마음(무명無明)', '진리를 의심하는 작용(의疑)', '올바르지 않은 견해(부정견不正見)'를 인지작용으로 분류할 수 있다. 또한 '오염된 마음과 함께 작용하는 번뇌(대수번뇌 가운데 '기억하지 못하는 마음[실념失

9 인지작용에 대해서는 2부 2장에서 자세히 논하게 될 것이다.

念])'와 올바르게 알지 못하는 마음(不正知)이 인지작용을 나타낸다. 다섯째, '정해지지 않은 마음작용(부정심소)' 가운데 '거친 사유작용(심尋)'과 '세밀한 사유작용(사伺)'이 인지작용의 특성을 보여준다.

이상에서 분류한 인지작용은 다시 해탈에 도움이 되는 '긍정적 인지'와 방해가 되는 '부정적 인지'로 분류될 수 있다. 아래의 〈도표 2-2〉는 인지작용을 '긍정적 인지'와 '부정적 인지'로 분류하여 표현하고 있다.

필자는 '두루 행하는 마음작용(변행심소)'에 속하는 '대상을 마음속에 나타내는 작용(상想)'을 긍정적 인지작용과 부정적 인지작용 모두에 속한다고 분류하였다. 왜냐하면 일상생활에서 마음에 나타난 이미지(상)는 집착이 가해진 상태로 나타나지만, 수행과정에서 떠오른 이미지는 해탈에 이르는 긍정적 이미지를 나타내기 때문이다. 이외에 '정해지지 않은 마음작용(부정심소)'의 '거칠게 살피는 마음작용(심)'과 '세밀하게 살펴보는 마음작용(사)'은 특히 수행의 과정에서 나타나는 작용을 표현하고 있으므로 긍정적 인지로 분류하였다.

〈도표 2-2〉【인지작용의 분류】

긍정적 인지	대상을 마음속에 나타내는 작용(想), 뛰어난 이해(勝解), 기억(念), 지혜(慧), 어리석지 않은 마음(無癡), 거친 사유작용(심尋), 세밀한 사유작용(사伺)
부정적 인지	대상을 마음속에 나타내는 작용(想), 어리석은 마음(無明), 진리를 의심하는 마음(疑), 올바르지 않은 견해(不正見), 기억하지 못하는 마음(失念), 올바르게 알지 못하는 마음(不正知)

다음은 마음작용(심소)을 정서로 분류해 보자. 앞에서 언급했듯이 정서작용은 감정과 몸의 작용까지 포함한다.

여기에는 첫째, '선한 마음과 상응하는 마음작용(선심소)'의 믿음(信), 참회하는 마음(慚), 부끄러워하는 마음(愧), 탐내지 않는 마음(無貪), 화내지 않는 마음(無瞋), 노력하는 마음(精進), 몸이나 마음이 가볍고 편안함(輕安), 멋대로 하지 않는 마음(不放逸), 평온한 마음(行捨), 해치지 않는 마음(不害), 그릇된 일을 한 것을 후회하는 마음(惡作) 등이 있다.

둘째, '번뇌의 마음작용(번뇌심소)' 가운데 탐내는 마음(貪), 성내는 마음(瞋), 자신이 타인보다 뛰어나다고 여기는 마음(慢)이 있다. 그리고 '다른 번뇌와 공통점이 적은 번뇌의 마음작용(소수번뇌심소)'과 '오염된 마음의 일부와 함께 일어나는 번뇌의 마음작용(중수번뇌심소)' 그리고 '오염된 마음과 언제나 함께 일어나는 번뇌의 마음작용(대수번뇌심소)'은 대부분 부정적인 정서작용이 두드러지게 나타난다고 할 수 있다. 이를 도표로 분류하면 다음과 같다.

〈도표 2-3〉【정서작용의 분류】

긍정적 정서	믿음(信), 참회하는 마음(慚), 부끄러워하는 마음(愧), 탐내지 않는 마음(無貪), 화내지 않는 마음(無瞋), 노력하는 마음(精進), 몸이나 마음이 가볍고 편안함(輕安), 멋대로 하지 않는 마음(不放逸), 평온한 마음(行捨), 해치지 않는 마음(不害), 그릇된 일을 한 것을 후회하는 마음(惡作)
부정적 정서	탐욕(貪), 성내는 마음(瞋), 자신이 타인보다 뛰어나다고 여기는 마음(慢) 분노의 마음(忿), 원한의 마음(恨), 심하게 욕하거나 꾸짖는 마음(惱), 잘못을 숨기려는 마음(覆), 속이려는 마음(誑), 아첨하는 마음(諂), 잘난 척하며 뽐내는 마음(憍), 해치는 마음(害), 질투하는 마음(嫉), 인색한 마음(慳)

> 죄를 짓고 참회하지 않는 마음(無慚), 다른 사람의 눈을 의식하지
> 않고 부끄러워하지 않는 마음(無愧)
> 불교의 진리를 믿지 않는 마음(不信), 게으른 마음(懈怠), 거리낌 없이
> 아무렇게 하는 마음(放逸), 몽롱한 마음의 상태·푹 가라앉은 마음
> (昏沈), 마음이 들뜬 상태(掉擧), 어지러운 마음·산만한 마음(散亂)
> 억압으로 가위눌린 마음(睡眠)

(3) 정서발생의 메커니즘

그렇다면 '정서'가 발생하는 과정은 유식학적으로 어떻게 설명될 수
있을까? 유식학에서는 '알라야식'에 드러나지 않게 존재하던 '종자'가
명백하게 나타나면서 마음의 작용이 생겨난다고 본다. 곧 표층에
존재하는 전6식(안식·이식·비식·설식·신식·의식)의 작용 결과가 알라
야식에 저장되어 있다가, 이후 인연이 다가오면 우리의 의식에 '종자'가
명백하게 떠올라 전6식의 활동이 이루어진다는 것이다. 이때 심왕(알
라야식, 말나식, 의식, 전5식)과 항상 함께 일어나는 것은 '두루 행하는
마음작용(변행심소)'이다. 이 마음작용에 해당하는 촉·작의·수·상·
사[10]는 마음(심왕)이 일어날 때 함께 작용하는 것으로 인식작용의 근본
적인 메커니즘을 형성한다.

우선 '감촉(촉觸, sparśa)'은 감각기관(根), 대상(境), 지각하는 마음
(識)의 세 가지 조건이 접촉하는 것을 말한다. 외부에서 어떤 자극이
왔을 때, 우리 마음에 있던 '종자'가 명백하게 드러나서 '눈(안근)'과
그 대상인 '모양이나 형태(색)' 그리고 그것을 지각하는 '안식'이 작용하
도록 한다. 이를 통해 '감촉'이 일어난다. '감촉'은 모든 인식작용이

---

10 『唯識三十頌』(T31); 『成唯識論』 5(T31).

생겨나는 토대가 되며, 몸에 기반한 마음의 작용을 보여준다.

'마음을 모으는 작용(작의作意, manasikāra)'은 특정한 곳(대상)을 향해 관심을 기울여 집중하는 마음의 작용이다. '작의'는 우리가 대상을 보고 있더라도 그곳에 집중해야 다음의 과정으로 진전될 수 있음을 보여준다. 예컨대 신문을 읽을 때 눈으로는 글자를 보고 있지만, 그것에 집중하지 않으면 그 내용을 알 수가 없는 경우가 이에 해당한다. 또 다른 예로서 길을 가다 누군가 서 있었는데 그냥 지나칠 때가 있다. 그가 어떤 사람인지 기억이 나지 않는다. 이것은 그 대상에 마음을 모으는 작용(작의)이 이루어지지 않았기 때문에 나타나는 현상이다.

'느낌(수受, vedanā)'은 주관적인 감정이나 감각을 말한다. 세친은 이 '느낌(수)'을 괴로움·즐거움·괴롭지도 않고 즐겁지도 않은 것으로 분류했다.[11] '느낌(수)'은 정서적인 측면을 확연히 나타낸다. 눈(안근)과 대상 그리고 안식이 만나 '감촉'이 생겨나고 의식이 집중(작의)되면 싫거나 고통스럽거나 무서운 느낌의 부정적 정서가 생겨나기도 하며, 기쁘거나 몸이 가벼울 정도로 경쾌한 느낌의 긍정적 정서가 생겨나기도 한다. 유식학에서는 이 현상을 '느낌(수)'의 마음작용(심소)이라고 본다. 또한 '느낌(수)'에는 즐겁지도 괴롭지도 않은 상태도 있다고 본다. 무덤덤한 상태로 표현할 수 있다. 어떤 사건에 대해 나와 상관없다고 느껴지는 현상을 말한다.

'두루 행하는 마음작용(변행심소)'에는 이외에도 '대상을 마음속에

---

11 『唯識三十頌』(T31); 『成唯識論』 5(T31).

나타내는 작용(상想, saṃjñā)'이 있다. 이것은 대상을 언어로써 인식하는 작용으로서, '느낌(수)'에 의해 받아들여진 대상을 분석하고 개념화하는 것을 말한다. 이 작용은 인지작용에 해당한다. 잠시 정서와 인지작용의 관계를 다시 생각해 보자. 앞에서 언급한 바와 같이 정서작용은 홀로 생겨나지 않는다. 정서와 인지작용이 함께 작용하는 경우가 대부분이다. 예를 들자면 인터넷에서 홍수로 집이 무너지고 사람들이 물속으로 사라지는 장면을 보았을 때를 생각해 보자. 눈(안근)으로 인터넷의 화면(대상)을 보고 안식이 생겨나는 작용은 '감촉'으로 해석될 수 있다. 이후 화면을 세밀하게 집중해서 바라보게 되면(작의), 놀라움과 충격 그리고 공포(수)가 밀려오게 된다. 그리고 홍수가 나면 누구나 저러한 상황에 이를 수 있겠다는 생각(상)이 떠오르게 된다. 나아가 더욱더 공포와 같은 정서(수)가 증폭될 수 있다. 곧 공포라는 정서(수)와 생각하는 인지작용(상)은 서로 영향을 주면서 발생한다고 볼 수 있다.

'의지(사思, cetanā)'는 실천으로 옮기려는 마음이다. 이 의지가 있고 난 후에 행위(업)가 일어난다. 따라서 착한 의지로 행위를 일으키면 선업이 생기고 나쁜 의지로 행위를 일으키면 악업이 생긴다.[12]

---

12 불교에서 업(業, 행위)은 신체적 행위(신업身業)·언어적 행위(구업口業)·의지적 행위(의업意業)로 나누어진다. '의업(의지적 행위)'은 '사업(思業, 마음속의 행위)'이라고도 한다. 그리고 의지적 행위로부터 신체적 행위와 언어적 행위가 생겨난다는 의미에서 '신업(신체적 행위)'과 '구업(언어적 행위)'을 '사이업(思已業, 마음속 생각이 밖으로 나타난 행위)'이라고 한다. 이 '사(思, 의지)'가 '두루 행하는 마음작용(변행심소)'의 '사思'다.

이상에서 살펴본 바에서 알 수 있듯이, '두루 행하는 마음작용(변행심소)'은 정서작용이 어떤 메커니즘으로 생겨나는지를 보여준다. 필자는 이것을 아래와 같이 도식으로 표현해 보았다.

〈도식 2-1〉【정서의 발생】

촉(근+경+식) → 작의(집중) → 수(느낌) ↤ 상(생각) → 사(행동)

주목할 부분은 느낌(수)이 생겨나고 이것에 대해 사유작용(상)이 생겨나기도 하며 사유작용(상)은 다시 느낌(수)의 정도를 더 높인다는 것이다. 따라서 때로는 정서작용이 두드러져 보이지만 그 이면을 살펴보면 인지가 작용하고 있으며, 그 반대 현상도 마찬가지로 해석해 볼 수 있다.

수행자들은 마음을 정확하게 보면서 번뇌를 닦아가는 과정을 밟는다. 이를 통해 복잡하고 유동적인 마음의 작용을 세밀하게 분류하였다. 그 결과가 유식학이다. 유식학은 마음의 현상을 체계적으로 밝혀주고 있다. 따라서 유식학은 현대인들이 스스로 경험한 마음의 현상 곧 정서나 인식의 작용을 명료하게 자각할 수 있게 한다.

3) 정서작용에 대한 뇌과학적 이해

지금까지 수행을 통해 관찰한 결과를 보여주는 유식학을 살펴보았다. 본 논의에서는 뇌과학 및 생리학에 대해 살펴보고자 한다. 이 분야는 실험과 첨단의료기계를 통해 관찰한 것을 토대로 인간에 대해 여러 관점을 제시하고 있다.

뇌과학에 따르면 인간의 뇌 구조는 크게 3가지로 나누어진다. 두뇌의 가장 깊은 부분은 뇌간(brain stem)이라 불린다. 이곳은 인간의 생명과 직결된 기능, 예를 들면 호흡, 수면, 심장박동과 같은 것을 주로 담당하는 부위이다. 그것을 둘러싸고 있는 두 번째 층은 감정을 처리하는 변연계(limbic system)라고 불린다. 이것은 공포나 불안과 같은 부정적 정서를 유발하는 편도체(Amygdala)나 장기기억을 담당하는 해마(hippocampus)로 이루어져 있다.[13] 그리고 뇌의 가장 외곽에 위치하고 있는 대뇌피질(Cerebral cortex)은 인지작용을 주로 담당한다.

다음은 이 가운데 정서를 주로 담당하고 있는 부분을 뇌과학에서는 어떻게 설명하고 있는지 살펴보자.

(1) 편도체의 역할
① 편도체와 부정적 정서

편도체는 다음과 같이 3가지 피질 영역으로 구성되어 있다고 한다. 아래쪽에 있는 기저외측핵(basolateral nucleus)은 뇌의 전두엽과 연합감각피질로부터 신경정보를 받는 곳이라고 한다. 그 위쪽의 내측핵(medial nucleus)은 후각신경계와 연결되어 있고, 위쪽 바깥 중앙에 중심핵(central nucleus)이 있는데 이곳으로 시상하부와 뇌간의 신경정보가 전달된다고 한다. 편도체는 이렇게 3가지로 이루어진 복합체라고 한다.[14]

---

13 https://brunch.co.kr/@tomasch22/6(2022.08.16.).
14 박문호, 『그림으로 읽는 뇌과학의 모든 것』, ㈜휴머니스트 출판그룹, 2022,

뇌과학에 따르면 '편도체'는 주로 감정을 조절하는 역할을 한다. 편도체는 '대뇌변연계(大腦邊緣系, limbic system)'[15]의 일부로서 아몬드 모양을 띠고 있다. 그리고 뇌의 깊숙한 곳에 있으면서 감정을 조절하고 공포 및 불안에 대해 기억하는 역할을 한다고 알려져 있다. 주로 분노, 짜증, 스트레스, 슬픔, 공포 등과 같은 부정적 정서를 발생시킨다고 한다. 유식학의 번뇌심소 가운데 분노를 표현하는 진瞋, 불안으로 해석될 수 있는 도거掉擧 등의 작용이 편도체에서 생겨난다고 할 수 있다.

편도체의 역할은 다음과 같은 실험을 통해 밝혀졌다. 이 실험은 쥐를 대상으로 하였다. 우선 쥐에게 전기충격을 가하면서 동시에 특정한 소리를 반복해서 들려주었다고 한다. 그리고 어느 정도 시간이 지난 뒤에, 쥐에게 그 특정한 소리만 들려주는 실험을 하였다고 한다. 흥미롭게도 이때 그 쥐가 강한 공포반응을 보였다고 한다. 이후 실험자는 이 동물의 편도체를 제거하고 소리를 들려주었는데, 이 동물은 그 특정한 소리에 대해 공포반응을 일으키지 않았다고 한다.[16] 이

---

p.441.

15 대뇌변연계는 대뇌피질과 뇌량 그리고 시상하부 사이의 경계에 있는 부위이다. 둘레계통이라고도 한다. 해마, 편도체, 선조체, 시상앞핵, 변연엽, 후각신경구 등으로 이루어져 있어 감정, 행동, 동기부여, 기억, 후각 등의 여러 가지 기능을 담당한다.

16 이러한 결과에 대해 미국의 신경학자인 조셉 르두(Joseph E. LeDoux, 1949~)는 학습된 두려움에 대한 기억이 편도의 중심핵으로부터 시상하부를 통해 자율신경계를 자극하거나, 뇌간을 통해 행동적 거부 반응을 보이는 것이라고 주장한다 (https://ko.wikipedia.org/wiki/편도체〔2022.11.19.〕).

실험의 결과로, 편도체가 불안과 공포를 느끼게 한다는 것이 알려지게 되었다.

사람 또한 편도체가 손상될 경우 두려움을 느끼지 못한다고 한다. 한 연구에 따르면 선천적으로 편도체 부위가 텅 빈 상태로 태어난 여인에게 뱀과 거미를 만지게 하거나, 공포를 유발하는 영화를 관람하게 하여도 그녀는 놀라지 않았다고 한다. 이를 통해 연구진들은 그녀가 공포와 두려움을 느끼지 못한 이유가 뇌 속 편도체가 없기 때문이라고 판단하였다. 그녀는 즐거움이나 우울함과 같은 기본적인 정서와 기억력 등에는 장애가 없었으며, 공포만을 느끼지 못했다고 한다.[17]

이상의 연구로 사람의 편도체가 불안과 공포와 같은 정서를 활성화한다는 것이 밝혀지게 된다. 곧 편도체의 역할은 정서를 전두엽과 운동중추인 선조체(線條體, striatum, corpus striatum) 등에 전달하여, 사람들이 감정적으로 생각하고 행동하게 하는 것으로 알려지게 되었다.

② 편도체와 전전두엽

뇌과학에 따르면 전전두엽에서 편도체로 나가는 신경회로보다 편도체에서 전전두엽으로 나가는 신경섬유가 많다고 한다. 사람들이 감정을 이성적으로 조절하기보다 감정적으로 행동하는 경우가 많은 이유가 이 때문이라고 한다.[18] 이것은 편도체에서 나오는 감정 신호가 논리적

---

17 https://www.sciencetimes.co.kr/news/겁-없는-이유는-뇌-속-편도체-때문/
(2023.01.05.).
18 박문호(2022), p.443.

으로 사고하는 전두엽에 강하게 영향을 주는 이유이기도 하다.

실제로 우리는 분노의 마음이 생겨날 때 감정이 격해져서 상황에 대해 이성적으로 고려하지 않고 감정을 표출하는 경우가 많다. 이때 이성적으로 감정을 조절하고 냉철하게 판단을 해야 하는데 그렇게 하기가 쉽지 않다. 따라서 나뿐만 아니라 타인에게 상처를 주는 일이 생겨나기도 한다. 뇌과학은 이렇게 감정에 휩싸이는 이유를 앞에서 언급했듯이 전전두엽과 편도체 사이에 존재하는 신경으로 설명한다. 불안과 관련된 자극이 주어지면 편도체가 주도하게 되어 부정적인 정서가 나타나게 되는 것도 이 현상에서 기인하는 것이라고 한다.[19] 불교의 관점에서 볼 때, 부정적 정서를 유발하는 편도체는 번뇌를 일으키는 기원이 된다.

그런데 일상생활을 살펴보면 감정이 이성의 힘으로 조절되기도 한다. 위급한 상황이 생겼을 때, 편도체가 먼저 부정적인 정서를 활성화 하여 전두엽의 역할이 약해지기도 하지만 반대로 전두엽이 감정을 조절하는 경험을 우리는 한다. 뇌과학에 따르면 전두엽은 대뇌피질의 일부인 겉 뇌로서 이성적으로 판단하고 자신의 감정을 조절하는 역할을 한다. 구체적으로 설명하면, 전두엽은 편도체에서 생겨난 분노, 짜증, 스트레스, 슬픔, 공포 등과 같은 부정적 정서를 이성적으로 조절한다. 이것이 가능한 것은 전두엽의 역할을 강하게 하는 힘이 내재해 있기 때문이다.

불교에서는 수행(명상)을 통해 전두엽을 활성화할 수 있다고 한다.

---

19 https://m.blog.naver.com/mcc7718/222071385537(2022.11.19.).

잘 알려졌듯이 불교의 수행(명상)은 부정적 정서를 순화시키고 나아가 소멸하는 과정이다. 수행자는 마음에 떠오른 영상을 있는 그대로 봄으로써 부정적 정서를 일으키는 번뇌를 하나하나 소멸하는 과정을 밟아간다. 차분하게 마음에 나타난 이미지를 이성적으로 분류하고 판단하는 수행은 마음의 힘을 키우는 과정이 된다. 이 과정을 일상생활 속에서 실천하려고 노력한다면 부정적 정서로 인해 혼란스러운 마음을 조절하는 힘이 더욱 커질 수 있을 것이다.[20] 뇌과학의 견지에서 볼 때, 불교의 수행은 전두엽의 기능을 강화하고 편도체의 지나친 활성화를 억제하는 방법이 된다고 할 수 있다.

③편도체의 긍정적 역할

지금까지 편도체의 부정적인 역할을 언급했지만, 편도체는 긍정적인 역할도 한다. 두려움과 공포는 안전과 생존에 위협이 되는지를 미리 감지하여 극한 상황에서 살아남을 수 있게 한다.

　뇌과학은 이 현상을 다음과 같이 설명한다. 어떤 위험한 물체를 볼 때 그 정보는 우선 뇌의 시상으로 전달된다. 그리고 전두엽에서 이 정보를 인식하기 전에, 편도체가 불안 반응을 일으키도록 신호를 보낸다. 곧 편도체는 신속하게 위험신호를 보내 코르티솔, 아드레날린과 같은 강력한 스트레스 호르몬의 분비를 촉진하게 한다는 것이다. 그리고 이 변화는 심장박동수를 증가하게 만들며, 그 결과 혈압이 높아지며 호흡수가 증가하게 된다고 한다. 급한 상황에 직면할 때

---

20 https://brunch.co.kr/@tomasch22/6(2022.08.16.).

숨이 가빠지고 심장이 뛰는 이유가 이런 신체적 변화 때문이다. 인간은 이러한 반응을 통해 위험한 상황에서 싸울 것인지 아니면 도망갈 것인지를 준비하게 된다. 이 설명은 편도체가 생존에 위협받을 수 있는 상황을 본능적으로 극복할 수 있게 하는 역할을 한다는 것을 보여준다.[21] 두려움과 공포를 일으키는 편도체가 인간의 삶 속에서 항상 부정적인 역할을 하는 것은 아니다.

(2) 시상과 시상하부

다음은 뇌의 중앙에 위치한 '시상(視床, thalamus)'과 '시상하부(視床下部, hypothalamus)'에 대해 살펴보자.

'시상'은 감각기관으로부터 받아들여진 정보를 중계하는 곳이다. 코를 제외한 나머지 감각기관에서 수용한 내용을 대뇌피질로 전달하는 곳이다. 다시 말하면 '시상'은 통합중추로서 주요 감각기관에서 받아들인 정보를 모아서 대뇌피질로 전달하는 중간 역할을 하는 곳이다. '시상'과 대뇌피질 사이에 회로가 형성되어 있어서 상호작용할 수 있으므로 이러한 현상이 가능하다고 한다.[22]

한편 '시상하부'는 뇌의 '시상' 아래에 있으며, '뇌간'[23] 바로 위에

---

21 https://m.blog.naver.com/mcc7718/222071385537(2022.11.19.).

22 또한, 운동신호를 중계하며 의식이나 수면 등을 조절하는 모든 감각신경이 이곳에 모였다가 다시 해당 감각 대뇌피질 및 대뇌변연계, 뇌간, 망상체, 소뇌 등으로 전달된다.
   https://m.blog.naver.com/PostView.naver?isHttpsRedirect=true&blogId=jugd0130&logNo=221012688984(2022.11.19.).

23 뇌간(腦幹, brainstem)은 뇌에서 대뇌 반구와 소뇌를 제외한 나머지 부분을 총칭하

있다. '시상하부'에는 자율신경계[24]의 중추가 모여 있어서 호르몬의
분비를 조절하고 생체 리듬을 유지한다. 부언하면 '시상하부'는 감정을
조절하고 뇌하수체[25]의 호르몬 분비에 관여하는 등 자율신경계가 작용
하도록 하는 중요한 역할을 한다.

'시상하부'의 역할 가운데 우선 공포를 조절하는 현상을 살펴보면
다음과 같다. 예컨대 우리가 공포영화를 볼 때 오싹한 느낌이 드는
경우를 생각해 보자. 이것은 뇌가 온몸에 신호를 보내서, 긴장하고
방어태세를 갖추도록 하기 때문에 나타나는 현상이다. 뇌과학에 따르
면 뇌의 신호로 교감신경이 자극되면, 몸의 열이 방출되는 것을 줄이기
위해 피부에 있는 혈관이 수축하는데, 이때 피부에 으스스한 느낌이
생겨나는 것이다.

'시상하부'의 또 다른 역할로 체온조절이 있다. 갑자기 외부 온도나
체온이 상승하면, '시상하부'가 뇌하수체(pituitary gland)를 통제해서
심장박동을 빠르게 하고 호흡을 가쁘게 하여, 다량의 혈액을 피부
쪽으로 보내게 된다고 한다. 즉 심장, 신장, 폐, 간 등 각 장기에

는 말이다. 해부학적 구조상으로는 척수와 대뇌 사이에 줄기처럼 연결된 부분이
다. 중간뇌, 다리뇌, 숨뇌로 이루어져 있다(https://ko.wikipedia.org/wiki/뇌줄기
〔2022.11.19.〕).

24 자율신경이란 대뇌의 직접적인 지배를 받지 않는다는 의미로 붙여진 이름이다.
그러나 실제는 시상하부와 그 밖의 여러 중추신경의 지배를 받아 어느 정도
의식적인 조절이 가능하다고 한다. 자율신경계는 교감신경계와 부교감신경계로
분류된다(https://ko.wikipedia.org/wiki/자율신경계〔2022.11.19.〕).

25 뇌의 가운데 위치한 작은 내분비샘으로 우리 몸의 다양한 호르몬 분비를 총괄하는
기관이다.

명령을 내려 피부로 향하는 혈액의 양을 증가시킨다는 것이다. 이 과정에서 열이 혈액을 타고 피부로 이동하게 되고 이후 200만~300만 개의 땀샘에서 땀을 배출시킨다. 이때 몸이 식으면서 사람들은 시원함을 느끼게 된다는 것이다. 대체로 체온이 섭씨 1도 오를 때마다 1분간 심장의 혈액 방출량은 3리터씩 증가한다고 한다.[26] 여름철 폭염暴炎으로 신체 기능이 저하되는 이유도 이런 현상에서 비롯된다. 이때 심장에 무리를 주면 심근경색 위험이 커질 수밖에 없다.

'시상하부'의 역할 가운데 또 다른 것은 신경호르몬(neurohormones)을 합성하고 분비하는 것이다. '시상하부'에서 분비하는 호르몬은 크게 두 가지로 나뉜다. 첫째, 뇌하수체 전엽으로 가서 뇌하수체 전엽 호르몬을 분비하게 하는 것이 있고, 둘째, 뇌하수체 후엽에 저장되어 때에 따라 분비되는 것이 있다.[27] 이를 통해 시상하부(Hypothalamus)는 체온, 배고픔, 갈증, 피로, 수면 그리고 일주기 생체 리듬을 조절한다.

이상에서 살펴보았듯이, '시상하부'는 자율신경계 중추이다. 곧 체온, 수분균형, 대사조절을 하여 몸의 항상성을 유지하는 핵심기관이다. 감정이 신체에 과하게 작용할 때, 신체의 생리작용을 조절하고 또한 행동을 조절하여 정서적 균형을 유지하는 역할을 한다.

---

26 〈우리 몸의 에어컨, 시상하부〉

https://scienceon.kisti.re.kr/srch/selectPORSrchTrend.do?cn=SCTM00086288&dbt=SCTM#chatclose.(2022.08.16.).

27 뇌하수체 전엽으로 가는 호르몬으로 도파민, 갑상선자극 호르몬, 부신피질자극 호르몬, 성장호르몬, 멜라닌세포자극 호르몬 등이 있다. 그리고 뇌하수체 후엽에 저장되는 호르몬으로 옥시토신과 항이뇨호르몬 등이 있다(https://namu.wiki/w/시상하부[2023.09.12.]).

지금까지 살펴본 '시상'과 '시상하부'의 역할을 요약하면 다음과 같다. '시상'은 감각기관에 의해 수용된 정보를 모았다가 대뇌피질로 전달하는 역할을 한다. 한편 '시상하부'는 호르몬 분비 및 생체를 조절한다. '시상'과 '시상하부'는 모두 몸의 기능을 설명하는 개념이다.

(3) 부신피질

다음은 스트레스를 조절하는 주요 기관인 부신피질(副腎皮質, adrenal cortex)에 대해 살펴보자. 부신副腎은 좌우 콩팥 위에 각각 한 개씩 있는 삼각형 모양을 띤 작은 내분비선이다. 부신피질은 부신의 바깥쪽에서 부정적 정서로 인해 생겨나는 스트레스를 조절하는 기관 중의 하나이다. 탐하는 것이 있는데 뜻대로 자신의 것으로 만들 수 없어서 화가 났을 때 또는 짜증이 났을 때 그것을 조절하는 역할을 한다.

부신피질은 부신의 90%를 차지하며, 부신의 안쪽을 차지하는 수질을 둘러싸고 있다. 선조직으로 이루어져 있다.[28] 부신피질에서는 뇌하수체에서 분비된 부신피질자극 호르몬의 자극을 받아, 스테로이드 계통의 호르몬인 코르티코스테로이드(corticosteroid)를 분비한다. 코르티코스테로이드는 스트레스를 견디는 데 도움이 되는 호르몬이다.

코르티코스테로이드는 무기질코르티코이드인 알도스테론(Aldosterone)과 당질코르티코이드인 코르티솔(Cortisol)을 이용해 스트레스 반응을 조절한다.

알도스테론은 신장의 세뇨관에 작용하여 나트륨 이온의 재흡수와

---

28 https://www.amc.seoul.kr/asan/healthinfo/body/bodyDetail.do?bodyId=126 (2022.11.19.).

칼륨이온의 방출을 증가시키는 호르몬이다. 이 호르몬은 혈액의 양을 증가시켜 혈압을 높인다. 따라서 혈압을 낮추기 위해 알도스테론의 분비나 작용과정을 방해하는 약이 쓰일 수 있다.

그리고 코르티솔은 당질 코르티코이드계의 호르몬으로 스트레스에 대응하여 분비된다. 몸에 저장되어 있던 에너지, 특히 글리코겐과 단백질을 분해하여 포도당과 아미노산을 만든다. 따라서 혈당을 높이고, 림프구 등의 면역시스템을 저하하는 역할을 한다. 스트레스 상황이 계속되면, 혈중에 코르티솔의 농도가 높아져서 해마[29] 기능이 위축되는 요인이 된다.

한편 '부신속질(adrenal medulla)' 또는 '부신수질'은 부신의 안쪽에 존재한다. 부신수질에서는 교감신경계의 신경 자극이 오면 스트레스 호르몬인 에피네프린(epinephrine), 노르에피네프린(norepinephrine)과 같은 카테콜아민(Catecholamine)을 혈액에 분비한다고 한다.[30]

카테콜아민은 스트레스에 대해 급히 반응하는 호르몬으로, 혈압을 상승시키고 심장의 박동을 증가시켜 혈액의 순환을 증대시킨다. 이를 위해 간과 지방조직에 있는 포도당과 지방산과 같은 에너지를 근육과 장기에 공급하여 전투태세를 갖추게 한다. 에피네프린과 노르에피네프린이 이에 해당한다. 싸우거나 도망가기 위한 급격한 에너지의 동원을 부신수질이 맡고 있으며, 부신피질에 있는 코르티솔도 역시

---

29 해마(海馬, hippocampus)는 대뇌변연계의 양쪽 측두엽에 존재하며 장기기억을 담당한다. 단기기억이나 감정에 관한 기억은 담당하지 않는다고 한다(https://ko.wikipedia.org/wiki/해마체〔2022.11.19.〕).

30 https://ko.wikipedia.org/wiki/부신겉질(2022.11.19.).

에너지 동원에 기여한다고 한다.

〈도식 2-2〉【스트레스와 부신】

```
                    ┌──→ 부신피질: 알도스테론(혈압상승), 코르티솔(면역저하)
  탐·진 등에 의한   ─┤
     스트레스         └──→ 부신수질: 에피네프린, 노르에피네프린(혈압상승)
```

(4) 호르몬분비

호르몬(hormone)은 따로 운반하는 관이 없이 혈액 속으로 스며들어 이동하는 물질을 말한다.[31] 특정한 수용체에 결합하여 대사과정의 속도를 증가시키거나 감소시켜 신체의 항상성을 유지하는 역할을 한다.

본 논의에서는 부정적 정서로 인해 스트레스를 받았을 때 몸의 항상성을 유지하기 위해 분비되는 호르몬을 중심으로 살펴보고자 한다. 정서적으로 스트레스를 받을 때 생겨나는 대표 호르몬으로 앞에서 언급한 부신수질에서 분비되는 에피네프린(epinephrine)과 노르에피네프린(norepinephrine)[32]을 들 수 있다.

---

[31] 호르몬은 내분비샘에서 분비되어 혈액을 통해 이동한다. 반면 신경전달물질은 신경세포 말단에서 시냅스로 분비되어 작용한다. 이외에 신경조절물질이라는 것도 있다. 이것은 신경전달물질과 달리, 시냅스에 국한되어 작용하지 않고 주위조직으로 확산하면서 여러 세포에 영향을 주는 물질이다. 이 3가지는 같은 물질이지만 어떤 경우에는 호르몬으로 작용하기도 하고 또 다른 경우에는 신경전달이나 신경조절물질로 작용하기도 한다고 알려져 있다.

[32] 이 가운데 에피네프린과 노르에피네프린은 아드레날린, 노르아드레날린이라고

에피네프린(아드레날린)이 혈류에 분비되면 몸은 위협에 반응할 준비를 빠르게 한다. 에피네프린은 뇌와 근육에 산소와 포도당의 공급을 촉진하고 소화 속도를 늦춘다. 그리고 심장박동수와 일회 박출량을 늘리고 동공을 넓히며, 간에 있는 글리코겐이 포도당으로 분해되는 작용을 증가시킴으로써 혈당 수준을 높이는 역할을 한다.

노르에피네프린(노르아드레날린)은 에피네프린과 비슷한 반응을 일으키고 정신에도 영향을 미친다. 스트레스는 교감신경을 활성화하고, 활성화된 교감신경은 노르에피네프린을 분비한다. 이것이 분비되면 집중력이 강해지고, 혈류량도 증가하며, 대사활동이 증가하는 효과가 있다고 한다.

이외에도 코르티솔, 글루카곤, 갑상선 호르몬 등이 있다.

코르티솔(Cortisol)은 앞에서 살펴본 바와 같이 부신피질에서 분비되는 호르몬으로 체내혈당 생성, 기초대사 유지, 지방합성 억제, 항염증 작용, 항알레르기 작용 및 스트레스에 대응하는 역할을 한다.[33]

글루카곤(Glucagon)은 췌장에서 주로 분비되는 호르몬이다. 주로 간에 저장된 글리코겐을 포도당으로 분해하도록 하여 혈당량을 증가시킨다. 혈중 포도당이 부족할 때 글루카곤이 분비되어 혈당을 증가시킨다. 반면 인슐린은 혈중에 포도당이 많을 때 분비되어 혈당량을 감소시키는 역할을 한다.

불린다.

[33] 부신피질의 호르몬 분비는 두뇌의 뇌하수체에서 분비되는 부신피질자극 호르몬에 의해 생성된다. 시상하부-뇌하수체-부신피질로 이어지는 신호전달로 부신피질 호르몬의 분비가 조절된다.

갑상선 호르몬(thyroid hormone)은 갑상샘에서 분비되는 호르몬이다. 갑상선 호르몬은 인체가 스트레스를 받거나 저체온인 상황에 놓이면 분비된다. 즉 체온을 조절하는 역할을 한다. 몸을 움직이며 운동을 하면 몸에 열이 나는 것과 같이, 추울 때 몸을 떠는 것은 몸에 열을 내는 한 방법이다. 갑상선 호르몬은 몸의 세포들이 더 많은 열을 내도록 하는 역할을 한다.

갑상선 호르몬에 의해 나타나는 증상은 기능 저하증과 기능 항진증이 있다. 우선 갑상선 호르몬이 부족한 갑상선 기능 저하증은 대사과정의 속도가 느려지면서 나타나는 증상이다. 갑상선 기능이 저하되면, 몸이 무기력해지고 식욕이 감소하며 체중이 증가하는 현상이 나타난다고 한다. 그리고 심장박동수가 감소하고, 추위를 참지 못하며 피부에 단백질이 축적되어 점액 부종이 생긴다고 한다. 반면 갑상선 기능 항진증은 몸에 갑상선 호르몬이 지나치게 많이 분비되었을 때 생기는 질환이다. 갑상선 호르몬이 많아지면서 대사과정의 속도가 빨라지게 되며, 심장이 빨리 뛰게 된다고 한다. 이로 인해 몸에 열이 많이 나서 더위를 참지 못하는 증상이 나타난다고 한다. 또한, 몸의 세포가 많은 일을 하게 되어, 영양소를 분해하는 양이 증가하게 된다. 따라서 식욕이 왕성해지지만, 체중은 오히려 감소하는 현상이 나타난다고 한다.[34]

4) 탐욕과 분노와 평정심의 생리학적 해석

뇌과학이나 신경생리학은 외부자극의 본질에 관해 설명하기보다는

---

[34] 박근애, 「갑상선질환 스트레스 도주범」.
https://m.hani.co.kr/arti/legacy/legacy_general/L444839.htm(2022.11.20.).

자극으로 생겨나는 몸의 현상에 주목하고 있다. 스트레스와 같은 부정적 정서로 인해 생겨나는 뇌의 작용, 몸의 주요 기관에서 분비되는 호르몬의 작용 등과 같이 물질에 관한 분석이 주를 이루고 있다.

반면 유식학은 마음의 작용에 주목하여 부정적 정서란 무엇이며, 그것이 발생하는 근본적인 이유에 대해 설명하고 있다. 다시 말하면 유식학은 탐진치와 같은 부정적 정서의 본질과 그 유형들을 구조적으로 분석한다. 이를 통해 몸과 마음을 고통스럽게 하는 원인을 밝히고 있다.

본 논의에서는 탐욕, 분노, 평정심을 신경생리학에서 제시하는 신경호르몬의 주요 작용을 통해 살펴보고자 한다. 곧 도파민(Dopamine)의 작용을 통해 탐욕을, 노르아드레날린을 통해 분노를, 그리고 세로토닌의 작용을 통해 평정심을 고찰해 본다.

우선 도파민부터 살펴보자. 도파민은 '시상하부'에서 분비되는 신경호르몬이다. 앞에서 살펴보았듯이 '시상하부'는 호르몬을 분비하고 자율신경계가 작용하도록 한다. 이 '시상하부'에서 분비되는 도파민은 의욕을 샘솟게 하는 물질로서 쾌락을 느끼게 한다. 또한, 도파민은 하고자 하는 일을 해냈을 때 성취감이나 행복감 같은 감정을 생겨나게 하며, 두뇌활동을 증가시켜 학습의 속도, 끈기, 참고 견디게 동력을 제공한다. 한편 도파민이 지나치게 많을 때 인체는 항상성을 유지하려는 특성이 있으므로, 그와 비례하여 도파민 수용체가 줄어든다고 한다(Down-regulation). 따라서 도파민에 대한 감수성이 낮아진다고 한다.[35]

불교의 견지에서 볼 때, 도파민은 탐내는 마음에 상응한다고 할 수 있다. 일반적으로 무엇인가 얻고 싶다는 갈망이 생기면 그것을 성취하려는 의욕이 형성된다. 의욕은 열심히 노력하게 하는 동력이다. 실제로 좋은 결과를 얻게 되면 도파민의 분비가 늘어나게 된다. 따라서 기분이 좋아진다. 하지만 이 즐거운 정서는 오랫동안 이어지지 않는다. 우리는 이것을 경험을 통해 알 수 있다. 예를 들어보자. 백화점에 전시된 옷을 보고 그것을 사기 위해 일을 열심히 했다고 하자. 결국 돈을 모아서 그 옷을 샀을 때, 기쁘고 행복한 감정이 생겨난다. 하지만 그 감정은 오래가지 않는다. 앞에서 언급했듯이 인체에 도파민 수용체가 줄어들면서 도파민에 대한 감수성이 낮아지는 현상이라고 할 수 있다.

하지만 인간은 또 다른 대상을 향해 욕망을 키운다. 옷과 가방, 신발을 비롯하여 높은 지위와 명예 등을 탐하는 마음이 끊임없이 생겨난다. 이렇게 탐욕의 마음을 만들어내는 것이 신경생리학에서 말하는 도파민이라 할 수 있다.

한편 신경생리학적 관점에서 볼 때, 도파민이 과다하게 분비되면 자신의 충동을 억제하지 못하는 현상이 발생할 수 있다고 한다. 즉 수단을 가리지 않고 보상을 얻고자 이상행동을 일으킬 수 있다는 것이다. 좋은 시험성적을 받기 위해 노력하지 않고 부정행위를 하는 경우, 또는 주식을 조작하여 많은 돈을 벌고자 하는 위법행위가 그 예가 된다. 인간은 자신의 탐욕을 만족시키기 위해 이와 같은 반사회적 행동을 하기도 한다. 불교에서는 이러한 탐욕이 번뇌를 생겨나게

---

35 https://namu.wiki/w/도파민(2022.11.20.).

하는 강력한 원인이라고 본다. 욕망을 조절하여 자신을 성장하게 하는 원동력으로 삼으면 좋지만, 욕망을 따라 살아가면 결국 자신뿐만 아니라 가족 나아가 사회에 악영향을 주는 결과를 낳게 된다.[36]

다음은 분노를 일으키는 노르아드레날린에 대해 살펴보자. 앞에서 살펴본 바와 같이 노르아드레날린은 스트레스에 반응하여 분비되는 호르몬이다. 이 호르몬은 외부로부터 불쾌한 자극이 느껴질 때 급격하게 분비되어, 혈압을 올리고 호흡이 거칠어지게 하는 등 에너지대사를 활발히 해서 전투태세를 갖추게 한다. 또한, 외부로부터 자신을 위기로 몰아넣은 대상에 대해 끊임없이 경각심을 유지하게 하며, 위기에 직접 대응하도록 한다고 한다. 예를 들면 자신이 하고자 하는 일을 누군가가 방해할 때 분노가 생겨나는 현상이 이 호르몬 때문이라는 것이다. 분노로 인해 얼굴이 붉어지고 목소리가 높아지며 눈을 부릅뜨는 표정을 짓게 되며, 분노의 대상에 대해 주의를 기울이면서 긴장하기도 하는 현상이 호르몬의 영향이라는 것이다.

노르아드레날린은 위험한 상황에 대해 적당하게 대응할 수 있는 능력을 키울 수 있다는 점에서 긍정적인 요인이 되기도 한다. 하지만 분노가 지나치면 극도의 긴장으로 인해 공황장애, 불안증과 같은 병리적 상태에 이르기도 한다. 노르아드레날린은 불교의 성냄 곧 분노라는 번뇌를 생겨나게 하는 생리학적 요인이라고 할 수 있다.[37]

---

36 반면 도파민이 적게 분비되었을 때에는 기분이 좋지 않은 우울한 감정이 생겨난다.
37 https://lewisnoh.tistory.com/entry/신경전달물질-노르아드레날린(2022.11.22.).

마지막으로 세로토닌(serotonin)에 대해 살펴보자. 세로토닌은 평온한 마음을 만들게 하는 역할을 한다. 도파민이 쾌락의 마음을 일으키고 노르아드레날린이 분노를 생겨나게 하는 것에 비해, 세로토닌은 이 두 가지를 조절하는 역할을 한다. 평정한 마음을 유지하기 위해 필요한 호르몬이다. 따라서 세로토닌이 부족하면 우울증 또는 불안증이 나타난다고 한다.

세로토닌의 역할은 첫째, 뇌에서 생성되어 몽롱한 정신을 깨우고 몸에 활기를 주는 역할을 한다. 둘째, 세로토닌은 기억을 담당하는 신경전달물질인 아세틸콜린을 지원하여 기억과 학습능력에 관여하기도 한다. 셋째, 세로토닌은 수면의 질을 좌우하는 멜라토닌 호르몬을 합성하기 때문에, 숙면에 주요한 역할을 한다고 한다. 잠을 푹 자기 위해서는 낮에 세로토닌을 충분히 만들어야 숙면할 수 있다고 한다. 왜냐하면 세로토닌은 빛이 우리 눈의 망막을 통해 들어올 때 흥분하면서 생성되기 때문이다. 즉 세로토닌은 주로 아침에 증가했다가 밤이면 감소한다는 것이다.

한편 불교의 좌선이나 호흡, 걷기명상과 같은 수행이 세로토닌을 활성화하는 데 큰 역할을 하는 것으로 알려졌다. 최근 자비명상이 혈중 세로토닌을 증가시켜 스트레스를 감소시키고 자존감을 높여 활력을 가져다준다는 사실을 실험으로 입증한 연구결과도 나오기도 하였다.[38] 또한 바나나, 우유, 치즈 같은 유제품에 들어 있는 트립토판이

38 http://www.beopbo.com/news/articleView.html?idxno=307596(2023.1.05.); 마가 스님, 「자비명상의 생리·심리적 효과 연구」, 중앙승가대학교 박사학위논문, 2022.

세로토닌을 합성하는 데 주요한 역할을 한다고 알려져 있다.[39]

이상에서 살펴보았듯이, 뇌과학이나 신경생리학은 몸의 역할을 자세하게 규명하고 있다. 이 점에서 뇌과학(신경생리학)은 마음의 현상을 주요 대상으로 하는 유식학과 분명한 차이를 보인다.

2. 정서의 분류

본 절에서는 지금까지 살펴본 유식학의 심소를 '긍정적 정서'와 '부정적 정서'로 분류하고자 한다. 필자는 편안하고 즐거운 상태를 만드는 정서를 '긍정적 정서'로, 고통스러운 마음의 상태를 일으키는 정서를 '부정적 정서'로 부르고자 한다. 이 분류는 불교의 궁극목적인 해탈을 기준으로 한다. 해탈은 번뇌가 사라진 경지로서 마음이 편안하며 행복한 상태를 말한다. 이 기준에 따르면 '부정적 정서'는 해탈에 이르는 데 장애가 되는 마음의 작용이며, '긍정적 정서'는 해탈에 도움이 되는 정서이다.

이 관점에서 필자는 '선심소'를 긍정적 정서로, '번뇌의 마음작용(번뇌심소)', '다른 번뇌와 공통점이 적은 번뇌의 마음작용(소수번뇌심소)', '오염된 마음의 일부와 함께 작용하는 번뇌의 마음작용(중수번뇌심소)', '오염된 마음과 함께 작용하는 번뇌의 마음작용(대수번뇌심소)'을 부정적 정서로 분류한다.

---

39 https://www.sema.or.kr/webzine/150301/sub_03.html(2022.11.22.).

1) 긍정적 정서

(1) 선심소와 긍정적 정서

'선심소(善心所, kuśala-caitasika)'는 현재와 미래에 걸쳐 자기와 남에게 이익이나 즐거움을 주는 마음의 작용을 말한다. 여기에는 11개가 있다.[40]

이 '선심소'는 다음과 같이 두 가지로 나누어진다. 첫째, 그 성질이 본질상 착한 마음(자성선)과, 둘째, 본질상 착한 것도 아니고 악한 것도 아니지만 '본질상 착한 마음'과 상응함으로써 비로소 착한 마음이 되는 것(상응선)이 있다.[41]

본질상 착한 마음(자성선)에는 참회하는 마음(慚), 부끄러워하는 마음(愧), 탐내지 않는 마음(無貪), 성내지 않는 마음(無瞋), 어리석지 않은 마음(無癡) 등 5가지가 속한다. 이를 자세히 소개하면 다음과 같다.

'참회하는 마음(慚, hrī)'은 불교의 진리와 자신의 양심에 비추어서 자신이 불안전하다고 느끼고 부끄러워하며 뉘우치는 마음을 말한다.

'부끄러워하는 마음(愧, apatrāpya)'은 다른 사람의 시선이나 세상의 소문 등을 의식하여 부끄러워하는 것이다.

'탐내지 않는 마음(無貪, alobha)'은 대상에 대해 집착하고 그것을 자신의 것으로 만들려는 마음을 일으키지 않는 것이다.

'성내지 않는 마음(無瞋, adveṣa)'은 화내지 않는 마음의 작용이다. 나를 괴롭히는 대상에 대해 화를 내지 않는 것이다.

---

40 『唯識三十頌』(T31); 『成唯識論』6卷(T31).

41 『阿毘達磨俱舍論』13卷(T29); 『成唯識論』4卷(T31).

'어리석지 않은 마음(無癡, amoha)'은 연기나 사성제와 같은 불교의
진리를 바르게 이해하는 것이다.

'탐내지 않는 마음', '성내지 않는 마음', '어리석지 않은 마음'은
깨달음을 방해하는 '탐진치'의 3가지 번뇌와 대비해서 '선한 힘을 만드
는 세 가지 마음작용(3선근)'이라고 한다.

한편 11가지 선심소 가운데 6가지는 본질상 착한 것도 아니고 악한
것도 아니지만 '본질상 착한 것'과 상응함으로써 비로소 착한 마음이
되는 것(상응선)에 해당한다. 곧 믿음(信), 노력하는 마음(精進), 몸이
나 마음이 가볍고 편안함(輕安), 멋대로 하지 않는 마음(不放逸), 평온
한 마음(行捨), 해치지 않는 마음(不害) 등이 여기에 속한다. 예를
들어 믿음(신)과 노력(정진)은 그 자체로는 선도 악도 아닌데, 본질상
착한 마음(자성선)과 상응하게 되면 비로소 착한 것이 된다고 한다.
6가지를 자세히 소개하면 다음과 같다.

'믿음(信, śraddhā)'은 믿는 마음의 작용이다. 연기, 무아, 무상,
사성제와 같은 진리가 존재함을 믿고 아는 선한 마음의 작용을 말한다.

'노력하는 마음(精進, vīrya)'은 부지런히 노력하는 마음작용이다.
불교의 진리를 깨닫기 위해 정진하는 선한 마음의 작용을 말한다.

'몸이나 마음이 가볍고 편안함(輕安, praśrabdhi)'은 몸과 마음을 무겁
고 우울하게 하는 번뇌를 떨쳐버리고 선정을 잘 감당할 수 있게 하는
마음의 작용이다.

'멋대로 하지 않는 마음(不放逸, apramāda)'은 진지하고 성실한 마음
작용이다.

'평온한 마음(行捨, upekṣā)'은 기복이 없으며(평등) 정직하여 마음을

고요히 머물게 하는 작용을 말한다. 마음이 들뜨지도 않고 가라앉지도
않는 평정한 상태이다.

'해치지 않는 마음(不害, ahiṃsā)'은 다른 것에 해를 가하지 않는
마음작용이다.

이상의 11개 선심소 가운데 참회하는 마음, 부끄러워하는 마음,
탐내지 않고, 성내지 않는 마음 그리고 믿음, 노력하는 마음, 몸과
마음이 가볍고 편안함, 멋대로 하지 않는 마음, 평온한 마음, 남에게
해를 끼치지 않은 마음 등 10가지는 모두 편안하고 행복한 마음의
상태에 이르는 마음작용이라 할 수 있다. 따라서 긍정적 정서로 볼
수 있다. 필자는 이외에 '어리석지 않은 마음'을 긍정적 인지로 분류
한다.

사실 이미 언급했듯이 인지와 정서작용은 분리될 수 없다. 인지와
정서는 몸과 마음에서 대부분 서로 유기적으로 작용한다. 앞에서
살펴보았듯이 노력하는 마음(정진) 그 자체는 선도 아니고 악도 아닌
상응선이다. 다시 말하면 노력하는 마음(정진)은 본질상 착한 마음(자
성선)인 '어리석지 않은 마음'과 상응하면서 선한 마음이 된다. 어리석
지 않은 마음 곧 지혜로운 마음과 상응함으로써 번뇌를 소멸하기
위해 열심히 노력하는 마음(정진)이다. 이를 통해 수행자는 해탈의
경지에 이르는 가능성이 커진다. 선한 마음과 상응하는 마음작용(선심
소) 가운데 긍정적 인지작용을 나타내는 '어리석지 않은 마음(무치)'은
번뇌를 소멸하는 기반으로서 노력하는 마음(정진)인 긍정적 정서를
일으키는 동력이 된다는 점을 보여준다. 인지와 정서는 상호작용을

한다는 점을 보여주는 예가 된다.

〈도표 2-4〉【긍정적 정서】

긍정적 정서	
선한 마음과 상응하는 마음작용(선심소)	믿음(信), 노력하는 마음(精進), 참회하는 마음(慚), 부끄러워하는 마음(愧), 탐내지 않는 마음(無貪), 화내지 않는 마음(無瞋), 몸이나 마음이 가볍고 편안함(輕安), 멋대로 하지 않는 마음(不放逸), 평온한 마음(行捨), 해치지 않는 마음(不害)

(2) 선한 마음과 상응하는 마음작용(선심소)의 현대적 의미

현대심리학에서 정서는 인간이 느끼는 감정 및 이에 따른 신체적 변화를 포함하는 개념이다. 감정의 종류는 기쁨, 슬픔, 공포, 분노, 혐오, 경멸, 놀람 외에도 희망, 당혹, 수치감, 자부심, 사랑, 미움, 질투, 흥미, 혼동, 집중, 걱정, 만족, 경외감 등과 같이 매우 다양하다. 이러한 감정은 신체를 통해 표현되며, 몸의 상태를 결정하는 요인이 되기도 한다.

흥미롭게도 현대심리학에서 제시하는 이러한 정서는 유식학의 51가지 마음작용(심소)에도 나타나고 있다. 필자는 이 가운데 특히 선한 마음과 상응하는 마음작용(선심소)을 긍정적 정서로 해석하였다.

불교에서 선한 마음과 상응하는 마음작용(긍정적 정서)은 해탈에 이르는 데 도움이 되는 마음의 작용이다. 선한 마음과 상응하는 마음작용(선심소)을 함양하는 과정은 본격적으로 수행하기 위해 마음의 터전을 닦는 것이라 할 수 있다. 필자는 이 과정이 유식학의 수행5위 중 첫 단계인 자량위資糧位에 속한다고 본다.

자량위는 유식의 진리를 믿고 지혜와 복덕을 쌓는 단계이다. 수행을 본격적으로 진행하기 위해 양식을 준비하는 과정이라 할 수 있다. 곧 자량위는 불교의 진리를 믿으며 뛰어난 인물을 만나 진리에 대한 가르침을 듣고 정진하는 단계이다. 악한 마음으로 향하는 흐름을 선한 마음으로 바꾸는 노력을 하는 과정이 이 단계에서 행해진다.

그렇다면 긍정적 정서(선한 마음과 상응하는 마음작용)를 함양하는 방법으로서 가장 효과적인 것은 무엇일까? 유식학에서는 부끄러움을 자각하는 것이라 한다. 자신도 모르게 착하지 않은 행동을 했을 때, 양심에 비추어 반성하고(참慚), 타인의 시선에 비추어 보아 부끄러움을 느끼는 것(괴愧)이 선한 마음과 상응하는 마음작용(선심소)을 기르는 가장 좋은 방법이라는 것이다. 나아가 욕심을 부리지 않고, 성내지 않으며, 어리석지 않은 마음을 계속 함양하면 악한 마음을 극복할 수 있는 마음의 터전이 확고해진다는 것이다.

긍정적 정서의 내용을 살펴볼 때, 필자는 일반인도 이 정서를 함양할 수 있다고 본다. 고대 인도인과 비교해 볼 때, 현대인들은 많은 정보를 쉽게 얻을 수 있는 시대에 살고 있다. 마음만 일으키면 누구나 인터넷, 유튜브에서 불교 관련 지식을 접할 수 있다. 또한, 사찰에서 이루어지는 불교 강좌를 수강할 수도 있다. 현대인들은 명상센터를 통해 자신의 마음을 있는 그대로 보는(여실지견如實知見) 방법을 배우기도 한다. 이 현상은 자량위를 닦는 현대적 양상을 보여주는 좋은 예라 할 수 있다.

자량위는 수행5위 가운데 두 번째 단계인 가행위加行位에 이르기 위해 마음의 힘을 기르는 과정이다. 여행을 떠나기 전에 옷과 먹을 것, 비용을 충분히 비축하듯이, 외롭고 고단한 수행의 길을 가기 위해 자량위에서 마음의 준비를 단단히 하는 것이다. 자량위를 통해 마음의 힘을 기르고 해탈에 이르고자 결심한 사람은 가행위의 단계로 진입할 수 있게 된다. 가행위는 마음을 집중하여 떠오르는 번뇌를 관찰하고 번뇌가 '공空'함을 깨닫기 위해 열심히 정진하는 단계이다. 번뇌의 본질이 공함을 몸소 깨닫는 수행이 가행위에서 본격적으로 진행된다.

2) 부정적 정서

51가지 마음작용(심소) 가운데 '번뇌의 마음작용(번뇌심소)', '다른 번뇌와 공통점이 적은 번뇌의 마음작용(소수번뇌심소)', '오염된 마음의 일부와 함께 작용하는 번뇌의 마음작용(중수번뇌심소)', '오염된 마음과 함께 작용하는 번뇌의 마음작용(대수번뇌심소)'은 모두 해탈에 방해가 되는 마음이다. 필자는 이들을 부정적 정서로 분류하고자 한다.

(1) 번뇌의 마음작용

〈도표 2-5〉【번뇌의 마음작용(번뇌심소)】

번뇌의 마음작용 (번뇌심소)	탐욕(貪), 성내는 마음(瞋), 자신이 타인보다 뛰어나다고 여기는 마음(慢), 어리석은 마음(無明), 불교의 진리를 의심하는 마음(疑), 올바르지 않은 견해(不正見)

'번뇌의 마음작용(번뇌심소〔煩惱, kleśa-caitasa〕)'은 몸과 마음을 어지럽히고 괴롭혀서 갈팡질팡하게 하는 마음이다. 모든 번뇌의 근간이 되는 근본번뇌로 구성되어 있다.[42] 따라서 '근본번뇌심소'라고 부르기

도 한다. 해탈에 이르기 위해서는 반드시 소멸해야 하는 마음의 작용이
다. 이 '번뇌의 마음작용(번뇌심소)'에는 탐냄·성냄·어리석음, 교만,
의심, 진리에 대해 잘못 알고 있는 견해 등 6가지 마음의 작용이
있다. 이 마음작용은 정서와 인지적인 측면에서 모두 해탈에 이르는
것을 방해한다. 탐내는 마음, 성내는 마음, 교만한 마음(만)은 부정적
정서이며, 어리석음(무명. 치), 의심, 진리에 대해 잘못 알고 있는
견해(부정견)는 부정적 인지이다. 이 가운데 진리에 대해 잘못 알고
있는 견해(부정견)는 다시 다섯 가지로 세분된다. 곧 5온으로 이루어진
나 자신을 영원히 존재한다고 여기고 집착하는 살가야견薩迦耶見,
극단으로 생각하는 변집견邊執見, 불교의 연기나 인과의 원리를 인정
하지 않는 사견邪見, 자신의 견해만이 옳다고 생각하는 견취견見取見,
자신이 믿고 있는 계율이 잘못된 계율임에도 불구하고 가장 뛰어난
계율이라고 생각하고 그것에 집착하는 계금취견戒禁取見 등이 잘못된
견해(부정견)에 속한다.[43]

앞에서 '선한 마음작용(선심소)'의 정서와 인지의 관계에 관해 설명한
바 있지만,[44] '번뇌 마음작용(번뇌심소)'을 구성하는 부정적 정서와
부정적 인지 또한 홀로 작용하지 않고 유기적으로 연결되어 있다.
어리석음과 성내는 마음이 일상생활 속에서 작용하는 양상을 예로
들어보자.

현대인들은 예전과 다르게 직접 전화하지 않고 카톡으로 생각을

---

42 『成唯識論』6(T31, 31b15-19).

43 『唯識三十頌』(T31); 『成唯識論』6(T31).

44 (1) 선심소와 긍정적 정서를 참조하시오.

전하기도 한다. 친하다고 여기던 지인에게 카톡으로 문자를 보냈을
때 지인이 답을 주지 않는 경우, '무슨 일이 있는 것일까?'라고 생각하며
여러 번 문자를 보낸다. 분명히 읽었는데 답이 없을 때, 때로는 자신을
무시한다고 오해하여 지인에게 화를 내는 경우가 있다. 지인이 바빠서
읽기만 하고 답장을 보내지 않을 수 있다. 하지만 그 상황을 고려하지
않고 화부터 낸다. 마음을 잘 조절하여 분노를 누그러뜨리면 다행인데,
그 사람은 나를 무시하기 때문에 앞으로 절대로 교류하지 않겠다고
하며 더욱 화를 내기도 한다. 격한 감정으로 인해 상황에 대한 바른
견해를 일으킬 가능성이 희박해지게 된 것이다. 분노와 부정적 인지로
인해 번뇌는 더욱 강해지는 현상을 보여준다. 이 현상은 지인의 상황을
정확히 알지 못하는 부정적 인지작용으로 인해 부정적인 정서인 분노
가 생겨나는 하나의 예이다. 뇌의 편도체가 일으키는 부정적 정서로
인해 이성적인 작용을 하는 전두엽의 기능이 약해진 경우가 된다.
분노 또는 탐욕은 상황을 있는 그대로 볼 수 없게 한다.

　이상 살펴본 바에 의하면 '번뇌의 마음작용'에는 부정적 정서(탐내는
마음, 성내는 마음, 교만한 마음〔만〕)보다 부정적 인지(어리석음〔무명, 치〕,
의심, 잘못 알고 있는 견해〔부정견〕)의 요소가 더 많아 보인다. 특히 잘못
알고 있는 견해(부정견)은 5가지로 더 자세히 분류되어 있다는 점에서
그러하다. 이것은 12연기가 무명無明을 시작으로 윤회의 세계를 표현
하고 있는 것과 무관하지 않다고 생각해 볼 수 있다.

(2) 다른 번뇌와 공통점이 적은 번뇌의 마음작용(소수번뇌심소)

〈도표 2-6〉【다른 번뇌와 공통점이 적은 번뇌의 마음작용(소수번뇌심소)】

다른 번뇌와 공통점이 적은 번뇌의 마음작용 (소수번뇌심소)	분노의 마음(忿), 원한의 마음(恨), 심하게 욕하거나 꾸짖는 마음(惱), 잘못을 숨기려는 마음(覆), 속이려는 마음(誑), 아첨하는 마음(詔), 잘난 척하며 뽐내는 마음(憍), 해치는 마음(害), 질투하는 마음(嫉), 인색한 마음(慳)

유식학은 근본번뇌를 따라 생겨나는 번뇌를 '수번뇌隨煩惱'라 일컫고 이것을 다시 '다른 번뇌와 공통점이 적은 번뇌의 마음작용(소수번뇌심소)', '오염된 마음의 일부와 함께 작용하는 번뇌의 마음작용(중수번뇌)', '오염된 마음과 함께 작용하는 번뇌의 마음작용(대수번뇌)'으로 나눈다. '다른 번뇌와 공통점이 적은 번뇌의 마음작용'은 10가지이며, '오염된 마음의 일부와 함께 작용하는 번뇌의 마음작용'은 2가지이다. 그리고 '오염된 마음과 함께 작용하는 번뇌의 마음작용'은 8가지이다.[45]

'다른 번뇌와 공통점이 적은 번뇌의 마음작용(소수번뇌심소)'에 속한 것들은 모두 개별적으로 일어나며, 다른 번뇌와 공통되는 부분이 적다는 특징이 있다. 이 마음작용들은 나의 마음뿐만 아니라 타인의 마음을 강하게 괴롭히며 그 힘이 매우 강하다. 여기에는 화를 내는 마음(분), 원한을 품는 마음(한), 그리고 자신의 마음에 들지 않는 사람에게 심하게 욕하거나 꾸짖는 마음(뇌), 잘못을 숨기고자 하는 마음(부), 그리고 자신의 이익을 위해 자신을 과대하게 포장하여 속이

---

[45] 『唯識三十頌』(T31); 『成唯識論』 6(T31).

는 작용(광), 아첨하는 마음의 작용(첨), 잘난 척하며 뽐내는 마음(교), 자기 자신을 위해 남을 해치고자 하는 마음(해), 그리고 시기하고 질투하는 마음(질), 인색한 마음(간)이 속한다.

'다른 번뇌와 공통점이 적은 번뇌의 마음작용(소수번뇌심소)'은 앞에서 살펴본 '번뇌의 마음작용(번뇌심소)'를 따라서 생겨나는 마음이다.

예컨대 깊은 상처로 남아 있는 원한에는 부당한 일을 겪으면서 생겨난 분노가 들어 있다. 즉 원한은 '번뇌의 마음작용(번뇌심소)'인 분노(진瞋)에 따라 생겨난 '다른 번뇌와 공통점이 적은 번뇌의 마음작용(소수번뇌심소)'이다. 한편 질투는 다른 사람이 잘되거나 좋은 것을 가지고 있거나 좋은 상황에 있을 때 생겨난다. 이 감정은 특히 애정 관계에서 사랑하는 사람이 자기 아닌 타인에게 사랑을 준다고 화를 내는 것이다. 자신이 가치 있게 생각하는 대상을 잃을 것 같아 불안해하는 마음도 혼재되어 있다고 할 수 있다. 질투는 자신이 좋아하는 마음 곧 탐하는 마음에 따라 나타나는 '다른 번뇌와 공통점이 적은 번뇌의 마음작용(소수번뇌심소)'이라 할 수 있다. 이외에 자신을 뽐내는 마음의 작용(교)은 '번뇌의 마음작용(번뇌심소)'인 자신을 높이는 마음(만)에 따라 나타나며, 교만한 마음은 진리에 대해 잘못 알고 있는 견해(부정견)에 속하는 살가야견(유신견), 곧 나는 영원히 존재한다고 여기고 집착하는 견해를 따라 나타난다고도 한다. 예컨대 자기 모습은 지금과 같이 건강하고 아름다운 상태로 영원히 존재할 것이라 여기면서 자신이 타인보다 뛰어나다고 뽐내는 마음이 생겨날 수 있다는 것이다. 한편 자신의 마음에 들지 않는다고 거친 말(뇌)을 하거나 댓글을 다는 경우가 있다. 이것은 자신의 견해가 옳다고 하는 견해(견취견) 또는 한곳에 치우친 견해(변집견)에 따라 나타나기도 하고 자신을 높이는 마음(만)에 따라 나타난다고 한다.

이처럼 '다른 번뇌와 공통점이 적은 번뇌의 마음작용(소수번뇌심소)'은 일상에서 우리가 빈번하게 경험하는 감정이다. 하지만 이러한 마음이 지나치면 자신뿐만 아니라 타인의 마음에 크게 상처를 주어 갈등을 일으키게 하므로 각별하게 주의를 기울여야 한다.

'다른 번뇌와 공통점이 적은 번뇌의 마음작용(소수번뇌심소)'도 '부정적 정서'와 '부정적 인지'로 구분된다. 분노, 원한, 질투, 인색함, 해를 끼치는 작용, 뽐내는 마음은 부정적 정서작용으로 볼 수 있으며, 감추는 것, 폭언하는 것, 이익을 얻으려는 생각에서 남을 속이는 것, 아첨하는 것은 부정적 인지작용으로 볼 수 있다. 하지만 앞에서 언급한 바와 같이 마음의 작용은 인지와 정서가 상호작용하고 있다. 본 논의에서는 다만 주요 특징에 따라 분류하였음을 밝힌다.

(3) 오염된 마음의 일부와 함께 작용하는 번뇌의 마음작용(중수번뇌심소)

〈도표 2-7〉【오염된 마음의 일부와 함께 작용하는 번뇌의 마음작용(중수번뇌심소)】

중수번뇌심소	죄를 짓고 참회하지 않는 마음(無慚), 다른 사람의 눈을 의식하지 않고 부끄러워하지 않는 마음(無愧)

'오염된 마음의 일부와 함께 작용하는 번뇌의 마음작용(중수번뇌심소中隨煩惱心所)'은 그 작용의 폭이 '다른 번뇌와 공통점이 적은 번뇌의 마음작용(소수번뇌심소)'과 '오염된 마음과 함께 작용하는 번뇌의 마음작용(대수번뇌)' 사이라고 해서 붙여진 명칭이다.[46] 여기에는 '죄를

짓고 참회하지 않는 마음(無慚)'과 '다른 사람의 눈을 의식하지 않고
부끄러워하지 않는 마음(無愧)'이 있다. 이 두 가지는 모두 착하지
않은 마음속에 널리 퍼져 있는 마음작용이다. 착하지 않은 마음은
번뇌로 물든 마음(염오심染汚心)의 일부이다. 이 착하지 않은 마음은
바른 지혜가 드러나는 것을 방해하며, 또한 이에 그치지 않고 악한
과보를 일으키는 번뇌의 마음작용과 상응하는 마음을 말한다.

유식학은 진리나 양심에 비추어 부끄러움을 모르는 '무참'과 다른
사람의 눈을 의식하여 부끄러워해야 하는데 그렇지 못한 '무괴'는
악한 마음에서 언제나 발견된다고 본다. 그리고 이 두 가지는 '번뇌의
마음작용(번뇌심소)'인 진리에 대해 어리석은 마음(치) 곧 무명의 마음
에 따라 생겨난다고 본다. 부정적 인지작용을 일으키는 마음작용이라
할 수 있다.

(4) 오염된 마음과 함께 작용하는 번뇌의 마음작용(대수번뇌심소)

〈도표 2-8〉【오염된 마음과 함께 작용하는 번뇌의 마음작용(대수번뇌심소)】

대수번뇌심소	믿지 않는 마음(不信), 게으른 마음(懈怠), 거리낌 없이 아무렇게 하는 마음(放逸), 몽롱한 마음의 상태·푹 가라앉은 마음(昏沈), 마음이 들뜬 상태(掉擧), 기억하지 못하는 마음(失念), 올바르게 알지 못하는 마음(不正知), 어지러운 마음·산만한 마음(散亂)

'오염된 마음과 함께 작용하는 번뇌의 마음작용(대수번뇌심소大隨煩惱心
所)'은 번뇌로 물든 마음 곧 오염된 마음에서 항상 발견되는 마음이다.

---

46 『成唯識論』 제6권(T31, 33a28-b08).

따라서 대大라는 말을 써서 이름을 붙였다. 오염된 마음은 착하지 않은 마음을 비롯하여 번뇌로 물든 마음을 말하는 것으로 그 범위가 넓고 크다고 할 수 있다.

　여기에는 '불교의 진리를 믿지 않는 마음(불신不信)', '게으른 마음(해태懈怠)'과 '거리낌 없이 아무렇게 하는 마음(방일放逸)', '몽롱한 마음의 상태·푹 가라앉은 마음(혼침昏沈)', '마음이 흥분하여 들뜬 상태로서 불안한 마음(도거掉擧)', '기억하지 못하는 마음(실념失念)', '반드시 알아야 할 대상(무상·공·무아인 진실)에 대해 올바르게 알지 못하는 마음(부정지不正知)', '어지러운 마음·산만한 마음(산란散亂)' 등이 속한다.

　'오염된 마음과 함께 작용하는 번뇌의 마음작용(대수번뇌심소)'에 속한 마음을 잘 살펴보면, 여기에도 부정적 정서와 부정적 인지가 모두 존재한다. 우선 부정적 정서로 볼 수 있는 것으로는 믿지 않는 마음, 게으르고 태만한 마음, 거리낌 없이 아무렇게 하는 마음, 푹 가라앉은 마음, 들뜬 마음, 산만한 마음 등이 있다고 할 수 있다.

　이 가운데 특히 '들뜬 마음(도거)'과 '가라앉은 마음(혼침)'은 수행하는 동안 수행자가 주로 경험하는 마음의 상태이다. 곧 마음이 들뜬 상태와 마음이 푹 가라앉는 상태는 수행을 진전시키기 위해 극복해야 할 마음이다. 한편 '들뜬 마음'과 '가라앉은 마음'은 일상에서 경험하는 마음이기도 하다. 이 가운데 '들뜬 마음'의 상태는 일반인이 대부분 느끼는 불안한 마음을 일컫는다. 누구나 경험하듯이, 마음이 불안하면 사태를 정확하게 판단하기가 힘들다. 인지능력이 잘 발휘되지 않는다. 이외에 '가라앉은 마음(혼침)'은 우울한 마음의 상태를 나타낸다. 마음이 푹 가라앉아서 의욕을 일으킬 수 없는 상태가 진전되면 우울증이 된다. 상실, 절망과 같은 경험은 상처가 되어 우울증을 일으킨다. 이 마음의 상태는 자살까지 이어지기도 한다.

'오염된 마음과 함께 작용하는 번뇌의 마음작용(대수번뇌심소)' 가운 데 또 다른 하나인 믿지 못하는 마음(불신)은 '번뇌의 마음작용(번뇌심소)'인 진리에 대해 바른 견해를 가지지 못한 마음(부정견不正見) 또는 의심하는 마음(의疑)에 따라 생겨난다고 볼 수 있다. 불교에서는 진리 에 대해 올바른 견해를 가지고 그것에 의심하지 않을 때 믿음이 생겨난 다고 보기 때문이다.

한편 '오염된 마음과 함께 작용하는 번뇌의 마음작용(대수번뇌심소)'인 '게으른 마음(해태)'과 '거리낌 없이 아무렇게 하는 마음(방일)' 그리고 '산만한 마음(산란)'은 모두 근본무명에 따라 생겨난다고 할 수 있다. 게으른 마음은 정확하게 시간에 맞추어 일을 처리해야 하는데 미루고 그대로 버려두는 마음이다. 자신이 해야 할 일을 방치하여 결국 좋지 않은 결과를 낳게 되는 마음이다. 사태의 중요성을 정확히 알지 못하는 어리석은 마음에서 생겨난다고 할 수 있다. 그리고 산란한 마음은 진리의 세계를 명확히 인지하지 못하기 때문에 방향을 잃고 산만한 상태인 마음을 말한다.

이상에서 살펴본 '불교의 진리를 믿지 않는 마음(불신不信)', '게으른 마음(해태懈怠)'과 '거리낌 없이 아무렇게 하는 마음(방일放逸)', '몽롱한 마음의 상태·푹 가라앉은 마음(혼침昏沈)', '마음이 흥분하여 들뜬 상태로서 불안한 마음(도거掉擧)', '산만한 마음(산란)'을 필자는 부정적 정서로 분류한다. 이외에도 '오염된 마음과 함께 작용하는 번뇌의 마음작용(대수번뇌심소)'에는 '기억하지 못하는 마음(실념)', '바르게

알지 못하는 마음(부정지)'이 있다. 필자는 이 두 가지를 부정적 인지로
분류한다. '기억하지 못하는 마음(실념)'은 자신이 경험한 내용 또는
진리를 들었는데도 불구하고 그 내용을 기억하지 못하는 것을 말한다.
그리고 '바르게 알지 못하는 마음(부정지)'은 진리를 듣긴 들었는데
그 내용에 대해 바르게 이해하지 못하는 마음의 상태를 말한다. 모두
근본무명에 따라 나타나는 마음이다. 곧 지혜가 가리어진 번뇌의
마음이다.[47]

〈도표 2-9〉【부정적 정서】

부정적 정서	
번뇌의 마음작용 (번뇌심소)	탐욕(貪), 성내는 마음(瞋), 자신이 타인보다 뛰어나다고 여기는 마음(慢)
오염된 마음과 함께 작용하는 번뇌의 마음작용(대수번뇌심소)	믿지 않는 마음(不信), 게으른 마음(懈怠), 거리낌 없이 아무렇게 하는 마음(放逸), 몽롱한 마음의 상태(昏沈), 마음이 들뜬 상태(掉擧), 산만한 마음(散亂)
다른 번뇌와 공통점이 적은 번뇌(소수번뇌)	분노의 마음(忿), 원한의 마음(恨), 잘난 척하며 뽐내는 마음(憍), 해치는 마음(害), 질투하는 마음(嫉), 인색한 마음(간慳)
오염된 마음의 일부와 함께 작용하는 번뇌(중수번뇌)	죄를 짓고 참회하지 않는 마음(無慚), 다른 사람의 눈을 의식하지 않고 부끄러워하지 않는 마음(無愧)

---

[47] 기억하지 못하는 마음(실념)과 올바르게 알지 못하는 마음(부정지)은 2장 인지작용
에서 다시 논하게 될 것이다.

2장 인지작용

2장에서는 인지작용의 메커니즘을 유식학과 뇌과학의 관점에서 비교한다. 특히 제6의식과 전전두엽, 제7말나식과 좌뇌의 상후두정엽(Parietal lob), 제8알라야식과 대뇌피질(Cerebral cortex)의 작용에 주목해서 고찰하고 이에 대해 논한다. 이어서 '인지'를 '부정적 인지'와 '긍정적 인지'로 나누어 고찰하고 그 현대적 의미를 기술한다.

1. 인지의 발생

1) 유식학의 두루 행하는 마음작용(변행심소)

인지작용은 자극을 받아들이고, 그 내용에 대해 생각하고 판단하여 언어로 표출하는 일련의 정신과정이다. 유식학은 수행자들이 마음을 관찰한 내용을 체계적으로 제시한 것으로서 이와 같은 인식의 과정을 구조적으로 파악할 수 있게 한다. 특히 유식학의 51심소 가운데 '두루 행하는 마음작용(변행심소遍行心所, sarvatraga-caitasa)'은 8가지 식이 작용을 할 때 언제나 함께 일어나는 마음의 작용이다. 이 '두루 행하는 마음작용'은 우리가 어떤 사물을 보거나 소리를 들었을 때, 그것에 대해 인지하고 행동으로 나타내는 것을 구조적으로 분석할 수 있게 한다. 앞에서 설명했지만, 5가지 '두루 행하는 마음작용'에 대해 간단히 다시 살펴보면 다음과 같다.

'촉(觸, sparśa)'은 감각기관과 인식대상 그리고 지각하는 마음(識)의 세 가지가 접촉하는 것을 말한다. 이 '촉'의 작용으로 인해 인식이 시작된다. 곧 마음 바깥에서 어떤 자극이 왔을 때, 감각기관이 그 자극하는 대상을 받아들이고, 이어서 그것을 인식하는 마음이 생기는 현상이 나타난다. 이 3가지가 함께 작용하는 현상을 '촉'이라고 부른다.

'작의(作意, manasikāra)'는 특정한 대상에 대해 마음을 집중하는 것을 말한다. 어떤 것을 인식할 때, 작의가 이루어지지 않으면 우리는 그 대상에 대해 명확히 파악할 수 없다. 예컨대 책을 읽을 때 시각기관인 눈과 대상인 글자와 그것을 보는 마음이 접촉한 상태를 생각해 보자. 눈으로 글자를 보고 있다고 해서 그 책이 전달하는 메시지를 분별하여 해석할 수 있는 것은 아니다. 보면서 다른 생각을 할 수도 있다. 글을 읽으면서 마음을 대상에 집중해야 그 내용을 이해할 수 있다. 이 작용이 '작의'이다.

'수(受, vedanā)'는 대상에 대해 느끼는 작용을 말한다. 『성유식론』에서는 마음(심왕)이 인식대상에 대해 3가지 감각작용(三受, 괴로움·즐거움·괴롭지도 않고 즐겁지도 않음)을 느끼게 하는 것이 수受 작용의 본질적 성질이라고 한다.[48] '수'는 대상을 받아들인다는 측면에서 인지작용이 생겨나는 토대가 된다. 하지만 괴로움·즐거움·괴롭지도 않고 즐겁지도 않음과 같은 감정이 생겨나기 때문에 정서를 일으키는 기반도 된다.

'상(想, saṃjñā)'은 대상을 언어로써 인식하는 마음의 작용이다. '상'이란 '느낌(수)'이라는 마음작용(심소)에 의해 받아들여진 대상을 분석하고 개념화하는 작용을 말한다. 예컨대 사과가 있을 때 그것을 '사과구나'라고 개념화하여 언어로 표현하는 작용이다. 인지작용을 통해 대상을 구별하고 판단하는 작용을 표현하고 있다.

'사(思, cetanā)'는 무엇인가를 하고자 하는 의지이다. 자기가 인식한 대상에 대해 행위를 일으키는 마음의 작용이다. 예컨대 '사과를 지인에게 선물해야겠다'라는 의지를 말한다. 이러한 착한 마음으로 실천하면 선업이 생기고, 반면 '사과가 맛있어 보이니 숨겨두고 나만 먹어야겠다'라고 '탐하는 마음'을 일으켜 실천하면 악업이 생긴다.

이 '두루 행하는 마음작용(변행심소)'에는 인지뿐만 아니라 정서작용이 생겨나는 토대를 제시하고 있다. 앞에서 언급했듯이 우리의 사유작용은 단순히 인지로만 이루어지지 않는다. 그 이면을 살펴보면 인지와 정서가 복합적으로 작용하는 것을 발견할 수 있다.

(1) 두루 행하는 마음작용의 특징

다음은 '두루 행하는 마음작용'의 특징을 살펴보자. '두루 행하는 마음작용'은 심왕(알라야식, 말나식, 의식, 전5식)이 일어날 때면 항상 함께 일어나는 마음작용이다. 다시 말하면 심왕인 8가지 식에 '두루 행하는

---

48 『成唯識論』 第3卷(T31).

마음작용'을 말한다.

『성유식론』에서는 '두루 행하는 마음작용'의 특징을 4가지로 구분해서 정의하고 있다.[49] 첫째, 심왕의 모든 성질(一切性)에 대해 작용한다. 다시 말하면 '두루 행하는 마음작용'은 심왕(전6식, 제7식, 제8식)이 선善한 마음이건 악惡한 마음이건, 선하지도 악하지도 않은(無記) 마음이건 상관없이 모든 심왕에 작용한다. 둘째, 모든 장소(一切地)에서 작용한다. 그 마음이 욕계의 저열한 상태로부터 무색계의 고급한 상태까지, 3계 9지[50] 그 어디에서 일어나건 간에, 그 마음과 더불어 언제나 작의·촉·수·상·사의 5가지 마음작용이 발견된다는 것을 뜻한다. 셋째, 모든 시간(一切時)에 작용한다. 어떤 시간에 심왕이 작용하더라도 '두루 행하는 마음작용'은 심왕과 함께 작용한다. 넷째, 함께하는(一切俱) 마음작용을 뜻한다. 즉 심왕이 일어날 때면 '두루 행하는 마음작용'은 그 마음(심왕)과 더불어 반드시 함께 일어난다. 따라서 '두루 행하는 마음작용'은 '4가지 일체(四一切)'를 갖추고 있다고 말한다.

즉 이 5가지 마음작용(작의·촉·수·상·사)은 8가지 마음과는 떼려야 뗄 수 없는 마음작용이다. 따라서 유식유가행파에서는 이 5가지 '두루

---

49 『成唯識論』第5卷(T31, 27a05-06).

50 3계는 욕계, 색계, 무색계를 말한다. 그리고 9지는 욕계 전체를 통틀어 1가지 장소(地)와, 색계의 초선初禪·2선二禪·3선三禪·4선四禪의 4가지 장소(地)와, 무색계의 공무변처空無邊處·식무변처識無邊處·무소유처無所有處·비상비비상처非想非非想處의 4가지 장소(地)를 합한 총 9가지 장소(地)를 말한다(『瑜伽師地論』 제3권 [T30, 291a]).

행하는 마음작용'을, 비록 잘못 사용될 수는 있으나 결코 없어지거나 사라지는 일이 없는, 마음의 기본적인 능력 또는 작용이라고 본 것이다.

　정리하면, '두루 행하는 마음작용'은 심왕의 선악, 심왕이 생겨나는 장소, 심왕이 작용하는 시간, 심왕의 종류(식의 종류)를 가리지 않고 어떤 마음(8가지 식, 곧 심왕)이 일어날 때면 그 마음과 더불어 언제나 함께 발견되는 마음작용을 의미한다. 『성유식론』에 의하면 촉·작의· 수·상·사를 이처럼 규정하는 것은 성스러운 가르침, 곧 고타마 붓다의 가르침과 이에 근거한 바른 논리에 의한 것이라고 설한다.[51]

(2) 두루 행하는 마음작용(변행심소)의 순서

'두루 행하는 마음작용'의 촉(작의) → 작의(촉) → 느낌(수) ↩ 생각(상) → 의지(사)는 인지작용이 생겨나는 과정 및 이에 기반해서 실천까지 이어지는 메커니즘을 보여준다. 또한, 본 저서의 2부 1장의 정서작용에서 살펴보았듯이, 이 도식은 느낌(수)과 생각(상)의 상호작용으로 정서와 인지가 복합적으로 생겨나는 현상도 설명해 준다.

　그런데 5가지 '두루 행하는 마음작용' 가운데 '감촉(촉)'과 '마음을 모으는 작용(작의)'의 순서가 유식학 논서마다 다르다. 세친이 저술한 『대승백법명문론』과 무착이 저술한『현양성교론』에서는 '두루 행하는 마음작용'를 작의·촉·수·상·사와 같은 순서로 나열하고 있다.[52] 반면 호법 등이 저술한 『성유식론』에서는 촉·작의·수·상·사의 순서

---

51 『成唯識論』 第5卷(T31, 28a01-03).

52 『大乘百法明門論』(T31, 855b25-26), "遍行五者. 一作意二觸三受四想五思.";『顯揚聖敎論』(T31, 0481a02-03), "彼復云何謂遍行有五. 一作意二觸三受四想五思."

로 나열하고 있다.[53] 즉 느낌(수)·생각(상)·의지(사)는 순서가 동일하지만, 마음을 모으는 작용(작의)과 감촉(촉)은 그 순서가 논사에 따라 서로 다르다.

무착의 『아비달마잡집론』에 따르면 느낌(수)·생각(상)·의지(사)의 순서가 동일한 것은 이들 각각이 5온의 한 요소이기 때문에 5온이 나열되는 순서에 따른 것이다.[54] 5온의 나열은 고타마 붓다의 가르침에서 항상 이러한 순서로 나타나기 때문에 논사들에서도 차이가 없다.

인도불교의 유식학의 역사는 크게 3기로 나뉘는데, 제1기는 미륵과 무착의 유식학이고, 제2기는 세친의 유식학이고, 제3기는 호법 등의 10대 논사의 유식학이다. 앞에서 살펴본 바와 같이 제1기 유식학의 무착과 제2기 세친은 마음을 모으는 작용(작의)·감촉(촉)의 순서로 '두루 행하는 마음작용'를 나열하고 있고, 제3기 유식학의 호법은 감촉(촉)·마음을 모으는 작용(작의)의 순서로 '두루 행하는 마음작용'를 나열하고 있다.

현대의 유식학 연구가들은 감촉(촉)과 마음을 모으는 작용(작의)의 순서가 바뀐 것이 사상의 큰 변화는 아니라고 본다.[55] 즉 5온 각각의 요소인 색·수·상·행·식이 거의 한 찰나에 일어난 작용을 놓고 그 영역을 구분했듯이, 감촉(촉觸)과 마음을 모으는 작용(작의作意) 또한 차이를 뚜렷하게 느낄 정도로 순서대로 일어나는 것이 아니라고 보았

---

53 『成唯識論』第5卷(T31, 11b16-17), "此識與幾心所相應. 常與觸作意受想思相應."

54 『大乘阿毘達磨集論』(T31, 664a13-23).

55 황욱, 「무착(Asaṅga)의 유식학설 연구」, 동국대학교 대학원 불교학과 박사학위논문, 1999, p.49.

다. 따라서 이 두 마음작용의 순서가 바뀐 것은 크게 유의할 사상적 차이가 아니라고 본다. 필자 또한 이 관점에서 인지의 과정을 논의하고 자 한다.

(3) '두루 행하는 마음작용'과 8가지 식

'두루 행하는 마음작용(변행심소)'은 8가지 식(八識), 즉 알라야식, 말나식, 의식, 그리고 안식·이식·비식·설식·신식과 항상 함께 작용한다. 이 관계에 대해 구체적으로 살펴보도록 하자.

앞에서 언급했듯이, 알라야식에 존재하는 '종자'의 특성이 뚜렷하게 드러나면서 제8식인 알라야식은 인식의 주체와 인식의 대상으로 나누어지고 이에 따라서 인식의 작용이 시작된다. 알라야식이 인식하는 대상은 자신의 몸, 알라야식에 저장되어 있는 '종자', 그리고 중생을 담고 있는 기세간 곧 자연세계이다. 알라야식이 이 대상들을 인식할 때, '두루 행하는 마음작용'는 알라야식과 함께 작용한다. 잘 알려졌듯이 알라야식은 무부무기無覆無記의 성질을 지닌다. 무부無覆는 알라야식 자체에는 번뇌가 없어서 부처의 본성(불성佛性)을 덮어 가리거나 막는 성질이 없다는 것을 뜻한다. 또한, 알라야식은 선도 악도 아닌 무기無記이기 때문에 선업과 악업을 모두 보존할 자격을 갖추고 있다는 것을 뜻한다. 간단히 말하면 무부무기는 부처의 본성(불성)을 덮어서 가리지 않고 선의 성질도 악의 성질도 지니지 않는다는 것을 의미한다.

알라야식은 마음 깊은 곳에 존재하기 때문에 일반인들은 그 인식의 작용을 자각할 수 없다. 하지만 요가수행자들이 마음을 깊이 관찰한 덕분에 일반인들도 그 작용과정을 유추할 수 있다. 곧 요가수행자에 따르면 알라야식의 인식작용은 '두루 행하는 마음작용'과 함께 다음과 같이 일어난다. 우선 인식의 주체인 알라야식이 인식의 대상인 종자, 몸, 자연세계를 접촉(촉)하는 작용이 생겨난다. 이어서 그것에 마음을 모으는 작용(작용)이 일어나며, 느낌(수)과 생각하는 작용(상) 그리고 의지(사) 작용이 순서대로 생겨나게 된다. 이를 통해 알라야식은 나의 몸, 종자 그리고 나를 둘러싼 자연세계에 대해 인식할 수 있게 된다고 할 수 있다.

제7식인 말나식 또한 '두루 행하는 마음작용'의 모든 마음작용과 상응한다고 정의되고 있다. 선·악·무기(선도 악도 아님)에 따라 말나식을 살펴보면, 그 성질은 유부무기有覆無記이다. 유부有覆는 덮거나 방해한다는 뜻이다. 좀 더 자세히 말하면 말나식이 지혜를 방해하는 번뇌를 항상 일으켜서 붓다의 본성을 가로막게 되고, 이로 인해 자신에 대한 집착과 대상에 대한 집착을 일으킨다는 것이다. 방해하는 성질로 인해, 말나식은 알라야식을 인식대상으로 하여 그것이 자신이라고 착각하게 된다. 이에 따라서 자신의 본모습을 알지 못하는 어리석음(아치), 자신은 영원할 것이라고 여기는 견해(아견), 자신을 다른 사람과 비교하여 타인을 무시하고 자신을 높이는 것(아만), 자기 자신만을 사람하고 집착하는 것(아애)과 같은 번뇌를 일으킨다고 정의된다. 무기無記는 말나식이 비록 지혜를 방해하는 유부有覆의 성질을 가지지만, 그 번뇌가 미세하여 악업을 일으킬 만큼 강하지는 않다는 것을 뜻한다.

말나식 또한 알라야식처럼 마음 깊은 곳에 존재하기 때문에, 일반인은 자신의 마음속에 있는 말나식을 자각할 수 없다. 하지만 인식작용은

'두루 행하는 마음작용'의 순서대로 진행되어, 나를 중심으로 모든 것을 바라보고 판단하는 생각이 형성됨을 일반인도 충분히 유추할 수 있을 것이다.

전5식 및 제6식인 의식 또한 '두루 행하는 마음작용'과 상응한다고 정의된다. 전5식과 제6의식의 성질은 선도 아니고 악도 아닌 무기라고 한다. 따라서 선·악·무기 중 그 어느 것도 일으킬 수 있다고 한다. 곧 전5식과 제6의식이 본래 선인 것(자성선自性善)과 응하는 경우 선善이 되고, 본래 착하지 않은 것(자성불선自性不善) 상응하는 경우 불선不善이 되며, 그 밖의 것과 상응하는 경우 무기無記가 된다는 것이다. 전5식과 제6의식은 일상인도 충분히 자각할 수 있는 마음이다. 특히 제6의식은 감각기관에 의해 받아들여진 대상과 접촉하고 그것에 대해 느낌을 일으키며 나아가 판단하고 생각하는 작용을 한다. 이를 통해 실제로 행위를 일으키는 의욕을 일으키는 작용을 한다.

2) 뇌과학의 전전두엽, 좌뇌의 상후두정엽, 대뇌피질

초기불교에서 제시하는 마음의 구조를 뇌과학적으로 설명할 수 있는 부분이 있지만, 부파불교 및 유식불교에서 설명하는 마음의 구조를 뇌과학의 실험기법으로 설명하기는 현재의 장비로는 아직 요원하다고 한다.[56] 본 논의에서는 이러한 점을 고려하면서 유식학의 8가지 마음을 뇌과학의 견지에서 살펴보자.

---

56 문일수는 초기불교 5온과 전5식 및 제6의식의 작용을 뇌과학의 견지에서 설명을 시도하고 있다(문일수, 『의근과 의식』, 무량수, 2020, p.17.).

(1) 인지작용의 뇌과학적 해석

뇌과학에 따르면 뇌의 신경회로가 활성화하면서 감각기관을 통해 들어온 인식대상은 그 의미를 지니게 된다. 즉 눈으로 어떤 대상을 보았을 때, 들어온 정보가 예컨대 초록색이라는 의미를 지니게 되는 것은, 전기신호로 만들어진 결과라고 한다.[57] 신경계통에 흐르는 전기신호가 우리 마음에 대상을 만든다는 것이다.

특히 뇌과학에 따르면 감각기관에 의해 받아들여진 대상은 뇌에 이미 저장되어 있던 기억정보와 비교되면서 그 해석이 이루어진다고 한다. 예를 들면 사진을 통해 에펠탑을 보았을 때, 그것이 에펠탑이라고 알 수 있는 것은 뇌에 저장된 기억과 비교를 통해서 이루어진다는 것이다. 다시 말하면 사진을 보고 눈을 통해 들어온 에펠탑이라는 정보와 내가 경험했던 내용을 비교할 때, 그 사진의 내용이 의미를 지니게 된다고 설명한다.

이 과정을 유식학의 견지에서 살펴보자. 우선 우리가 잘 알고 있듯이 감각기관을 통해 들어온 외부의 자극은 제6의식에 의해 판단된다. 그런데 독특하게도 유식학에서는 이 의식의 작용이 다시 제7말나식의 영향을 받는다고 본다. 제7말나식은 자기를 중심으로 대상을 해석하도록 제6의식을 조정하는 역할을 한다고 정의된다. 그리고 더 근본적으로 가장 심층에 존재하는 알라야식이 작용하면서 제7말나식, 제6의식, 전5식의 인식이 시작된다고 본다. 즉 알라야식에 있던 '종자'가 명백하게 드러나면서 이러한 인식의 과정이 시작된다는 것이다. 예를 들어보

---

[57] 문일수(2020), pp.102~103.

자. 파리에 가서 에펠탑을 본 경험이 있거나, TV나 인터넷을 통해 에펠탑을 본 적이 있을 때, 유식학에 의하면 그 경험 내용은 알라야식에 '종자'로 저장된다. 이후 사진이나 그림을 통해 에펠탑을 보게 되었을 때, 내가 경험했던 그 내용이 담긴 '종자'는 제6의식에 기억으로 떠오르게 된다. 그리고 눈으로 본 그 정보와 나의 경험을 비교하면서 제6의식은 그것이 에펠탑이라고 판단하게 된다. 이때 제7말나식이 자신이 경험한 것을 근거로 해서, 곧 자기중심적으로 제6의식이 그 에펠탑을 판단하게 뒤에서 조정한다는 것이다.

한편 현대과학에서는 사물이 눈을 통해 들어오는 과정을 다음과 같이 설명한다. 빛과 함께 사물의 모습이 눈에 들어오면 이것은 각막과 동공을 통과한다. 이어서 수정체를 지나 망막에 상이 맺히게 된다. 이 맺힌 상은 시각신경을 통해 뇌의 시각피질로 정보가 전달되면서 사물을 인식할 수 있게 된다.

사물을 인식하게 되는 과정을 〈도식 2-3〉에 따라 살펴보면 다음과 같다. 시신경을 통해 뇌의 시각피질로 정보가 들어오면 그것에 대한 표상이 뇌에 형성된다. 표상은 거울에 맺힌 상과 같이 감각기관을 통하여 대뇌의 감각피질에 생성된 것이다. 이때 뇌에 저장된 기억과 그 표상을 비교하여 그 표상이 무엇인지 파악하게 된다.

〈도식 2-3〉【대상을 인식하는 과정】

시신경 → 뇌의 시각(감각)피질 → 표상
                              ↑
                  기억과 비교하는 대뇌피질의 작용

그런데 이처럼 새로운 정보를 확실히 이해하기 위해, 먼저 그 대상에 대한 정보가 이미 뇌에 기억으로 저장되어 있어야 한다.[58] 이 기억을 통해 대뇌피질은 새로 들어온 내용을 살펴보고 대조하여 그것이 무엇인지를 이해한다. 인간의 대뇌피질은 학습하고 기억하는 능력이 잘 발달해서, 뇌에 저장된 많은 정보와 현재 생성되고 있는 표상을 대조하여 그것이 무엇이라고 선명하게 파악하곤 한다. 현대과학은 물체가 눈을 통해 수용되는 과정을 뇌의 작용에 기반하여 설명한다.

흥미롭게도 이러한 작용에 대한 설명이 유식학에도 나타난다. 감각기관에 의해 받아들여진 내용을 분별하고 판단하는 대뇌피질의 작용은 앞에서 살펴본 유식학의 5가지 '두루 행하는 마음작용(변행심소)' 가운데 '대상을 마음속에 나타내는 작용(想)'에 해당한다. '대상을 마음속에 나타내는 작용(想)'은 알라야식에 존재하던 '종자' 곧 기억이 명확하게 제6의식의 층으로 떠올라 새로 유입된 정보(표상)와 비교하며 판단하는 작용이다.

유식학에서는 윤회의 세계 속에서 중생이 경험한 모든 내용이 '종자'로 알라야식 속에 저장되어 있다고 본다. 우리가 어떤 것을 보았을 때 그것이 무엇인지 인지할 수 있는 것은 이미 우리의 마음속에 그것을 이해할 수 있는 토대가 있기 때문인데 그것은 현생에서 새롭게 경험한 것도 있지만, 전생前生 아니면 전전생前前生에 이미 내가 경험했던 것이 인연이 닿아 기억으로 떠오게 된 것도 있다고 본다.

하지만 뇌과학에서는 정보를 해석할 수 있는 자료가, 전생에서

---

58 문일수(2020), p.107.

경험한 내용이 아니라, 모태에서 태어나 자라면서 경험한 내용이 기억으로 떠오른 것이라고 본다. 예컨대 초록색 혹은 파란색이라고 판단할 수 있는 것은, 현생에서 경험한 그 색과 연관된 여러 내용이 기억으로 떠올라 그것을 기반으로 새로운 정보를 이해하고 의미를 부여하는 것이라는 입장이다.[59] 기억의 자료는 윤회의 과정에서 경험한 것이 아니라, 현생에 경험한 것이라는 뇌과학의 입장은, 윤회의 견지에서 경험의 영역을 전생 내지는 전전생까지 확장하고 있는 유식학과의 관점과 비교해 볼 때, 분명한 차이를 보인다.

다음은 유식학의 견지에서 삶과 죽음에 대해 간단히 살펴보기로 하겠다.

(2) 삶과 죽음에 대한 유식학의 해석

불교는 윤회의 관점에서 삶과 죽음의 과정을 설명하고 있다. 특히 동아시아불교에서는 죽는 순간과 다시 태어나는 순간 사이에 중유中有를 제시한다. 중유는 4가지 존재(四有), 곧 생유生有·본유本有·사유死有·중유中有 가운데 하나이다. 여기서 유有는 바로 '존재'를 말한다. 생유生有는 태어남의 순간을, 본유本有는 태어남의 시간부터 죽음의 순간까지를 말한다. 곧 살아있는 기간을 말한다. 사유死有는 죽음의 순간을 말한다.

부파불교 문헌과 유식학 문헌에서는, 태어난 순간에서 시작하여 죽는 순간까지 살아가는 동안 마음이 머무는 곳을 심장(심처心處, 육심肉

---

59 문일수(2020), pp.104~105.

心, 심흉처心胸處)이라고 본다.[60] 특히 부파불교 문헌인 『아비달마구사론』에서는 제6식이 심장에서 떠나게 되면 현생에서 완전한 죽음을 맞이한다고 묘사하고 있다.[61] 한편 유식학 문헌인 『유가론』「본지분」및 「섭이문분」에서는 제8식인 알라야식이 심장에서 떠나게 되면 현생에서 완전한 죽음을 맞이한다고 한다.[62] 심장에 머무는 마음에 대한 해석이 다른 이유는 마음의 구조를 다르게 보기 때문이다. 곧 초기불교와 부파불교에서는 마음을 전5식과 제6의식으로 분류하고 있지만, 유식학에서는 전6식 이외에 심층에 존재하는 제7식인 말나식과 제8식인 알라야식이 제시하고 있으며 근본식인 알라야식이 윤회의 주체로서 작용한다고 본다.

『유가론』「본지분」에서는 인간이 태어나는 과정을 다음과 같이 자세하게 설명하고 있다. 즉 어머니가 건강하고, 부모의 성행위가 있고, 죽는 순간과 다시 태어나는 순간 사이(중유)에 존재하는 알라야식이 갖추어지면서, 태어나는 순간(생유)이 시작된다.

> "…그때 부모는 탐애가 모두 지극하여 최후에 결정적으로 각자 한 방울씩의 짙은 정혈을 내는데, 두 방울은 뒤섞여져서, 어머니의 태 안에 머무르며 합하여 한 덩이가 된다. 마치 끓인 젖이 엉기어 맺혀진 때와 같다. 마땅히 이곳에서 (부모의 정혈은) 일체 종자가

---

60 최종남, 「唯識思想과 腦科學에 관한 硏究」, 『불교학보』71, 2015, pp.57~79.

61 『阿毘達磨俱舍論』「分別世品」(T29, 56b15-16).

62 『瑜伽師地論』「本地分」(T30, 282a7-12); 『瑜伽師地論』「攝異門分」(T30, 769b 5-7).

성숙한 것을 굳건히 유지하고 수용하는 토대가 되는, 아뢰야식과
화합하고 엉켜서 뭉치게 된다."[63] (…는 필자의 표기)

전생의 업을 담고 있는 알라야식이 정자와 난자와 결합하는 순간이
바로 현생의 시작이다. 이 상태를 갈라람위(凝滑位)라고 부른다.
이 상태는 맑은 죽과 같다. 이 단계에서 일체종자식(=알라야식)의
특별한 힘으로 미세한 감각기관과 4대종(단단함·피의 흐름·따뜻함·움
직임)이 만들어지기 시작한다.

한편 뇌과학에서는 수정 직후부터 의식이 형성되는 것으로 설명한
다. 정자와 난자가 수정한 상태는 종이와 같이 얇은 모양을 띤다.
수정란은 1주일 이내에 분할하여 외배엽, 중배엽, 내배엽으로 된다.
이 가운데 외배엽으로부터 인간의 뇌가 만들어진다고 한다.[64]

이상과 같이 태아가 형성되는 첫 주에 대한 유식사상과 뇌과학의
설명은 다음과 같이 유사한 점과 차이점을 보인다. 유사한 점은 다음과
같다. 첫째, 유식학에서는 수정란을 맑은 죽으로 묘사하고 뇌과학은
종이와 같이 얇은 형태를 지니고 있다고 설명한 점, 둘째, 미세한
감각기관이 형성되면서 태아로 성장한다고 모두 보는 점에서 비슷하
다. 반면 차이점은 다음과 같다. 곧 유식학은 윤회의 관점에서 알라야식
(마음)이 정자와 난자와 결합하면서 인간이 탄생한다고 설명하고 있다.

---

63 『瑜伽師地論』(T30, p.283a1-5), "爾時父母貪愛俱極. 最後決定各出一滴濃厚精
血. 二滴和合住母胎中合爲一段. 猶如熟乳凝結之時. 當於此處. 一切種子異熟所
攝. 執受所依阿賴耶識和合依託."
64 https://ko.wikipedia.org/wiki/배엽(2022.12.12.).

하지만 뇌과학은 정자와 난자의 결합에서 의식이 생겨난다고 본다. 유식학과 뇌과학은 마음의 기원에 관해 설명을 달리하고 있다는 점을 알 수 있다.

(3) 유식학과 뇌과학

잘 알려진 바와 같이 유식학은 마음을 8가지로 나누고 있다. 표층의 마음으로서 안식·이식·비식·설식·신식의 5가지 식과, 분별·회상·추리·사고 등의 작용을 하는 제6의식(mano-vijñāna)이 있다. 이 6가지 마음은 우리가 자각할 수 있다. 그래서 표층의 마음이라고 부른다. 유식에서는 이 마음 이외에도 마음 깊은 곳에 존재하는 마음을 두 가지 더 제시한다. 우선 제8식을 대상으로 끊임없이 자아라고 생각하고, 제6의식의 의지처(의근)로 작용하는 제7말나식(manas)이 있다고 본다. 그리고 모든 '종자'를 보존하고, 정신과 육체를 유지·상속시켜 주는 제8식 알라야식(ālayavijñāna)을 제시하고 있다. 제7식 말나식과 제8식 알라야식은 유식학에서 처음으로 제시한 마음이다. 특히 유식학에서 제8식은 모든 식의 근본이 되는 식으로서 제8식에 저장되어 있던 '종자'가 나머지 7가지 마음의 작용을 일으키는 근본적인 원인이 된다고 본다.

사실 유식학을 비롯해서 불교문헌에 뇌(腦, mastika)의 기능과 역할에 대해서 구체적으로 언급한 것은 없다.[65] 하지만 마음을 세밀하게 분류하고 있는 유식학의 관점에서 뇌의 각 구조가 갖는 기능들을

---

65 최종남, 「唯識思想과 腦科學에 관한 硏究」, 『불교학보』 71, 2015, pp.57~79.

대조해 보는 것은 의미 있는 작업이라 생각된다. 따라서 본 논의에서는 제6의식, 제7말나식, 제8알라야식을 중심으로 논의해 보고자 한다.

① 제6의식과 전전두엽

앞에서 언급한 바와 같이 유식사상에서 분별, 회상, 추리, 사고 등의 작용을 하는 기관은 제6의식이다. 일상생활 속에서 우리는 어떤 것에 대해 심사숙고해서 계획하고 그것을 실행에 옮길 것인지 말 것인지 판단해야 하는 경우가 많다. 이러한 작용을 하는 것이 제6의식이다. 유식학에서 제시하고 있는 광범위한 제6의식의 작용을 잠시 살펴보면 다음과 같다.

유식학은 우선 제6의식을 '전5식과 함께하는 의식(5구의식五俱意識)'과 '전5식 없이 작용하는 의식(불구의식不俱意識)'으로 나눈다.

'전5식과 함께하는 의식'은 다시 '전5식이 향하는 대상에 대해 같이 집중하는 의식(5구동연의식五俱同緣意識)'과 '전5식이 향하는 대상에 대해 함께 집중하지 않는 의식(5구부동연의식五俱不同緣意識)'으로 구분된다.

일상생활 속에서 '전5식이 향하고 있는 대상에 함께 집중하는 의식'의 예를 들자면 다음과 같다. 책을 읽을 때 눈을 통해 '안식'이 글자를 보고 있고 '의식' 또한 그것에 집중하여 책의 내용을 이해하고 그것에 대해 생각을 덧붙여 보는 작용을 말한다.

'전5식이 향하는 대상에 대해 함께 집중하지 않는 의식'은 전5식과 의식이 함께 같은 대상을 향해 있지만, '의식'이 다른 것을 생각하고 있는 상태를 말한다. 한 예로 축구경기를 관람할 때, 승부차기를 보는 경우가 있다. 우리는 축구선수가 서 있는 모습을 보면서 골을 넣을 것인지 아니면 골대를 넘어서 빗나갈지도 모른다는 생각을 한다. '안식'은 축구선수를 보지만 '의식'은 선수의 모습에 집중하기보다 어떤 성과를 내는지를 생각하는 경우를 말한다.

'의식'은 많은 순간 '전5식'의 범위를 벗어나 작용하기도 한다. 우리는 눈으로 보거나 귀로 듣지 않으면서도 무엇인가를 생각할 수 있고 상상할 수 있다. 유식학에서는 이처럼 '전5식' 없이 홀로 발생하는 의식을 '불구의식不俱意識'이라고 한다. 이 '전5식 없이 홀로 발생하는 의식'은 다시 '전5식이 활동한 이후에 작용하는 의식(5후의식五後意識)' 과 '전5식과는 별도로 독자적으로 활동하는 의식(독두의식獨頭意識)'으로 나누고 있다.

'전5식이 활동한 이후에 작용하는 의식'은 '전5식'의 활동이 끝난 이후에도 제6의식이 계속 작용하는 상태를 말한다. 예를 들면 영화를 관람한 후 돌아오는 길에 계속해서 그것에 대해 생각하기도 하고 또는 다른 사람에게 자신이 본 것을 어떻게 말해줄까 생각하는 '의식'을 말한다. 이전에 발생했던 '전5식'의 대상은 사라지고 없지만 '전5식'과 함께 발생했던 '의식'을 다시 기억해 내는 '의식'을 말한다.

'전5식과는 별도로 독자적으로 활동하는 의식'은 '제6의식'이 '전5식' 과는 별도로 독자적으로 활동하는 '의식'을 가리킨다. 이 '독두의식'은 다시 '독산의식獨散意識', '몽중의식夢中意識', '정중의식定中意識'으로 나누어진다. '독산의식'은 '전5식'의 활동을 떠나 자유롭게 상상하는 '의식'의 작용을 말한다. '몽중의식'은 꿈속에서 작용하는 '의식'을 말한다. 그리고 '정중의식'은 선정에서 마음을 집중한 상태에서 작용하는

'의식'을 말한다. 이처럼 '의식'은 '전5식'이 감각기관의 대상에 한정해서 각각 생겨나는 것과 달리 그 작용의 범위가 매우 넓다.

유식학에서 말하는 제6의식의 작용을 뇌과학에서는 어떻게 설명하고 있는지 살펴보자. 뇌과학에서는 전두엽(frontal lobe)의 앞부분에 있는 전전두엽(前前頭葉, prefrontal lobe)이 이성적 사고, 창조 등의 기능을 담당한다고 본다. 이 점에서 전전두엽의 활동이 제6의식의 역할과 상응한다고 볼 수 있다. 전전두엽은 두뇌의 사령탑이라고 칭해진다. 계획을 세우고 스스로 동기를 부여하며 사고를 다양하게 하는 영역이다. 전전두엽은 다양한 영역들과 연결되어 원초적인 감정에서부터 고등인지 기능까지 관여한다고 한다. 전전두엽은 뇌간의 각성계(brainstem activating systems)[66]와 변연계(邊緣系, limbic system)[67], 감각과 운동영역, 사고영역 등 모두와 연결되어 있기 때문이다. 이러한 연결을 통해 전전두엽은 각성상태를 유지하고 쾌락과 고통, 걱정과 분노, 공포와 공격성 등의 감정적인 반응을 조절하게 된다. 또한, 전전두엽의 영역들은 대립하는 생각들을 조율하고 선과 악, 같은 것과 다른 것을 구분하며 현재나 미래의 여러 가지 가치들을 비교,

---

[66] 망상 활성계(reticular activating system, RAS)라고도 부른다. 뇌의 각성, 흥분, 집중 등에 관여한다. 감각정보의 유입에 대해 대뇌를 비특이적으로 각성시킨다 (https://ko.wikipedia.org/wiki/망상_활성계〔2022.11.28.〕).

[67] 변연계는 대뇌피질과 간뇌 사이에 있다. 겉에서 보았을 때 귀 바로 위쪽(또는 측두엽의 안쪽)에 존재한다. 감정, 행동, 동기부여, 기억, 후각 등의 여러 가지 기능을 담당한다. 대뇌변연계, 둘레계통이라고도 한다(https://namu.wiki/w/변연계〔2022.11.28.〕).

평가해서 인간의 행동을 통제한다.

제6의식이 작용하는 영역이 광범위하듯이 뇌과학에서는 전전두엽의 역할이 그러한 기능을 한다고 보는 것이다.

② 제7식 말나식과 상후두정엽

제7식인 말나식은 제8식 알라야식과 함께 유식학에서 처음으로 제시된 마음의 영역이다. 제7식 말나식은 '의식'이 작용할 때 '의식'의 뒤에서 항상 자신을 중심으로 생각하며 판단하게 하는 마음이라고 여겨진다. 유식학은 인간이 이기적으로 생각하며 행동하는 것은 모두 '말나식'이 '제6의식' 뒤에서 작용하기 때문이라고 본다. 따라서 '말나식'은 '제6의식'이 생겨나는 뿌리로 정의되고 있다. '말나식'의 이러한 특성은 이보다 더 깊은 곳에 존재하는 '알라야식'을 대상으로 하여 그것(알라야식)이 자신이라고 생각하는 자기중심적인 자아의식(자신에 대해 집착하는 마음)에 기원을 둔다.

자아를 집착하는 제7식은 뇌의 기능 중에서 자아의 구체적 감각, 즉 주인의식을 담당하는 부위인 좌뇌의 상후두정엽(Parietal lob)과 상응한다고 한다.[68]

뇌과학에 따르면 대뇌반구는 크게 4개의 영역(전두엽, 후두엽, 측두엽, 두정엽)으로 나누어진다. 일반적으로 전두엽(Frontal Lobe)은 주의집중, 계획, 목표지향 등의 행위를 주관한다. 전두엽은 이외에도 운동반응의 선택, 개시, 억제에도 관여한다.

---

68 박문호, 『그림으로 읽는 뇌과학의 모든 것』, 휴머니스트, 2013, p.746.

그리고 전두엽의 앞에 있는 전전두엽은 전두엽에서 운동을 계획하고 실행하는 역할을 뺀 부분을 말한다. 앞에서 언급한 바와 같이 전전두엽은 제6의식의 활동과 상응한다고 할 수 있다. 전전두엽은 자기를 인식하고, 행동을 계획하고, 불필요한 행동을 억제하고, 문제해결을 위한 전략을 수립하고, 의사결정을 하는 역할을 한다.

그리고 후두엽(Occipital lobe)은 뇌의 뒤쪽에 있는 영역으로 주로 시각과 지각을 처리하고 통합하는 부위이다. 시각 인지와 저장을 위해 뇌의 다른 부위로 정보를 전달하는 기능을 관장한다. 측두엽(Temporal lobe)은 청각정보가 일차적으로 전달되는 피질 영역이다. 언어나 기억에 관련된 기능을 한다고 한다.

두정엽은 감각이나 사물의 정보를 조합하는 작용을 한다.[69] 특히 좌뇌의 상후두정엽은 자신에 대한 구체적인 감각을 하고 그것을 자신이라고 자각하는 영역으로 볼 수 있다. 좌뇌의 상후두정엽은 신체에 대한 감각, 즉 신체적 자아를 생성하고 실체와 자아에 대한 지각을 만든다고 한다. 한편 우뇌의 상후두정엽은 자아가 3차원공간 안에 존재할 수 있도록 물리적 공간지각을 만들어낸다고 한다.[70] 유식학에서 자아라고 여기는 마음은 제7말나식의 역할로서 뇌과학에서는 좌뇌의 상후두정엽의 역할과 비견될 수 있다고 생각해 볼 수 있다.

---

69 https://www.hkn24.com/news/articleView.html?idxno=61346(2022.11.26.).
70 박문호(2013), p.746.

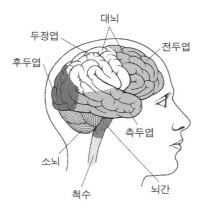

대뇌
두정엽
전두엽
후두엽
측두엽
소뇌
척수
뇌간

출처: https://www.msdmanuals.com/ko-kr/홈/뇌,-척수,-신경-장애/뇌기
능장애/위치별-뇌기능장애(2022.11.25.).

③ 제8알라야식과 대뇌피질

제8식인 알라야식은 우리 마음의 가장 깊은 곳에 존재하며 우리가
행한 모든 결과물을 저장하는 창고이기도 하다. 따라서 '일체종자식'이
라 부르기도 한다. 알라야식은 업을 종자의 형태로 담고 있어서, 윤회의
주체로서 역할을 한다고 알려졌다. 이외에 알라야식은 모든 작용의
토대가 된다고 본다. 곧 전5식 및 제6의식 그리고 제7말나식이 작용하
는 원인이 바로 알라야식에 있는 종자에서 비롯된다고 본다. 이외에
우리의 마음과 몸을 유지시켜 주고 흐트러지지 않게 하는 것이 알라야
식의 기능이라고 본다.

　제8식의 작용 가운데 일체종자식의 역할은 뇌의 대뇌피질(Cerebral
cortex)의 기능과 상응한다고 할 수 있다. 대뇌피질은 대뇌의 표면에
존재하며 신경세포들로 이루어져 있다. 대뇌의 안쪽 부분과 비교해

피질은 어두운 색을 띠고 있어 회백질(gray matter)이라고 부른다. 그리고 안쪽은 백질(white matter)이라 한다. 대뇌피질은 한정된 공간에 복잡하게 주름져 있어서 그 표면적은 넓다고 할 수 있다.

대뇌피질을 기능적으로 나누면 주로 감각을 인지하는 감각영역(sensory area)과 운동역역(motor area), 이 두 영역을 연결해 주는 연합영역(association area)의 세 부분으로 나눌 수 있으며 각각의 영역은 위치에 따라 다른 기능을 한다고 한다.[71] 또한, 대뇌피질은 여러 정보를 장기보존하고 통괄하는 장소로 알려져 있다. 이러한 점은 제8알라야식이 일체종자를 보존한다는 것과 유사하다고 할 수 있다.

한편 기억과 연관된 부분으로 뇌의 해마(Hippocampus)가 제시되고 있다. 해마는 대뇌변연계의 양쪽 측두엽에 있다. 이 부위는 과거의 기억과 경험을 인지하는, 즉 기억을 형성하는 영역이지만, 대뇌피질과 같이 저장하는 영역이 아니다.[72] 따라서 제8식의 저장 기능을 갖는 것은 대뇌피질이라고 할 수 있다.

제8식의 기능은 이외에도 몸과 마음이 흐트러지지 않게 유지해 주는 기능을 한다. 따라서 제8식을 아다나식(ādāna-vijñāna)이라고도 부른다.[73] 그런데 아다나식에 상응하는 기능은 대뇌피질에 있다고 할 수 없다. 대뇌피질은 앞에서 언급한 바와 같이 경험의 정보를

---

[71] https://ko.wikipedia.org/wiki/대뇌_피질(2022.11.26.).

[72] 박문호(2022), p.511.

[73] 제8식인 알라야식은 심층에 존재하면서 다양한 기능을 한다. 따라서 기능에 따라 명칭이 붙여지는데 여기에는 일체종자식, 근본식, 아다나식 등이 있다(안환기, 『도표로 읽는 유식입문』, 2022, pp.40~57).

저장하고 통괄하는 역할을 하기 때문이다. 아다나식의 기능은 DNA에서 찾을 수 있다는 연구가 있다.[74] 이 연구는 우리의 몸의 생김새와 특성 그리고 몸이 건강한 상태로 유지될 수 있는 기능은 유전자에 있다는 측면에서, DNA가 8식의 아다나식에 상응한다고 보는 관점을 제시한다. 좀 더 깊은 연구가 필요하지만, 이 해석에는 일견 타당한 면이 있어 보인다.

(4) 유식학과 뇌과학의 몸과 마음에 대한 해석

17세기 이후 과학의 발달로 인해 의료계에도 전문화된 기계가 도입되었다. 이로 인해 인간의 몸을 시각적으로 확인할 수 있게 되었다. 특히 MRI(Magnetic Resonance Imaging, 자기공명영상 장치)의 등장으로 뇌과학이 비약적으로 발전하였다.[75]

몸을 비롯한 모든 현상을 마음의 관점에서 바라보는 유식학과 달리, 뇌과학은 뇌라는 물질에 의해 마음이 생겨난다는 견해를 제시한다. 뇌의 신경전달 과정에서 창발적으로 나타나는 것이 마음의 작용이라는 것이다. 마음을 물질에 기반을 두고 해석하게 된 대표 사례로 피니어스 게이지(Phineas Gage, 1823~1860)의 사건이 있을 것이다.

1848년 9월 13일, 25살의 게이지는 미국의 어느 철도공사 감독관으로서 동료들과 함께 일하고 있었다. 구멍에 폭발물을 넣고 철막대기로 구멍의 표면을 고르게 하는 작업을 하다가 실수로 주변

---

74 최종남, 「唯識思想과 腦科學에 관한 硏究」, 『불교학보』 71, 2015, pp.57~79.
75 Michio Kaku 저, 박병철 옮김, 『마음의 미래』, 김영사, 2015, pp.36~42.

바위를 쳐 다이너마이트가 폭발하였다고 한다. 그 폭발의 충격으로
철 막대기가 게이지의 왼쪽 뺨에서 오른쪽 머리 윗부분으로 뚫고
지나가 버렸다. 그 결과, 그는 두개골의 상당 부분과 왼쪽 대뇌
전두엽 부분이 손상되는 심각한 상처를 입게 되었다. 게이지는
의사 존 마틴 할로우(Dr. John Martyn Harlow)에게 치료를 받아
다행히 죽을 고비는 넘겼지만, 그의 머리에는 구멍이 생겨 있었다.
그 후, 의사 할로우는 몇 년 동안 게이지와 함께 지내며 그의
행동들을 관찰한 후 '철 막대 머리 관통상으로부터의 회복(Recovery
from the Passage of an Iron Bar Through the Head)'이라는 글을 발표했
다. 할로우 의사가 발견한 점은 게이지의 성격과 행동이 사고
전후로 완전히 바뀌었다는 것이다. 마치 다른 사람이 된 것 같아
그의 친구들은 그를 게이지로 보지 않게 될 정도였다고 한다.[76]

대뇌 전두엽 손상이 성격과 행동에 큰 변화를 준다는 피니스 게이지
의 사건은 19세기 신경과학에 큰 논쟁을 일으켰고 뇌의 특정 부위의
손상이 성격과 행동에 영향을 준다는 것을 처음으로 제시한 사건이
되었다.[77] 이 사건은 뇌의 손상이 마음에 영향을 준다는 것을 보여주
었다.
이외에도 현대인들이 많이 앓고 있는 고혈압으로 인해 뇌출혈이
생긴 환자의 경우, 뇌 손상 부위에 따라 과거를 기억하지 못하거나
언어능력이 손상되기도 하며 또는 팔다리가 마비되는 경우 등 다양한

---

76 https://ko.wikipedia.org/wiki/피니어스_게이지(2022.11.25.).

77 https://ko.wikipedia.org/wiki/피니어스_게이지(2022.11.25.).

현상이 나타난다. 뇌과학은 이러한 사례를 통해 뇌가 죽으면 마음이라
는 것은 있을 수 없다는 관점을 보인다.

그런데 물질을 기반으로 현상을 설명하는 뇌과학에서도 몸과 마음이
서로 영향을 주는 관계로 해석하고 있음을 다음에서 알 수 있다.
곧 뇌에서 분비되는 도파민, 노르아드레날린, 세로토닌의 양에 따라
마음이 변하는 현상이 나타나지만, 마음에 의해 뇌세포와 뇌부위가
유동적으로 변하는 뇌가소성 현상이 나타나기도 한다는 것이다.

마음이 뇌에 영향을 주는 예로서 명상의 효과가 뇌에 미치는 영향을
관찰한 연구도 있다. 명상이 스트레스를 감소하고 감정을 조절하며
불안과 우울 그리고 노화에 긍정적인 영향을 미치는 것으로 알려지자,
과학자들이 이런 명상의 효과가 어떻게 나타나는지 알고자 뇌를 관찰
했다고 한다. 그 결과 명상이 뇌의 정보처리를 담당하는 회백질을
두껍게 유지하게끔 하며, 나이가 들면서 뇌가 줄어드는 것을 막아주는
현상을 보였다고 한다.[78]

또한, 달라이 라마는 위스콘신 대학으로부터 명상수행이 뇌의 활동
을 변화시킬 수 있는지 측정해 보고 싶다는 내용의 편지를 받고,
수행승들에게 과학적 실험에 참여할 것을 권장한 유명한 일화가 있다.
위스콘신 대학의 과학자들은 2001년부터 10년에 걸쳐 연구하여 그
결과를 『미국국립과학학술원회지』에 발표했다고 한다. 여기서 과학
자들은 정서와 사고 및 인지 활동과 같은 마음이 뇌에서 형성된다고
하더라도, 마음이 다시 뇌에 영향을 주어 뇌의 물질적 변화를 일으킨다

---

[78] https://brunch.co.kr/@hesse24/202(2023.03.10.).

는 결과를 제시했다.[79]

대승불교 유식학 또한, 몸과 마음이 유기적으로 연결되어 상호작용한다고 본다. 특히 우리는 앞에서 알라야식과 몸이 편안함과 위태로움을 같이한다는 '안위동일'에 대해 살펴보았다. 알라야식은 윤회의 과정에서 4가지 존재(생유, 본유, 사유, 중유)를 거친다. 알라야식은 부모의 정자와 난자와 결합하는 순간 그것과 화합하여 현생에 다시 태어난다고 한다. 이 세 가지의 혼합체에서 피부가 형성되고, 의식의 작용이 생겨난다는 것이다. 이 과정에는 뇌가 형성되기 이전에 이미 마음(알라야식)이 존재했음이 나타난다. 유식학은, 뇌는 물질적인 것이며 마음은 정신적인 것이므로 물질에서 마음이 형성되는 것이 아니라, 마음이 물질 이전에 존재했음을 보여준다. 곧 '죽는 순간과 다시 태어나는 순간 사이(중유)'에 존재하던 알라야식이 물질인 정자 및 난자와 결합하여 새로운 생명체로 태어난다는 것이다. 그리고 그 생명체는 현생(본유)에서 성장하여 어른이 되고, 사회 속에서 타인과 더불어 삶을 살아간다고 설명한다. 이 과정에서 마음과 몸은 서로 유기적 관계를 유지한다고 본다.[80]

앞에서 살펴본 것처럼, 뇌과학은 외부의 자극으로 생겨나는 뇌에 주목하고 있다. 따라서 스트레스 때문에 생겨나는 뇌의 작용, 몸의 주요 기관에서 분비되는 호르몬의 작용과 같이 몸에 대한 분석이 주를 이루고 있다. 뇌과학은 이처럼 물질에 기반을 두어 현상을 설명한

---

79 샤론 베그리 저, 이성동·김종옥 옮김, 『달라이 라마, 마음이 뇌에게 묻다』, 북섬, 2008.

80 橫山紘一, 『阿賴耶識の發見』, 東京: 幻冬舍新書, 2011, p.25.

다. 반면 유식학은 마음에 초점을 두고 일체 현상을 설명하는 점에서 두 분야는 근본적인 차이를 보인다.

하지만 뇌에 초점을 두고 연구하는 뇌과학에서도 명상을 통한 마음의 작용으로 뇌 부위가 변할 수 있다고 보고 이를 뇌 가소성(brain plasticity)이라고 표현한 점을 주목할 필요가 있다. 지식이나 기술을 배워서 익힘으로써 뇌세포가 계속 성장하거나, 또는 뇌출혈로 사용할 수 없게 된 팔과 다리를 지속해서 움직임으로써 뇌세포가 다시 생겨나는 현상은 뇌 가소성의 예가 된다. 특히 기억을 담당하는 해마에서는 오래된 신경세포는 쇠퇴하고 새로운 신경세포가 계속해서 생겨나는 뇌 가소성의 현상을 보인다고 한다.

이상에서 본 바로는, 뇌과학은 유식학처럼 알라야식 연기와 같은 원리로 몸과 마음의 관계를 분명하게 설명하지는 않는다. 하지만 뇌와 마음은 독립적으로 존재하는 것이 아니라 서로 영향을 준다고 설명하고 있음을 미루어 알 수 있다. 따라서 유식학이 마음을 중심으로 몸과 마음의 관계를 설명하는 것에 비해, 뇌과학은 뇌라는 물질에 기반을 둬서 각각 몸과 마음의 관계를 설명하지만, 모두 몸과 마음을 유기적 관계로 본다는 점에서 유사성이 나타난다고 필자는 생각한다. 두 분야 모두 몸과 마음의 관계를 연기적 원리로 해석할 수 있는 여지를 보인다는 점을 주목할 필요가 있다.

2. 인지의 분류

지금까지 인지작용의 메커니즘을 유식학의 5가지 '두루 행하는 마음작용'의 견지에서 살펴보고, 나아가 뇌의 주요기능을 살펴보았다.

본 절에서는 마음의 인지작용을 고찰하고 이를 '긍정적 인지'와 '부정적 인지'로 분류하고자 한다.[81]

1) 긍정적 인지

(1) 특정한 대상에만 생겨나는 마음작용

유식학의 51 마음작용(심소) 가운데 깨달음에 이르는 데 도움을 주는 인지작용을 살펴보면, '특정한 대상에만 생겨나는 마음작용(별경심소 別境心所, viniyata-caitasa)' 가운데 '확실한 이해(승해勝解)', '기억(염念)', '지혜(혜慧)' 등이 있다. '특정한 대상에만 생겨나는 마음작용'은 '심왕 (전5식, 제6의식, 제7말나식, 제8알라야식)'이 특정한 대상에 대해서 일어날 때만 '심왕'과 함께 생겨나는 마음작용을 말한다. 예컨대 좋아하는 대상을 만나면 '그것을 바라는 마음작용(욕)'이 일어나고, 결정해야 하는 대상을 만나면 '대상에 대해 확실히 이해하는 마음작용(승해)'이 일어난다. 그리고 과거에 경험했던 내용이 기억으로 떠올라 인식의 대상이 될 때 '기억하는 마음작용(염)'이 일어난다. 관찰 또는 명상할 대상을 만나면 '집중하는 마음작용(정定)'과 '지혜(혜)'가 일어난다. 이처럼 '특정한 대상에만 생겨나는 마음작용'은 그 대상이 각각 다르다.

『성유식론』에 의하면 '특정한 대상에만 생겨나는 마음작용'은 '심왕 (전6식, 제7식, 제8식)'이 선한 마음이건 악한 마음이건, 선하지도 악하지도 않은 마음이건 상관없이 모든 심왕에 작용하며, 심왕이 어디에서

---

81 앞에서 언급한 바처럼 깨달음으로 이끄는 인지작용을 '긍정적 인지', 방해하는 것을 '부정적 인지'로 부르기로 한다.

일어나건 간에 작용한다고 한다. 그 마음이 욕계의 저열한 상태로부터 무색계에 이르기까지 3계 9지[82] 그 어디에서 일어나건 간에, 그 마음과 더불어 '특정한 대상에만 생겨나는 마음작용'이 발견된다는 것을 뜻한다. 하지만 심왕에 대해 모든 시간에 작용하는 것이 아니며 또한 심왕과 더불어 항상 함께 일어나는 것은 아니라고 한다. 예를 들면 '대상에 대해 확실하게 이해하는 마음작용(승해)'은 결정을 내려야 할 대상을 만날 때 일어나지만, 이와는 다른 상황에서는 일어나지 않는다고 한다. 따라서 '특정한 대상에만 생겨나는 마음작용'의 5가지는 시간을 가리지 않고 발생하는 것을 의미하는 일체의 시(一切時)를 충족하지는 않는다. 또한 '특정한 대상에만 생겨나는 마음작용'은 모두 같은 찰나에 동시에 함께 일어나는 것(일체구一切俱)이 아니라고 한다. 곧 '바라는 마음작용(욕)'이 일어날 때 나머지 4가지 '확실한 이해(승해)', '기억(염)', '집중하는 마음작용(정)', '지혜(혜)'은 '바라는 마음작용(욕)'과 함께 일어나지 않는다고 한다.

요약하면 '특정한 대상에만 생겨나는 마음작용'은 선한 마음이건 악한 마음이건, 선하지도 악하지도 않은 마음이건 가리지 않는다. 또한, 장소와 상관없이 어떤 마음(8가지 식, 곧 심왕)이 일어나면 언제나 그 마음과 함께 발견된다. 하지만 모두 항상 작용하는 것(一切時)은 아니다. 그리고 5가지 '특정한 대상에만 생겨나는 마음작용' 모두와 함께 동시에 일어나지(일체구一切俱)도 않는다.

다음은 '특정한 대상에만 생겨나는 마음작용'을 차례로 살펴보고

---

82 2부 2장 각주 50 참고.

긍정적 인지로 볼 수 있는 마음의 작용을 분류해 보자.

첫째, '욕망(欲, chanda)'은 '좋아하는 대상을 원하고 그것을 구하려는 마음작용'이다. 이 '바라는 마음작용(욕)'에는 선과 상응한 좋은 희망과 악과 상응한 나쁜 희망이 있다. 다른 사람의 물건을 빼앗거나 훔쳐서 자기 것으로 하려는 것, 바르게 노력하지 않고 쉽게 얻으려는 것이 나쁜 욕망이다. 반면 교화할 능력이 있는 사람으로부터 좋은 가르침을 듣기를 바라는 것, 열심히 노력해서 깨달음을 얻고자 하는 것 등은 좋은 욕망이다. 이 '바라는 마음작용(욕)'은 대상에 대해 어떤 것을 기대하는 마음의 작용이다. 기대한다는 것은 그 대상에 대해 좋은 기억이 있거나, 그 대상을 소유하면 자신에게 이로울 거라는 생각이 내재해 있다. 이를 기반으로 자신이 좋아하는 것을 소유하려는 욕망을 일으킨다. 좋아하고 싫어하는 것은 감정이다. 감정을 기반으로 욕망이 생겨나게 된다. 따라서 '바라는 마음작용' 곧 욕망은 정서로 분류된다. 구체적으로, 선한 욕구는 긍정적 정서로, 악한 욕구는 부정적 정서로 분류해 볼 수 있다.

둘째, '승해(勝解, adhimokṣa)'는 '뛰어난 이해' 또는 '확실한 이해'를 뜻한다. 대상을 살펴서 확실히 이해하고 판단하여 그것을 자신의 마음속에 새겨서 계속 유지하려는 마음작용이다. 예를 들어 어떤 교리가 옳은지 그른지를 판단하는 것이 '확실한 이해(승해)'에 속한다. '확실한 이해'는 해탈에 이르는 데 중요한 인지작용이 될 수 있다. 앞에서 분류한 기준에 의하면 '확실한 이해'는 긍정적인 인지작용이다.

셋째, '염(念, smṛti)'은 자신이 배운 것이나 경험한 것을 잊지 않고 확실하게 기억하고 유지하려는 마음의 작용이다. '기억(염)'의 대상은 자기가 경험한 것에 한정된다. 자기가 경험하지 않은 것은 기억의 대상이 될 수 없다. 한편 '기억하는 마음작용'은 선악 양쪽에 다 작용한다. 누군가에 대한 미움과 원망을 계속 품고 기억하는 것은 나쁜 마음작용이다. 반면 진리를 계속 기억하고자 하는 것은 좋은 마음작용이 된다. 이러한 작용을 고려해 볼 때, 기억하는 것은 인지작용이다. 기억에는 좋은 기억과 나쁜 기억이 있다. 나쁜 기억을 떠올려서 그것을 계속 유지하게 되면 고통과 번뇌를 일으키는 부정적인 인지작용이 된다. 반면 진리의 세계에서 흘러나온 말을 들었던 것을 확실하게 떠올리는 것은 긍정적 인지작용이 된다.

넷째, '정(定, samādhi)'은 관찰하는 대상에 대해 마음 깊이 집중하는 마음작용을 말한다. '집중하는 마음작용(정)'은 지혜가 생겨나게 한다. 한편 '집중하는 마음작용'은 선악 양쪽 모두에 작용한다. 예컨대 오락이나 게임, 타인의 물건을 빼앗기 위해 싸움에 집중하는 경우는 바른 마음작용이 아니다. 하지만 깨달음을 얻기 위해 수행에 집중하는 것은 좋은 마음작용이다. '집중하는 마음작용'은 정서작용에 해당한다. 마음이 흥분되어 있을 때 '집중하는 마음작용'은 평정한 마음으로 만든다.

다섯째, '혜(慧, prajñā)'는 명상수행에서 관찰의 대상을 면밀하게 심사하고 판단하여 나누는 마음의 작용이다. 마음에 떠오른 대상을 정확히 보기 위해 세밀하게 헤아리는 작용으로서 해탈에 이르는 데 필수적인 인지작용이 된다.

〈도표 2-10〉【긍정적 인지】

긍정적 인지	
특정한 대상에만 생겨나는 마음작용 (별경심소)	뛰어난 이해(勝解), 기억(念), 지혜(慧)
정해지지 않은 마음작용(부정심소)	후회(惡作), 거친 사유(尋), 세밀한 사유(伺)

(2) 정해지지 않은 마음작용

'정해지지 않은 마음작용(부정심소)'은 확정되지 않은 성질을 가진 마음작용을 말한다. 그 자체로는 3성(선·악·무기)의 기준에서 볼 때, 선하지도 않고 악하지도 않다(무기). 따라서 선과 악 양쪽으로 모두 작용할 수 있다. 이 그룹에는 '후회(惡作)', '억압으로 가위눌린 마음(睡眠)', '거친 사유작용(尋)', '세밀한 사유작용(伺)' 등이 있다. 이를 살펴보면 다음과 같다.

'후회(惡作)'는 후회는 자신이 잘하지 못한 것을 떠올려서 깨우치는 작용을 의미한다. 또한, 착한 행위를 한 후에 '더 잘할 걸 그랬다'라고 후회하는 마음의 작용을 뜻하기도 한다. 긍정적인 인지작용에 해당한다고 할 수 있다.

'억압으로 가위눌린 마음(睡眠)'은 졸음을 말한다. 이것은 정서작용으로 볼 수 있는 마음작용이다. 선정 중의 졸음은 나쁜 것이지만, 피곤해서 졸리는 것은 번뇌가 아니다.

'거친 사유작용(尋)'과 '세밀한 사유작용(伺)'은 살피는 것을 의미한다. '거친 사유작용(尋)'은 대강 생각하는 마음이고, '세밀한 사유작용(伺)'은 자세하게 헤아리는 마음의 작용을 말한다. '거친 사유작용(심)'

과 '세밀한 사유작용(사)'은 회상하고 추측하는 작용이라는 면에서
비슷하다. 하지만 '거친 사유'는 '세밀한 사유'보다 대략적인 사유작용
이고, '세밀한 사유'는 '거친 사유'보다 미세하게 대상에 대해 헤아리는
마음이라는 점에서 차이가 있다. 둘 다 인지작용으로 볼 수 있다.
선악 어느 쪽으로도 결정되어 있지 않았기 때문에 '정해지지 않은
마음작용(부정심소)'이라고 한다.

2) 부정적 인지

'부정적 인지'는 깨달음에 방해가 되는 사유작용을 의미한다. 유식학에
서는 이를 '번뇌의 마음작용(번뇌심소)'으로 분류한다. 이 가운데 '부정
적 인지'로 해석해 볼 수 있는 요소로, 우선 '어리석은 마음(무명無明)',
'의심(의疑)', 자신이 타인보다 뛰어나다고 여기는 마음작용(만慢),
'올바르지 않은 견해(부정견不正見)' 등이 있다. 또한 '다른 번뇌와 공통
점이 적은 번뇌의 마음작용(소수번뇌)' 가운데 심하게 욕하거나 꾸짖는
마음(뇌惱), 잘못을 숨기려는 마음(부覆), 속이려는 마음(광誑), 아첨하
는 마음(첨諂) 등이 있다. 그리고 '오염된 마음과 함께 작용하는 번뇌의
마음작용(대수번뇌심소)' 가운데 '기억하지 못하는 마음(실념失念)', 반
드시 알아야 할 대상(무상·공·무아인 진실)에 대해 '올바르게 알지 못하
는 마음(부정지不正知)' 등이 있다. 이외에 '정해지지 않은 마음작용(부정
심소)'에 속하는 '후회(惡作)', '거친 사유작용(尋)', '세밀한 사유작용
(伺)' 등이 있다.[83] 이에 대해 살펴보면 다음과 같다.

---

83 '정해지지 않은 마음작용(부정심소)'은 그 자체로는 3성(선·악·무기)의 기준에서
　　볼 때 선도 아니고 악도 아님(무기無記)에 속하므로 선과 악 양쪽으로 모두 작용할

(1) 번뇌의 마음작용(번뇌심소)

'번뇌의 마음작용(번뇌심소, kleśa-caitasa)'은 우리의 몸과 마음을 혼란
스럽게 하는 마음의 작용을 말한다. 앞에서 살펴보았듯이 '번뇌의
마음작용'으로 탐욕, 성내는 마음, 어리석은 마음, 자신이 타인보다
뛰어나다고 여기는 마음, 불교의 진리를 의심하는 마음, 올바르지
않은 견해 등의 6가지 작용이 있다. 여기에서 '올바르지 않은 견해'는
다시 나는 영원히 존재한다고 여기고 집착하는 견해(살가야견, 유신견),
극단으로 치우친 견해(변집견), 잘못된 견해(사견), 자신의 견해를
고집하는 마음작용(견취견), 자신이 믿고 있는 계율이 가장 뛰어난
것이라고 여기고 집착하는 견해(계금취견) 등 5가지로 나누어진다.
이를 차례로 살펴보자.

'탐하는 마음작용(貪, rāga)'은 어떤 대상에 대해 집착하여 지나치게
욕심을 부리는 마음의 작용이다. 좋아하는 대상을 자신의 것으로
만들고 싶어 하는 마음의 작용이다. 탐하는 마음은 정서작용으로
볼 수 있다.

'화내는 마음작용(瞋, pratigha, dvesa)'은 자신의 마음에 들지 않을
때 분노하는 마음의 작용이다. 자신이 갖고 싶어 하는 대상이 다른
사람의 소유물이 되었을 때, 또는 상대방이 자기 뜻대로 움직여 주지
않을 때 화를 내는 마음을 말한다. 이 마음의 작용도 정서에 해당한다.

'어리석은 마음작용(무명, avidyā)'은 세상의 이치나 도리에 대해
정확하게 이해하지 못하는 마음의 작용이다. 불교적으로 말하면 붓다

수 있다. 따라서 필자는 '후회(惡作)', '거친 사유작용(尋)', '세밀한 사유작용(伺)'을
긍정적 인지와 부정적 인지 양쪽 모두에 속하는 것으로 분류하였다.

의 가르침인 무아·공·연기·사성제 등의 진리를 이해하지 못하는 어리
석은 마음의 작용을 말한다. '어리석은 마음작용'은 모든 번뇌의 근원이
된다. 사태를 정확히 인지하지 못하는 마음으로 윤회의 세계를 맴돌게
되는 근본이 된다. 따라서 부정적 인지에 해당한다.

'자신이 타인보다 뛰어나다고 여기는 마음작용(慢, māna)'은 다른
사람과 비교하여 자기를 높이려는 작용이다. 비교한다는 것은 나
자신과 타인에 대해 생각하고 판단하고 둘을 견주어 보는 것이다.
이를 기반으로 자신이 다른 사람보다 우월하다고 생각한다. 따라서
이것은 부정적 인지에 해당한다고 볼 수 있다.

'의심하는 마음작용(疑, vicikitsa, vicikitsā)'은 진리(사성제나 세상의
도리) 자체를 의심하는 것이다. '의심'이란 확실히 알 수 없거나 믿지
못해서 나타나는 마음의 작용이다. 무명으로 마음이 가려서 사태를
있는 그대로 보지 못하기 때문에 진리에 대해 확실히 이해할 수 없는
것이다. 따라서 이것은 부정적 인지로 분류된다.

'올바르지 않은 견해(不正見, mithyā-dṛṣṭi)'는 진리에 대해 잘못된
생각을 일으키는 것이다. 이 견해는 사물을 있는 그대로 보지 못하게
하여 괴로움을 일으키는 마음의 작용이다. 부정적 인지로 분류할
수 있다. 유식학에서는 '잘못된 견해'를 다음과 같이 5가지로 세분한다.

먼저 '살가야견(薩迦耶見, satkāya dṛṣṭi)'은 '존재하다'를 의미하는
사트(sat), '몸'을 의미하는 카야(kāya)를 한자로 음역한 '살가야'와,
'보다'를 의미하는 드리스티(dṛṣṭi)를 한자 '견'으로 번역한 것이다.
'몸이 존재한다고 집착하는 견해'를 뜻하며 유신견有身見으로 한역한
다. 나를 구성하는 오온이 영원히 존재한다고 생각하고 이에 대해

집착하여 생기는 번뇌를 말한다. 우리는 대부분 나 자신이 영원히 존재할 것이라고 착각하며 살아간다. 나의 몸이 항상 젊고 건강하며 아름다울 것이라는 기대를 하고 그렇게 만들며 살아가려고 집착한다. 이러한 견해를 일으키는 것이 '살가야견'이라고 한다.

다음은 '극단으로 치우친 견해(邊執見, anta-grāha dṛṣṭi)'이다. 우리가 죽으면 모두 사라진다는 단멸론斷滅論, 또는 영혼이 있어서 영원히 존재한다는 상주론常住論에 집착하는 견해이다. 이러한 견해는 붓다가 존재할 당시에도 있었다. 붓다는 이와 같은 극단적인 견해에 대해 중도中道적 관점을 제시한다. 모든 것은 연기의 원리에 따라 존재할 뿐임을 중도의 관점에서 설명한다.

다음은 '잘못된 견해(邪見, mithyā dṛṣṭi)'이다. 이것은 연기 또는 인과의 도리를 인정하지 않는 견해를 말한다. 불교의 진리에 대한 잘못된 견해를 말한다. 앞에서 말한 단멸론이나 상주론이 진리라고 믿고, 연기의 진리를 인정하지 않는 것을 말한다.

다음은 '자신의 견해를 고집하는 마음작용(見取見, drstiparāmarśa dṛṣṭi)'이다. 이것은 자신의 견해만이 절대적으로 올바르다고 생각하는 것이다. 어르신들이 살아오면서 옳다고 생각한 것을 젊은이들에게 훈계하며 강요하는 것이 그 예가 될 것이다. 시대가 변했기 때문에 일을 해결하는 방법도 달라졌음을 인식하고 유연하게 대처하는 것이 필요하다. 그렇게 하지 않으면 자신뿐만 아니라 타인을 괴롭히게 된다. 견취견은 세대 간의 갈등을 유발하는 인지작용이 될 수 있다.

다음은 '자신이 믿고 있는 계율이 가장 뛰어난 것이라고 여기고 집착하는 견해(戒禁取見, śīla-vrata-parāmarśa dṛṣṭi)'이다. 이것은 자신이 믿고 있는 계율이 잘못된 계율임에도 불구하고 가장 뛰어나다고 생각하고 그것에 집착하는 것이다. 불교에서는 자이나교도들이 극도의 고행을 통해 해탈에 이를 수 있다고 믿고 따르는 것을 '자신이 믿고 있는 계율이 가장 뛰어난 것이라고 여기고 집착하는 견해'라고 본다. 자이나교 수행자들은 자신의 머리를 뜯어내는 극도의 고행을 하면서도 그것에 대해 고통을 느끼지 않는 것을 높은 수행의 경지에 이르렀다고 여긴다. 반면 불교에서는 고행과 쾌락을 떠난 중도의 견지에서 계율을 지키는 것을 지향하고 있다.

이상에서 살펴보았듯이, '번뇌의 마음작용' 가운데 탐하는 마음작용과 화내는 마음작용을 제외한 나머지는 모두 '부정적 인지작용'의 양상을 보여주고 있다.

(2) 다른 번뇌와 공통점이 적은 번뇌의 마음작용(소수번뇌심소)

'부차적 번뇌의 마음작용(수번뇌심소)'은 '번뇌의 마음작용(탐냄, 화냄, 어리석음, 자신을 높임, 의심, 올바르지 않은 견해)'을 따라 일어난 번뇌를 말한다. '부차적 번뇌의 마음작용(수번뇌심소)'은 독립적으로 작용하지 않고, '번뇌의 마음작용'과 함께 작용한다.

'부차적인 번뇌의 마음작용'은 다시 '다른 번뇌와 공통점이 적은 번뇌의 마음작용(소수번뇌심소小隨煩惱心所)', '오염된 마음의 일부와 함께 작용하는 번뇌의 마음작용(중수번뇌심소中隨煩惱心所)', '오염된 마음과 함께 작용하는 번뇌의 마음작용(대수번뇌심소大隨煩惱心所)' 등 3가지로 나누어진다.

이 가운데 '다른 번뇌와 공통점이 적은 번뇌의 마음작용(소수번뇌)'은 앞에서 설명했듯이, 독자적인 성격이 매우 강한 번뇌를 말하는 것으로서 결코 약한 번뇌를 의미하는 것이 아니다.

여기에는 분노의 마음(忿), 원한의 마음(恨), 심하게 욕하거나 꾸짖는 마음(惱惱), 잘못을 숨기려는 마음(부覆), 속이려는 마음(誑), 아첨하는 마음(諂), 잘난 척하며 뽐내는 마음(憍), 해치는 마음(害), 질투하는 마음(嫉), 인색한 마음(간慳) 등이 있다.

이 가운데 분노의 마음(忿), 원한의 마음(恨), 잘난 척하며 뽐내는 마음(憍), 해치는 마음(害), 질투하는 마음(嫉), 인색한 마음(간慳)은 앞의 「2. 정서의 분류」에서 부정적 정서로 분류되었다. 이외에 필자는 심하게 욕하거나 꾸짖는 마음(惱惱), 잘못을 숨기려는 마음(부覆), 속이려는 마음(誑), 아첨하는 마음(諂)을 부정적 인지작용으로 분류한다.[84]

(3) 오염된 마음과 함께 작용하는 번뇌의 마음작용(대수번뇌심소)

'오염된 마음과 함께 작용하는 번뇌의 마음작용(대수번뇌심소)'은 오염된 마음(염심染心, akuśala-citta)에 두루 존재하는 '부차적 번뇌의 마음작용'이다. '오염된 마음'이란 '번뇌로 더럽혀진 마음'을 말한다. '오염된 마음과 함께 작용하는 번뇌의 마음작용(대수번뇌심소)'은 번뇌에 물든

---

[84] 한편 '오염된 마음의 일부와 함께 작용하는 번뇌의 마음작용(중수번뇌심소)'은 착하지 않은 마음속에 널리 퍼져 있는 부차적 번뇌(수번뇌)이다. 여기에는 죄를 짓고 양심에 비추어 참회하지 않음(무참無慚)과 다른 사람의 눈을 의식하지 않고 부끄러워하지 않는 마음작용(무괴無愧)이 있다. 이것은 앞의 「2. 정서의 분류」 2) (3). '오염된 마음의 일부와 함께 작용하는 번뇌의 마음작용(중수번뇌심소)'에서 살펴본 바와 같이 모두 부정적 정서로 분류된다.

모든 마음과 언제나 함께 일어나는 '부차적 번뇌의 마음작용'이다. 이 때문에 '대大'라는 말을 사용하여 이름을 붙였다고 한다.

특히 유식학에서는 4성(선, 불선, 유부무기, 무부무기) 중에서 '선하지 않음(불선)'과 '유부무기'만을 합쳐서 '오염된 마음'이라고도 한다. 여기서 '유부무기'는 '유부(더러움으로 덮여 있는 것)'이지만 '무기(선도 불선도 아닌 것)'이다.

모든 번뇌의 마음작용은 제6의식과 작용을 하는데, 특히 '오염된 마음과 함께 작용하는 번뇌의 마음작용(대수번뇌심소)'은 제6의식과 함께 작용할 뿐만 아니라 집요하게 자아에 집착하는 제7말나식과도 함께 작용하는 것으로 알려져 있다. 『성유식론』에서 기술하고 있듯이, '오염된 마음과 함께 작용하는 번뇌의 마음작용(대수번뇌심소)'은 '오염된 마음에 두루하기 때문에' 말나식과 함께 작용한다. 왜냐하면 말나식은 알라야식을 대상으로 자신이 영원히 존재한다고 여기고 집착하는 '오염된 마음'이기 때문이다.

'오염된 마음과 함께 작용하는 번뇌의 마음작용(대수번뇌심소)'에는 불교의 진리를 믿지 않는 마음(불신), 게으른 마음(해태), 거리낌 없이 아무렇게 하는 마음(방일), 푹 가라앉은 마음(혼침), 들뜬 마음(도거), 기억하지 못하는 마음(실념), 올바르게 알지 못하는 마음(부정지), 산만한 마음(산란)이 있다. 이 가운데 '부정적 인지작용'으로 분류할 수 있는 것은, 기억하지 못하는 마음(실념)과 올바르게 알지 못하는 마음(부정지)라 할 수 있다. 불교의 진리를 믿지 않는 마음(불신), 게으른 마음(해태), 거리낌 없이 아무렇게 하는 마음(방일), 우울한 상태로 푹 가라앉은 마음(혼침) 그리고 들떠 있는 마음(도거)은 앞의

「1장 정서작용」에서 살펴본 바와 같이 부정적 정서로 분류한다.

'부정적 인지작용'으로 볼 수 있는 '기억하지 못하는 마음작용(실념失念, muṣitasmṛtitā)'은 번뇌가 두터워서 진리를 듣고도 그것을 떠올려서 기억하지 못하는 것을 말한다.

그리고 '올바르지 않은 인식(부정지不正知, asaṃprajanya)'는 반드시 알아야 할 대상에 대해 잘못된 인식을 하는 마음의 작용이다. 즉 불교에서 제시하고 있는 무상·공·무아를 바르게 알지 못하는 것이다.

〈도표 2-11〉【부정적 인지】

부정적 인지	
번뇌의 마음작용(번뇌심소)	어리석은 마음작용(無明), 자신이 타인보다 뛰어나다고 여기는 마음작용(慢), 의심하는 마음작용(疑), 올바르지 않은 견해(不正見, 나는 영원히 존재한다고 여기고 집착하는 견해, 극단으로 치우친 견해, 연기나 사성제를 인정하지 않는 견해, 자신의 견해만 옳다고 여기는 견해, 자신이 믿고 있는 계율이 가장 뛰어나다고 여기고 집착하는 견해)
다른 번뇌와 공통점이 적은 번뇌의 마음작용(소수번뇌심소)	심하게 욕하거나 꾸짖는 마음(뇌惱), 잘못을 숨기려는 마음(부覆), 속이려는 마음(誑), 아첨하는 마음(諂)
오염된 마음과 함께 작용하는 번뇌의 마음작용(대수번뇌심소)	기억하지 못함(失念), 올바르게 알지 못하는 마음(不正知)
정해지지 않은 마음작용(부정심소)	후회(惡作), 대략적인 사유(尋), 세밀한 사유(伺)

3부

. . .

치유를 통한
건강한 몸과 마음

일상에서 누구나 경험하듯이 불안, 초조, 공포, 우울과 같은 부정적 감정은 몸을 피곤하게 한다. 불안감으로 에너지를 소모하거나 우울증으로 마음이 푹 가라앉게 되면 이러한 상태를 벗어나기가 쉽지 않다. 따라서 삶에 대한 의욕이 점점 사라져서 정상적인 생활이 어려워지게 된다. 이처럼 부정적 정서는 몸의 균형을 깨트리고 건강을 잃게 되는 결과를 낳는다.

　본 논의에서는 몸과 마음의 병리적 현상을 건강한 상태로 변화시키는 치유에 대해 살펴보고자 한다. 이를 위해 우선 1장에서는 부정적 정서가 무상함을 통찰하는 유식학의 수행관을 살펴본다. 특히 부정적 정서를 순화하는 방법으로, 수행5위 가운데 첫 단계인 자량위에서 이루어지는 '선한 마음'을 기르고 닦는 것에 주안점을 두고 고찰할 것이다. 이와 함께 미국의 현대심리학자인 칼 로저스(Carl Ransom Rogers, 1902~1987)의 3가지 핵심 조건(공감, 무조건적 존중, 일체감 혹은 진실함)이 탐냄·성냄·어리석음을 순화하는 치유조건이 됨을 살펴본다. 그리고 '선한 마음작용'을 길러 부정적 정서를 순화하는 과정에 칼 로저스의 3가지 핵심 조건을 응용해 본다. 더불어 허버트 벤슨(Herbert Benson, 1935~)의 '이완반응(Relaxation Response)'이 부정적 정서를 완화하는 과정을 살펴본다.

1장 부정적 정서의 순화

1. 부정적 정서의 무상함을 통찰

1) 드러나지 않고 숨어 있는 번뇌의 씨앗

부정적인 마음은 대부분 현재 자신의 상황에 대한 불만족, 기대에 미치지 않는 결과에서 생겨난다. 사람들은 자신의 욕망을 충족시키지 못했을 때 생겨난 이러한 경험이 시간이 지나면 사라지리라 여긴다. 하지만 마음 어딘가에 남아 있다가 문득 명확히 떠오르는 경험을 누구나 했을 것이다. 예를 들어 무척 갖고 싶었던 스마트폰이나 옷, 신발 등을 사려고 했을 때 누군가가 이미 사버려서 자신은 그것을 소유할 수 없었다고 생각해 보자. 그때 허전함이 밀려오고 '조금 더 일찍 구매했어야 했는데…'라는 생각과 함께 아쉬움, 초조함, 분노 등 복잡한 감정이 생겨날 것이다. 이후 시간이 흘러 그러한 경험 내용은 사라진 것 같지만, 인터넷이나 대중매체에서 내가 탐내던 스마트폰을 보았을 때, 아쉬웠던 경험이 떠오르고 다시 구매하고 싶다는 욕망이 생긴다. 이때 자신의 마음을 잘 들여다보면, 마음속에 탐욕, 성내는 마음이 있음을 자각하게 된다.

유식학에서는 이런 현상을 알라야식 속에 존재하는 '종자'가 명백하게 드러나는 것으로 설명한다. 모든 마음의 작용은 마음 깊은 곳에 존재하는 알라야식 속에 저장되어 잠재해 있다가 인연에 따라 의식의 층으로 나타나게 된다는 것이다. 앞에서 살펴보았던 51가지 마음작용(심소) 또한 마음 깊은 곳에 드러나지 않게 존재하던 '종자'가 명확하게 드러난 것으로 볼 수 있다. 특히 유식학에서는 혼란스럽고 불편한 마음의 작용을 '번뇌의 마음작용(번뇌심소)'라고 표현하고 이와 함께 '부차적인 번뇌의 마음작용(수번뇌심소)'을 자세히 분류하였다. 이 '번뇌의 마음작용'은 제8알라야식에 드러나지 않고 숨어 있던 '종자'가 드러난 것이다. 이 '번뇌의 마음작용'은 인간을 헛갈리고 몽롱한 상태에 놓이게 한다.

'번뇌의 마음작용'에는 어떤 것을 탐하는 마음(貪), 마음대로 대상이 움직여주지 않을 때 성내는 마음(瞋), 어리석은 마음(無明), 자신을 높이는 마음(慢), 의심하는 마음(疑), 올바르지 않은 견해(不正見) 등이 있다. 이 '번뇌의 마음작용'들은 알라야식에 존재하면서 외부에서 자극이 올 때 마음에 뚜렷하게 나타난다.

그리고 이 '번뇌의 마음작용'에 따라 나타나는 '부차적인 번뇌의 마음작용(수번뇌)'이 있다. 여기에는 앞에서 살펴본 바와 같이 번뇌의 특성에 따라 '다른 번뇌와 공통점이 적은 번뇌의 마음작용(소수번뇌심소)', '오염된 마음의 일부와 함께 작용하는 번뇌의 마음작용(중수번뇌심소)', '오염된 마음과 함께 작용하는 번뇌의 마음작용(대수번뇌심소)'

으로 분류된다. '부차적인 번뇌의 마음작용'은 '번뇌의 마음작용'에
따라 나타나기 때문에, '번뇌의 마음작용'이 소멸되면 같이 사라진다고
한다.

다른 번뇌와 공통점이 적은 번뇌의 마음작용(소수번뇌심소)

① 분노(忿) : 격렬하게 분노하는 마음작용

② 원한(恨) : 오랫동안 원한을 품는 마음의 작용

③ 폭언(惱) : 심하게 욕하거나 꾸짖는 마음의 작용

④ 감춤(覆) : 자신의 잘못을 숨기려는 마음의 작용

⑤ 속임(誑) : 자신의 이익을 위해 타인을 속이려는 마음의 작용

⑥ 아첨(諂) : 아첨하는 마음의 작용

⑦ 교만(憍) : 자신의 잘됨을 잘난 척하며 뽐내는 마음의 작용

⑧ 해침(害) : 남을 해치고자 하는 마음의 작용

⑨ 질투(嫉) : 질투하는 마음의 작용

⑩ 인색(慳) : 타인에게 인색한 마음의 작용

오염된 마음의 일부와 함께 작용하는 번뇌의 마음작용(중수번뇌심소)

① 참회하지 않음(無慚) : 자신과 진리에 대해 되돌아보지 않고 부끄
러움을 느끼지 않는 것. 자기 양심에 비추어 반성하는 마음이
없는 것.

② 부끄러움이 없음(無愧) : 자신의 잘못에 대해 타인에게 부끄럽게
생각하지 않는 것.

오염된 마음과 함께 작용하는 번뇌의 마음작용(대수번뇌심소)

① 믿지 않음(不信) : 진리를 믿지 않는 마음의 작용

② 게으름(懈怠) : 게으른 마음의 작용. 선을 닦고 악을 방지하는
데 용맹정진하지 않는 마음작용

③ 멋대로 함(放逸) : 탐심, 성냄, 어리석음에 의해 생겨난 번뇌로
거리낌 없이 아무렇게 하는 마음작용

④ 무기력함(惛沈) : 푹 가라앉아 무기력하고, 몽롱한 상태의 마음
작용

⑤ 들뜬 상태(掉擧) : 들뜨고 흥분한 마음의 작용

⑥ 기억하지 못함(失念) : (붓다의 가르침을) 기억하지 못하는 마음
의 작용

⑦ 바르게 알지 못함(不正知) : 잘못 알고 있는 마음의 작용

⑧ 산만함(散亂) : 대상이 정해지지 않고 산만한 마음의 작용

이상에서 살펴보았듯이 '번뇌의 마음작용(번뇌심소)'과 '부차적인
번뇌의 마음작용(수번뇌심소)'은 일상에서 우리의 마음을 혼란스럽게
하고 괴롭게 하는 요인이다. 『유가사지론』 제89권에서도 '번뇌의 마음
작용'의 특성을 '얽어매는 성질'로 표현하고 있다. 모든 번뇌는 마음을
구속하는 성질을 가지고 있다고 한다. 따라서 알라야식에 존재하던
번뇌종자가 마음속에 떠오르면 그 마음은 번뇌로 인해 중생의 마음으
로 살아가게 된다고 한다.[1]

---

1 『瑜伽師地論』 제89권(T30, 803b03-11).

2) 탐욕·성냄·어리석음을 따라 나타나는 부정적 정서

(1) 인도불교경전의 탐욕·성냄·어리석음

앞에서 살펴본 바와 같이 '부차적인 번뇌의 마음작용(수번뇌심소)'은
일상에서 누구나 경험하는 부정적 정서와 부정적 인지이다. 이것은
그 각각의 특징에 따라 '번뇌의 마음작용(번뇌심소)'에 부응하여 나타난
다. 특히 『성유식론』에서는 근본번뇌인 탐심·성냄·어리석음에 의거
하여 20가지 '부차적인 번뇌의 마음작용'을 분석하고 있다.[2] 탐심·성
냄·어리석음은 '출세간에 이르는 선한 마음'이 일어나는 것을 방해하
는 작용을 한다. 따라서 이 3가지는 수행에 방해가 되는 근본요인으로
분류되고 있다. 삼독三毒이라고 불리기도 한다.[3]

탐심·성냄·어리석음은 수행에서 그 비중이 크기 때문에 초기불교,
부파불교, 유식학의 경전 및 논서에서 계속 언급되어 왔다. 이에 대해
좀 더 자세히 살펴보자.

우선 초기불교에서는 수행에 장애가 되는 요인을 5가지 덮개(五蓋,
pañca nīvaraṇāni)와 10가지 족쇄(十結, dasa-saṁyojana)로 분류한다.
3가지 독(三毒) 가운데 탐냄과 성냄은 5가지 덮개(五蓋)에 속하는
것으로 정의된다. 5가지 덮개에는 탐욕貪欲, 분노(瞋恚), 수면睡眠,
도회掉悔, 의심(疑)이 있다. 탐욕은 재물·색욕·식욕·명예욕·수면욕
에 집착하는 것을 말하며, 분노는 성내는 것이다. 수면은 마음을 무겁게
하는 것이며, 도회는 마음이 불안하고 자신이 행한 것에 대해 후회하는
것이다. 의심은 진리를 믿지 못하고 이상하게 여기는 것이다.[4] 한편

---

2 『成唯識論』제6권(T31, 33b1-35b22).

3 『大乘義章』제5권(T44, 565a15-18).

10가지 족쇄(十結)에는 탐내는 마음과 어리석은 마음이 포함되어 있다. 10가지 족쇄에는 낮은 단계의 5가지 족쇄(오하분결五下分結)와 높은 단계의 5가지 족쇄(오상분결五上分結)가 있다. 낮은 단계의 5가지 족쇄에는 나는 영원히 존재한다고 여기고 집착하는 견해(유신견), 의심, 올바르지 못한 계율과 의례에 대한 집착(계금취견), 감각적 쾌락에 대한 욕망, 악의(분노, 적대감) 등이 속해 있다. 높은 단계의 5가지 족쇄에는 색계에 대한 탐욕, 무색계에 대한 탐욕, 자만, 들뜸, 무명 등이 있다.[5]

다음은 부파불교 설일체유부의 주요 논서인 『아비달마구사론』에서 3가지 독은 어떻게 분류되는지 살펴보고자 한다. 이를 위해 우선 설일체유부의 마음에 대한 분류법을 간단히 고찰해 보자. 앞에서 언급했듯이 설일체유부는 일체를 5위75법으로 분류하고 있다. 그리고 마음을 '마음의 법(심법心法)'과 '마음작용의 법(심소법心所法)'으로 분류한다.[6] '마음의 법'은 심왕으로서 인식의 주체를 말한다. 여기에는 전5식(前五識, 안식·이식·비식·설식·신식)과 제6의식第六意識이 있다. 그리고 '마음작용의 법(심소법)'은 심왕에 의지해서 나타나는 것을 말한다. 이것은 다시 6가지로 분류되고 있다. 일체의 마음과 두루

---

4 『雜阿含經』 第26卷 第707經 「障蓋經」(T02, 189c).

5 AN, X:13.

6 『阿毘達磨俱舍論』은 4세기 인도의 세친(世親, 316~396?)이 지은 저서이다. 세친은 이 책에서 설일체유부의 교학 체계를 비판적으로 집대성하였다. 또한, 세친은 유식학의 『유식삼십송』, 『유식이십론』과 같은 저서를 짓기도 하였다(이종철, 『구사론 계품·근품·파아품 -신도 영혼도 없는 삶』, 한국학중앙연구원출판부, 2015, pp.5~6.).

함께 일어나는 마음작용(대지법大地法), 선한 마음에서 항상 발견되는
마음작용(대선지법大善地法), 오염된 마음에서 항상 발견되는 마음작용
(대번뇌지법大煩惱地法), 악한 마음에서 항상 발견되는 마음작용(대불선
지법大不善地法), 특정한 오염된 마음에서 발견되는 마음작용(소번뇌지
법小煩惱地法), 어떠한 마음과도 함께 생겨날 수 있는 마음작용(부정지법
不定地法)이 그것이다.[7]

　'일체의 마음과 두루 함께 일어나는 마음작용(대지법)'은 일체의
마음(전6식)과 '두루 함께(大)' 일어나는 마음작용(심소법)을 말한다.
여기에는 느낌(受), 대상을 마음속에 나타내는 작용(想), 의지(思),
감촉(觸), 마음을 모으는 작용(作意), 욕망(欲), 뛰어난 이해(勝解),
기억(念), 삼매(定), 지혜(慧) 등이 있다.

　'선한 마음에서 항상 발견되는 마음작용(대선지법大善地法)'은 일체의
선한 마음과 '두루 함께(大)' 일어나며, 따라서 선한 마음에서 '항상'
발견되는 '마음작용(심소법)'을 말한다. 여기에는 믿음(信), 멋대로
하지 않음(不放逸), 몸이나 마음이 가볍고 편안함(輕安), 평온(捨),
참회(慚), 부끄러워함(愧), 탐내지 않음(無貪), 화내지 않음(無瞋),
해치지 않음(不害), 노력(勤) 등이 있다.

　'오염된 마음에서 항상 발견되는 마음작용(대번뇌지법大煩惱地法)'은
번뇌에 물든 마음속에 항상 존재하는 법을 의미한다. 여기에는 어리석
음(癡), 거리낌 없이 아무렇게 함(放逸), 게으름(懈怠), 불교의 진리를

---

7 『阿毘達磨俱舍論』第4卷(T29, 19a06-10), "向言心所. 何者是邪. 頌曰. 心所且有五
　大地法等異 論曰. 諸心所法且有五品. 何等爲五. 一大地法. 二大善地法. 三大煩惱
　地法. 四大不善地法. 五小煩惱地法."

믿지 않음(不信), 몽롱함(昏沈), 들뜸(掉擧) 등이 있다.[8]

　'악한 마음에서 항상 발견되는 마음작용(대불선지법大不善地法)'은 일체의 선하지 않은 마음, 즉 악한 마음(6식, 즉 심왕, 즉 심법)과 '두루 함께' 일어나며, 따라서 악한 마음에서 '항상' 발견되는 '마음작용'을 말한다. 여기에는 죄를 짓고 참회하지 않음(無慚), 부끄러워하지 않음(無愧) 등이 있다.

　'특정한 오염된 마음에서 발견되는 마음작용(소번뇌지법小煩惱地法)'은 특정한 오염된 마음에서만 발견되는 '마음작용'을 말한다. '소小'는 '심하지 않은 번뇌'를 의미하는 것이 아니다. '소'는 해당 마음작용이 오염된 마음과 '두루 함께(大)' 일어나는 것이 아니라, 적합한 인연이 갖추어졌을 때만 해당 마음작용이 비로소 '개별적으로(小)' 일어난다는 것을 의미한다. 여기에는 분노(忿), 잘못을 숨김(覆), 인색(慳), 질투(嫉), 심하게 욕하거나 꾸짖음(惱), 해침(害), 원한(恨), 아첨(諂), 속임(誑), 잘난 척하며 뽐냄(憍) 등이 있다.

　'어떠한 마음과도 함께 생겨날 수 있는 마음작용(부정지법不定地法)'은 선·불선·무기의 어떠한 마음과도 함께 생겨날 수 있는 '마음작용'을 말한다. 여기에는 거친 추리작용(尋), 세밀한 추리작용(伺), 억압으로 가위눌린 마음(睡眠), 그릇된 일을 한 것을 후회(惡作), 탐욕(貪), 성냄(瞋), 자신이 타인보다 뛰어나다는 마음(慢), 불교의 진리를 의심(疑) 등이 있다.

---

8 『阿毘達磨俱舍論』第4卷(T29, 19b28-c03), "大煩惱法地名大煩惱地. 此中若法大煩惱地所有名大煩惱地法. 謂法恒於染汚心有. 彼法是何. 頌曰. 癡逸怠不信惛掉恒唯染."

이상에서 살펴보았듯이 『아비달마구사론』에서는 탐심·성냄·어리석음 가운데 '어리석음(癡)'이 '오염된 마음에서 항상 발견되는 마음작용(대번뇌지법)'으로 분류되고 있다. 그리고 '탐냄과 성냄(貪·瞋)'은 '어떠한 마음과도 함께 생겨날 수 있는 마음작용(부정지법不定地法)'으로 분류되고 있다.

한편 유식학에서는 탐냄·성냄·어리석음이 번뇌의 마음작용(번뇌심소煩惱心所)에 속하는 것으로 본다. 앞에서 살펴보았듯이 번뇌의 마음작용에는 탐욕(貪), 성내는 마음(瞋), 자신이 타인보다 뛰어나다고 여기는 마음(慢), 어리석은 마음(無明), 불교의 진리를 의심하는 마음(疑), 올바르지 않은 견해(不正見) 등이 있다.

(2) 탐욕·성냄·어리석음과 번뇌의 마음작용

유식학 논서인 『성유식론』 제6권에서는 앞에서 소개한 20가지 '부차적인 번뇌의 마음작용(수번뇌심소)'이 탐냄·성냄·어리석음에 기반을 두고 생겨난다고 분석하고 있다. 본 논의에서는 『성유식론』에 따라, 탐욕·성냄·어리석음을 기준으로 '부차적인 번뇌의 마음작용(수번뇌심소)'을 분류해 본다.

① '탐내는 마음작용'을 따라 나타나는 '부차적인 번뇌의 마음작용'
'탐내는 마음작용'을 따라 나타나는 '부차적인 번뇌 마음작용'에는 우선 '들뜬 마음작용(도거掉擧)'이 있다. 우리는 과거의 즐거웠던 일을 생각할 때 마음이 차분하기보다는 고양된다. 또는 자신이 원하던 것을 가졌을 때, 들뜬 마음의 상태가 된다. 이 경험에 비추어 볼 때, '들뜬

마음'은 원하는 것 곧 '탐하는 마음작용'에 따라 나타난다는 것을 알 수 있다. 하지만 『성유식론』에 따르면 '들뜬 마음'은 오직 '탐내는 마음작용'만을 따라 나타나는 것은 아니다. 예컨대 수행할 때 미세한 불안감으로 들뜬 상태가 생기기도 하며, 번뇌로 마음이 안정되지 않은 상태(들뜬 마음)가 나타나기도 한다. 곧 『성유식론』에서는 '들뜬 마음작용'이 오염된 마음에 두루 작용하면서 나타난다고 설해진다.

'인색한 마음작용(慳)'은 재물이나 대상에 대해 만족할 줄 모르고 집착해서 베풀지 않는 마음이다. 아끼는 마음이다.[9] 탐욕으로 인해 나타나는 현상이다.

'속이는 마음작용(誑)'은 이익과 명예를 얻기 위해 교묘하게 속이는 마음이다. 자신이 특히 좋아하는 것을 얻기 위해 다른 사람의 마음을 혼란스럽게 하는 것이다. 이를 통해 볼 때 '속이는 마음작용'은 '탐욕'에 따라 나타나는 현상임을 유추할 수 있다. 이외에도 타인을 속인 이후에 그 사실이 밝혀져서 오히려 자신의 명예가 실추될 수 있다는 것을 알지 못하고 '속이는 마음작용'을 일으켰다는 점에서, 이것은 '탐심'뿐만 아니라 '어리석음(치)'으로 생겨나는 것이라고 설해진다.

'아첨하는 마음작용(諂)'은 남을 끌어들이기 위해 교묘하게 진실하지 않은 행동을 하고 자신을 굽히는 마음작용을 말한다. 아첨하는 사람은 적절한 시기에 따라 교묘하게 방편을 만들어 남의 마음을 사로잡고자 한다. 혹은 자기의 과실을 감추기 위해 바른 가르침을 따르지 않는다. 따라서 '탐심'에 따라 나타나는 마음의 작용으로 분류되

---

9 『成唯識論』 제6권(T31, 33c1-4).

고 있다.

'교만한 마음작용(憍)'은 자신이 잘한 일에 대해 깊이 탐착하는 마음
을 일으켜, 뽐내며 방자하게 구는 마음이다.

'부끄러워하지 않는 마음작용인 무참無慚과 무괴無愧'는 자신에게
이로운 것을 하고 타인에게 손해를 끼치는 작용을 하지만, 이러한
자신의 마음에 대해 부끄러움이 없는 것을 말한다. '부끄러워하지
않는 마음작용'도 '탐욕'에 의해 생겨난다고 한다.

②'성내는 마음작용(瞋)'을 따라 나타나는 '부차적인 번뇌의 마음작용'
'번뇌의 마음작용'인 '성내는 마음작용'을 따라 나타나는 '부차적인
번뇌의 마음작용'에는 우선 '분노하는 마음작용(忿)'이 있다. 유식학에
서는 '분노하는 마음'이 '성내는 마음(진)'에 따라 생겨난다고 한다.

'원한(恨)'은 이전에 억울하고 원통한 일을 당하여 '성내는 마음'이
있었기 때문에 그것을 품고 버리지 않아서 생겨나는 작용으로 분류
된다.

'질투嫉妬'하는 마음 또한 근본번뇌 가운데 '성내는 마음작용(진)'으
로부터 생겨난다고 본다. '질투'는 『성유식론』에 따르면 "자신의 명예
와 이익을 지나치게 구하여, 남이 잘되는 것에 대해 참지 못하고 시기
하는 것이다. 질투하는 사람은 남이 잘되는 것에 대해 보거나 듣고서,
깊이 애를 태우거나 불안을 느낀다. 따라서 편안하지 않다. (질투는)
'성내는 마음(진)'을 떠나서 따로 작용하지 않는다."[10] 유식학 논서인

---

10 『成唯識論』 제6권(T31, 33b26-c1).

『성유식론』에서는 일상에서 경험하는 질투심이 '근본번뇌' 가운데
하나인 '성내는 마음작용(진)'으로부터 생겨나는 것이라고 한다.

'폭언(恼)'은 이전에 화나고(분) 원통한(원한) 경험이 있어서 이에
따라서 사납고 맹렬하게 다투고 난폭하게 말하는 것을 말한다.

'해害를 끼치는 마음작용'은 생명을 가진 모든 존재를 불쌍히 여기지
않고 해를 끼치고 괴롭히는 것이다. 이것은 '성내는 마음작용(진)'에
따라 나타나는 것이라고 설해진다. 이를 통해서 살펴볼 때, 타인에게
해를 끼치는 마음을 일으키는 것은 이전에 그 사람으로부터 화나는
일을 당해서 그 보복으로 괴롭히려는 것이라고 해석해 볼 수 있다.

③ '어리석은 마음작용(癡)'을 따라 나타나는 '부차적인 번뇌의 마음작용'

'근본번뇌로 구성된 마음작용'인 '어리석은 마음작용(치癡)'을 따라
나타나는 '부차적인 번뇌의 마음작용'에는 우선 '감추는 마음작용(부
覆)'이 있다. 자신이 지은 죄로 인해 그동안 쌓아 놓은 이익과 명예를
잃을 것 같아서 감추는 것을 말한다. 그런데 '감추는 마음작용'은 '탐심'
에 따라 나타나기도 한다. 자신이 탐착하는 이익과 명예를 잃지 않으려
고 자신의 죄를 덮어두려는 마음이기 때문이다. 『성유식론』에서는
'탐심'과 '어리석음' 두 가지 중 '어리석음'이 더 두드러진다고 본다.
따라서 '감추는 마음작용'은 '어리석음'으로 인해 나타난다고 본다.[11]

'무기력한 마음작용(혼침惛沈)'은 모든 번뇌로 인해 나타나지만, 특히
'어리석은 마음작용'으로 인해 생긴다고 본다. '무기력한 마음작용'은

11 『成唯識論』 제6권(T31, 33b15-22).

일반적으로 마음이 가라앉은 상태를 말한다. 이것이 심해지면 의욕을 일으킬 수 없을 정도로 침울한 상태가 된다. 이것은 현대인들이 많이 앓고 있는 우울증을 말한다. 이 우울증은 심한 좌절을 경험했거나 사고로 인해 마음의 상처가 깊은 경우에 생겨난다. 특히 과거의 경험이 기억으로 떠올라 상처를 더욱 깊게 하므로 이를 극복하기 위해서는 현재의 마음에 집중하여 현상을 있는 그대로 보는 것이 필요하다. '무기력한 마음작용'은 상처로 생겨난 번뇌를 올바르게 통찰하지 못해서 어리석음의 상태가 계속 이어지기 때문에 나타나는 현상이라고 본다.

'기억하지 못하는 마음작용(실념失念)'은 '오염된 마음과 함께 작용하는 번뇌의 마음작용(대수번뇌심소)'으로서 인식대상에 대해 분명하게 기억할 수 없는 상태를 말한다. 곧 '근본번뇌'인 '어리석은 마음작용'이 기억하는 것을 방해하기 때문에 나타나는 마음의 한 현상이다.[12] 진리에 대해 바르게 기억하는 것을 방해하여 '산만한 마음작용(산란)'의 의지처가 된다.

'산만한 마음작용(산란散亂)'은 심왕을 방탕하게 하는 작용이라고 정의된다. '바른 삼매의 마음(定)'을 방해하여 그릇된 생각이 일어나게 하는 마음이다. '산만한 마음작용'은 『유가사지론』에서도 '어리석은 마음작용'으로 인해 나타난다고 본다.[13] 한편 『대승아비달마집론』에서는 탐욕·성냄·어리석음으로 인해 나타난다고 한다.[14]

---

12 『成唯識論』 제6권(T31, 33b22-28).
13 『瑜伽師地論』 제55권(T30, 604b).
14 『大乘阿毘達磨集論』 제1권(T31 665b).

'올바르게 알지 못하는 마음작용(부정지不正知)'은 '어리석은 마음'으로 인해 현상을 정확히 인식하지 못하는 것이다.

이상에서 살펴본 바와 같이 유식학의 『성유식론』에서는 '부정적 정서'와 '부정적 인지'가 탐욕·성냄·어리석음과 같은 '근본번뇌'로부터 생겨나는 것으로 분석한다. 마음의 작용에 대한 유식학의 분석은 우리 마음에 생겨나는 마음의 작용을 정확하게 이해하고 또한 그 근원까지 있는 그대로 통찰하게 한다. 따라서 이 방법은 마음을 치유하는 데 있어서 매우 중요하다.

〈도표 3-1〉【탐욕·성냄·어리석음과 부차적인 번뇌의 마음작용】

근본번뇌	부차적인 번뇌의 마음작용(수번뇌심소)
탐욕(탐)	들뜬 상태(도거掉擧), 인색(간慳), 속임(광誑), 아첨(첨諂), 교만(교憍), 참회하지 않음(무참無慚), 부끄러워하지 않음(무괴無愧)
성냄(진)	분노(분忿), 원한(한恨), 질투(질투嫉妬), 폭언(뇌惱), 해침(해害)
어리석음(치)	감춤(부覆), 무기력(혼침惛沈), 기억하지 못함(실념失念), 산만(산란散亂), 바르게 알지 못함(부정지不正知)

3) 수행을 통한 부정적 정서의 순화

(1) 탐욕·성냄·어리석음의 경험

사람들은 평소에 중요하다고 생각하는 대상이 나타나면 그것을 무심하게 지나치지 않는다. 마음 깊은 곳에서 그것을 소유하고 싶다는 마음 곧 탐심이 일어난다. 한편 열심히 생각해서 만들어 놓은 계획이 누군가의 방해로 어긋나 버릴 때 분노가 올라오는 현상을 느낄 수 있다.

또 다른 한편 친구가 자신을 도와주기 위해 노력을 많이 했다는 것을 나중에 듣고, 그 친구를 원망했던 것에 대해 스스로 어리석었음을 후회할 때도 있다. 이처럼 일반인들의 마음은 탐욕·성냄·어리석음을 따라 작용한다.[15]

유식학은 이러한 현상이 나타나는 근본원인이 알라야식에 존재하던 '번뇌종자'에 있다고 본다. 곧 어떤 대상에 대해 탐하는 마음은 마음 깊은 곳에 있던 '번뇌종자'가 명확하게 드러나면서 생겨난다고 한다. 곧 유식학에 따르면, 다른 사람들과 경쟁하여 자신의 것으로 만들고자 노력하고, 소유하지 못하면 더욱더 그 대상에 집착하게 되는 현상이 생긴다. 설사 그 대상을 소유하는 기쁨을 맛보았더라도 마음은 거기에 만족하지 않고 그것보다 더 크고 좋은 것을 추구한다. 번뇌로 물든 마음은 이처럼 계속 '탐욕'을 일으킨다.

(2) 부정적 정서에 대한 통찰

유식학에서는 번뇌를 순화하고 나아가 소멸할 수 있다고 본다. 번뇌는 모두 자신이 만들어 놓은 것이기 때문이다. 따라서 자신의 결심에 따라 그 '번뇌종자'를 없앨 수 있다고 한다. 그 방법으로 수행을 제안하고 있다. 즉 마음에 떠오른 대상과 그것을 바라보는 또 다른 마음을 깊이 성찰하고 나아가 이러한 과정을 반복해서 끈기 있게 진행하면, 결국 자신이 만든 번뇌를 소멸할 수 있다는 긍정적인 메시지를 유식학은 전하고 있다.

---

15 탐욕·성냄·어리석은 마음작용은 악을 일으키고 북돋우는 근본이 되기 때문에 '불선의 뿌리(不善根)'라고 한다(『成唯識論』 제6권〔T31, 30a21-23〕).

유식학 논서인 『성유식론』에 따르면 '탐욕'은 선한 지혜와 '탐욕이 없는 마음(無貪)'으로써 끊을 수 있다고 한다. 또한 '성내는 마음'은 선한 지혜와 '성냄이 없는 마음(無瞋)'으로써 끊을 수 있으며, '어리석음'은 선한 지혜와 '어리석음이 없는 마음(無癡)'으로써 끊어 낼 수 있다고 한다.[16]

'선한 마음작용(선심소)'에 속하는 '탐욕이 없는 마음(무탐)', '성냄이 없는 마음(무진)', '어리석음이 없는 마음(무치)'을 계속 길러서 이를 토대로 선한 지혜가 더욱 증가하면, 번뇌의 뿌리를 통찰하게 되고 나아가 탐진치의 소멸할 수 있다고 한다. 하지만 실제로 그것을 소멸하기란 쉽지 않다. 마음이 혼란스럽고 괴로워서 템플스테이를 신청하고, 그 프로그램에 따라 마음을 다스리는 수행을 진행하면 잠시 마음이 평온해지기도 한다. 산속에 있는 사찰에서 느끼는 편안함이 마음의 번거로움을 없애주기도 한다. 하지만 다시 집으로 돌아와 일상의 삶을 지내다 보면 마음은 다시 불편한 상태가 된다.

유식학에 따르면 이러한 현상이 나타나는 것은 '번뇌종자'가 강하게 알라야식 속에 뿌리를 박고 있어서 완전히 제거되지 않았기 때문이다. 마음에 명확하게 나타났던 '번뇌종자'가 잠시 가라앉은 것일 뿐, 완전히 사라진 것이 아니라는 것이다. 불교의 윤회관에 의하면 나의 마음에 있는 번뇌는 과거에 내가 만들어서 쌓아 놓은 것이다. 따라서 쉽게 제거되지 않는다. 최근에 생긴 상처는 약을 바르면 며칠 내에 낫지만 오래된 상처는 치료하는 시간이 오래 걸리듯이, 윤회의 삶 속에서

---

16 『成唯識論』 제6권(T31, 30a3-11).

마음속에 쌓였던 번뇌는 소멸하기가 쉽지 않다.

하지만 전혀 불가능한 것이 아님을 붓다는 보여준다. 즉 붓다가 오랜 시간 윤회의 세계를 거치면서도 결국 깨달음에 이르렀다는 것이 그 증거가 된다고 할 수 있다. 따라서 우선 필요한 것은 마음의 번뇌를 없애서 완전히 자유로운 경지에 도달하겠다고 마음을 일으키는 것, 곧 발심發心이다.

유식학에서는 불교의 진리를 믿고 자유로운 경지에 이르겠다고 마음을 일으키는 첫 단계를 '자량위資糧位'라고 한다. 본격적으로 수행에 들어가기 위해 준비하는 기간이다. 선한 마음을 반복해서 닦아 마음의 힘을 기르는 단계이다. 불교의 진리를 믿고 그것을 이해하기 위해 열심히 공부하는 사람은 '자량위'를 닦는 사람들이라고 할 수 있다. 예전과 다르게 현시대에는 마음만 일으키면 불교의 진리를 접할 기회가 많다. 사찰의 법회, 사찰 내에서 이루어지는 강연, 인터넷 등을 통해 접할 수 있으며, 나아가 대학에 입학해서 전문적으로 공부할 수도 있다. 다양한 정보를 쉽게 얻을 수 있는 시대가 되었다.

이러한 활동을 통해 '선한 마음(선심소)'의 '종자'를 알라야식에 심어 놓으면, 삶이 풍요로워지며 나아가 행복할 수 있다는 것이 유식학의 '자량위'에 담긴 의미이다. 사실 일상에서 믿음(신), 부끄러움(참·괴), 욕심을 내지 않는 것(무탐), 화내지 않는 것(무진), 현명한 마음(무치), 게으르지 않고 부지런히 정진하는 것(불방일), 해를 끼치지 않는 것(불해), 경쾌하고 편안한 상태(경안), 평정한 마음(행사) 등과 같은 '선한 마음'이 길러지면, 윤리적으로 바른 삶이 이어진다. 하지만 현실의 삶 속에서 이러한 힘을 기르는 것이 수월하지는 않다. 불교에서는 마음에 번뇌가 두껍게 쌓여 있어서 이것이 어려운 것이라고 한다. 이 번뇌는 무수한 인연으로 엮여 있는 삶 속에서 나도 모르게 또는 의도적으로 쌓은 결과로 본다. 따라서 번뇌를 정화하고 나아가 그것을 소멸하는 수행을 제안하고 있다.

불교는 '선한 마음'을 닦아 마음의 힘을 기르고, 이를 기반으로 번뇌 곧 '부정적 정서'와 '부정적 인지'를 순화할 수 있음을 보여준다. 그렇다면 불교에서 '부정적 정서'와 '부정적 인지'는 어떤 방법으로 순화된다고 보는가?

(3) 4가지 통찰(사심사관四尋思觀)에 의한 '부정적 정서·인지'의 순화

유식학의 관점에서 볼 때, '부정적 정서'와 '부정적 인지'는 알라야식에 '번뇌종자'가 쌓여 있던 것이 명확하게 드러난 것이다. 자신이 쌓아 놓은 '번뇌종자'가 인연에 따라 마음에 떠올라 자신을 혼란스럽게 하는 것이다. 하지만 스스로 그 번뇌를 잠재우는 힘이 생기면 이것을 조절할 수 있다. 곧 마음을 괴롭혔던 번뇌의 작용이 서서히 가라앉게 된다. 예를 들어 일상에서 자주 경험하게 되는 '불안(도거)'에 대해 생각해 보자. 불안은 약간 들뜬 마음이다. 너무 심한 불안은 일에 집중하지 못하게 하는 원인이다. 따라서 일의 결과도 좋지 않다. 나아가 불안이 계속 이어지면 건강한 생활을 할 수 없게 된다. 어떤 이는 불안을 없애기 위해 알코올에 의존하다가 결국 알코올에 중독되기도 한다. 하지만 불안을 자각하고 그 불안한 감정을 조절하는 것에 집중하면 마음이 편해지고 건강하게 살아갈 수 있다.

중요한 것은 마음에 나타난 '부정적 정서'인 불안을 자각하고 그것을 조절하는 능력을 기르는 것이다. 이를 위해 어떤 방법이 필요한지 유식학의 수행관을 통해 살펴보자.

유식학은 붓다의 본지를 이어받아 실체를 부정하는 무아관에 입각해서 마음을 분석하였다. 유식학은 부정적 감정이 영원히 존재하지 않음을 자각하는 과정을 거쳐 알라야식에 존재하는 미세한 번뇌를 완전히 소멸시키는 수행을 제안하고 있다.

유식학은 수행과정을 5단계로 구분한다. '자량위', '가행위', '통달위', '수습위', '구경위'가 그것이다. 이 5가지를 자세히 살펴보면, 단계마다 실천해야 할 내용이 가볍지 않다. 수행자는 마지막 단계인 '구경위'에 도달하기 위해 무수한 시간 동안 정진해야 한다.

본 논의에서는 이러한 것을 고려하면서, 우선 '부정적 정서·인지'를 조절하는 힘을 기르는 '자량위'를 간단히 고찰한다. 이어서 '부정적 정서·인지'의 본성을 꿰뚫어보는 '가행위'의 '4가지 통찰(4심사관)'과 '4가지 있는 그대로 보는 관법(4여실지관)'을 현대적 관점에서 살펴보고자 한다.

사실 '4가지 통찰'은 '자량위'에서 마음의 터전을 닦고 이후 본격적으로 수행할 힘이 길러진 다음에야 가능한 수행법이다. 이것은 '가행위' 단계에서 이루어진다. 따라서 일상에서 4가지를 통찰하는 방법을 깨달아 얻기란 매우 어렵다. 그렇지만 본 논의에서는 "부정적 정서·인지'를 순화시키는 방법으로서 이 '4가지 통찰'은 매우 유용하다고 생각하고 이 방법을 현실에서 경험하는 '부정적 정서·인지'에 적용해 보고자 한다.

이미 살펴본 바와 같이 수행5위의 첫 단계인 '자량위'는 본격적으로 수행을 하기 위한 준비과정이다. 지혜와 복덕을 쌓아 마음의 힘을 기르는 단계이다. 필자는 일상에서 '선한 마음작용'을 반복해서 확충하는 것이 '자량위'에 속한다고 본다. 즉 '자량위'에는 일반 재가자들이 선한 마음을 기르고 이를 실천하는 과정으로 해석할 수 있는 여지가 있다. 재가자들도 '선한 마음작용'를 반복해서 쌓게 되면 마음이 가볍고 편안한 상태(경안)를 경험한다. 이를 통해 평정한 상태를 유지하는 힘을 기를 수 있다.

유식학은 마음의 터전을 튼튼히 만든 상태에서 한 단계 나아가면 '가행위'에 이른다고 한다. 그리고 번뇌를 근본적으로 통찰하는 방법으로 '가행위'의 '4가지 통찰'을 제안한다. '4가지 통찰'은 마음에 나타나는 심리작용이 무상함 곧 공空임을 깨닫는 수행법이다. 즉 마음에 떠오르는 이미지에 집중하고 그것을 표현한 이름과 이미지의 본성을 통찰하여 '부정적 정서·인지'를 소멸하고자 하는 방법이다. 유식학에서는 이미지를 언어로 표현하고 그것(언어로 표현된 이미지)이 실체로서 영원히 존재한다고 여기는 인지왜곡이 번뇌를 더욱 증가시킨다고 본다. 따라서 '4가지 통찰(4심사관)'을 통해 이미지와 그것을 표현하는 언어가 허망하다는 것을 깨닫는 것이 중요하다고 한다. 이를 구체적으로 살펴보자.

우선 '명칭에 대해 통찰하는 심사(名尋思)'는 명칭에 의식을 집중해서 다만 명칭일 뿐 그것은 영원하지 않음을 꿰뚫어보는 것이다. 예를 들면 상점에 전시된 예쁜 화병이 있어서 그것을 구매하여 꽃을 꽂아놓고 '나의 예쁜 화병'이라고 부르며 즐거워하고 있는데, 무심결에 동생이 화병을 건드려 그것이 깨졌다고 하자. 이때 마음에 슬픈 감정이 생겨나고 한편으로 동생에 대해 화가 나기도 할 것이다. 이때 '명칭에 대한 통찰(명심사)'은 '화병'은 '화병'일 뿐임을 관찰(명심사)한 후 그 이름은 영원한 것이 아님을 아는 지혜, 곧 있는 그대로 아는 지혜(名尋思所引如實智)를 얻고자 하는 것이다.[17]

'대상에 대해 통찰하는 심사(義尋思)'는 '명칭'이 붙여진 인식의 '대상(의義)' 또한 영원히 존재하지 않음을 관하는 것이다. 일상생활 속에서 우리는 인식의 '대상'이 나의 것이라고 착각하고 그것에 대해 집착을 하면서 살아간다. '대상에 대해 통찰하는 의심사'는 앞에서 예로 든 '화병'이라는 명칭이 붙여진 '대상'은 영원한 존재가 아님을 통찰하고 그것에 대한 집착을 없애는 방법이다. 따라서 슬픈 감정과 동생에게 화를 내었던 감정은 '화병'을 영원히 나의 것으로 만들려고 하는 욕망에서 비롯되며 그러한 마음은 '인식의 대상'을 있는 그대로 통찰함으로써 사라진다는 것을 깨닫는 것이다. 요약하면, '대상에 대한 통찰(의심사)'은 화병이 영원히 존재하며 그래서 그것은 언제나 나의 것이고 집착한 것임을 관찰한 후(의심사), '대상'의 본모습을 있는 그대로 아는 지혜(義尋思所引如實智)를 얻고자 하는 것이다.[18]

'본성에 대해 통찰하는 심사(自性尋思)'는 모든 존재의 본성은 실체로 존재하는 것이 아닌데, 소통을 위해 임시로 설정하여 말로 표현한 것임을 있는 그대로 보는 것이다(自性假立尋思). 즉 꽃을 꽃는 화병은 본래 실체가 없는 것이며 본성을 임시로 설정하여 그것을 언어로 표현한 것임을 통찰하는 것이다. 내가 집착한 화병 자체는 영원한

---

17 『顯揚聖教論』(T31, 507c26-508a03).

18 『顯揚聖教論』(T31, 508a03-06).

것이 아니며 모든 것은 계속해서 변하고 있다는 것을 통찰하여 그것을 있는 그대로 아는 지혜(自性假立尋思所引如實智)를 얻고자 하는 것이 '본성에 대한 통찰'이다.[19]

'차별에 대해 통찰하는 심사(差別尋思)'는 차별은 임시로 설정한 것임을 알아 차별 또한 영원한 것이 아니며 변화(공)하는 것임을 관하는 방법이다(差別假立尋思). 예를 들자면 화병에는 내가 구매한 타원형 모양의 것도 있지만 컵 모양도 있으며 길고 좁은 모양도 있다. 또한, 하얀 도자기로 만들어진 것도 있다. 그런데 나는 이 가운데 내가 구매한 타원형 모양이 가장 예쁘다고 여기고 있다. 하지만 이러한 차별 또한 주관적인 해석이며, 다른 사람은 다른 모양을 좋아할 수 있음을 관하는 방법이 '차별에 대한 통찰'이다. 나아가 이를 통해 이러한 현상에 대해 '있는 그대로 아는 지혜(差別假立尋思所引如實智)'를 얻고자 하는 것이다.[20]

이상의 4가지 통찰(4심사관)을 통해 내가 '나의 예쁜 화병'이라고 일컬었던 '명칭'도 영원하지 않으며, 화병이라고 불렀던 그 '대상'도 영원하지 않고, 화병 그 자체의 '자성'도 공空하며, '차별' 또한 모두 주관적으로 만들어진 것임을 통찰하는 순간, 슬프고 분노했던 감정 또한 사라지는 것을 자각할 수 있다는 것이다. 나아가 유식학은 자각하는 그 마음 또한 영원하지 않음을 깨닫게 됨을 보여준다.

---

19 『顯揚聖教論』(T31, 508a07-13).

20 『顯揚聖教論』(T31, 508a14-23).

2. 선한 마음의 함양

1) 자량위를 통해 선한 마음 기르기

건강한 몸과 마음은 상쾌한 생활을 할 수 있게 한다. 하지만 대부분 해야 할 일 때문에 또는 타인과의 관계로, 마음이 불편하고 몸이 피곤한 경험을 자주 한다. 일에 대한 압박감은 초조와 불안을 일으키고, 일을 제대로 마무리하지 못하면 우울한 감정이 밀려온다. 때로는 타인이 나보다 더 나은 성과를 내었을 때 질투가 생겨난다.

　이미 살펴보았듯이, 유식학은 일상에서 경험하는 이러한 마음의 작용(심소법)을 다양하게 분류하고 있다. 이러한 마음의 작용에 비추어 나의 마음을 살펴보면, 현재 나의 마음작용은 어떠한 모습인지 정확하게 알 수 있다.

　하지만 사람들은 대부분 감정에 매몰되어 자신의 마음을 돌아보지 않는다. 예를 들면 내 뜻대로 되지 않아 화가 나거나 슬픈 감정이 생겨났을 때 그 괴로운 감정에 빠져 시간을 보내는 사람들이 많다. 이러한 기간이 오래되면 결국 자신을 망가뜨리는 상황에 이르기도 한다. 이때 '나의 마음이 이러한 상태이구나'라고 자각하는 순간 그 괴로운 감정은 사라질 수 있다. 마음의 작용을 명확히 이해하고 현재 나의 마음이 어떤 상태에 있는지를 자각한다면 삶은 더욱 건강해질 수 있을 것이다.

　유식학에서는 이러한 마음의 힘을 키우는 과정으로 수행을 5단계로 나누어 제시하고 있다. 이 수행5위 가운데 첫 단계인 '자량위'는, 앞에서 언급한 바와 같이, 본격적으로 수행의 길(가행위)로 들어서기 전 단계이다. 필자는 '자량위'를 긍정적 정서·인지인 선한 마음을 함양하는 과정으로 해석하고자 한다.

유식학의 '자량위'란 멀리 떠날 때 옷과 신발 그리고 음식을 챙기듯이, 수행의 길을 가는 데 도움이 되는 양식을 준비하는 단계이다. 본격적으로 수행하기 위해 여러 가지를 미리 마련하는 단계이다. 즉 내적인 자질과 역량을 키워서 수행의 기반을 닦는 단계라 할 수 있다. 이를 위해 필요한 것은 우선 유식의 진리를 믿고 이해하는 것이다. 이것은 긍정적 정서인 선한 마음작용 가운데 믿음(信)을 키우는 단계가 된다. 불교에 처음 접한 사람들은 아직 불교의 진리를 이해하지 못하기 때문에, 우선 그것을 진리라고 믿고 내부에 선한 마음을 쌓는 단계다. '모든 것은 오직 마음(식)에 지나지 않는다'라는 유식의 이치를 깊이 믿고 이해하는 단계라 할 수 있다.

유식에서는 '가행위'로 가기 위한 준비단계인 '자량위'에서 다음의 4가지 힘을 키우는 것이 중요하다고 한다.

첫째, 직접 원인이 되는 힘(인력因力)을 키운다. 이것은 수행하는 데 직접 원인이 되는 자신의 힘을 함양하는 것을 말한다. 직접 원인이 되는 힘은 진리의 세계로부터 흘러나온 가르침을 듣고 '알라야식'에 '종자'를 축적하여 힘을 기르는 것에서 시작된다. 곧 처음에는 진리가 무슨 내용인지 정확하게 이해할 수 없지만, 그것이 진리임을 믿고 열심히 들으면 그 내용이 '알라야식'에 쌓이게 된다. 나아가 그것이 선한 마음의 힘 곧 수행하는 터전이 된다는 것이다.

예컨대 일상에서 어떤 일을 추진할 때 나는 반드시 그것을 해낼 수 있다는 강한 믿음을 가지고 있을 때 좋은 열매를 맺는 경우가 많다. 하지만 일이 성사되지 않을 수 있을지도 모른다는 의심이 들기 시작하면 초조하고 불안한 마음이 생겨난다. 이것은 스스로 할 수 있다는 믿음이 부족해서 생겨나는 현상이다. 굳게 믿고 기다리면 잘 진행되는 일인데 미리 의심하고 불안한 마음을 일으키면 결국 잘될 수 있는 일도 망치게 되는 경우가 생겨난다. 유식학의 '자량위'에서도 진리에 대한 강한 신뢰가 이처럼 필요하다고 한다.

둘째, 훌륭한 친구의 힘(선우력善友力)을 통해 유식학의 이치를 이해하는 힘을 기르는 것이다. 예를 들어 붓다나 보살과 같은 뛰어난 인물을 만나 가르침을 받거나, 좋은 친구를 만나 함께 공부하는 것이 진리의 길로 가는 데 큰 힘이 된다는 것이다. 일상생활 속에서도 스승이나 훌륭한 도반을 만나면, 혼자 공부하는 것보다 훨씬 쉽게 공부한 내용을 이해할 수 있다. 함께 생활하는 도반이 큰 도움이 된다. 유식학에 따르면 훌륭한 친구의 힘(선우력)은 '선한 마음작용(선심소)' 가운데 어리석지 않은 마음(무치無癡)을 기르는 방법이다. 이 선우력은 수행을 진전시키는 데 매우 중요한 힘이 된다. '자량위'는 이처럼 스승이나 도반을 통해 수행의 힘을 키우는 단계를 말한다.

셋째, 마음을 모아 집중하는 힘(작의력作意力)을 기르는 것이다. 자기의 내부에서 유식의 가르침을 숙고하고, 마음 깊이 이해하는 것을 말한다. 마음에 떠오른 대상에 대해 집중하는 힘은 불안하고 갈피를 잡지 못하는 마음을 가라앉게 한다. 집중하는 힘을 기르는 단계는 평정한 마음의 상태(행사行捨)를 함양하는 과정이라 할 수 있다. 이를 기반으로 마음이 가볍고 편안(경안輕安)해진다. 그리고 게으름을 피우지 않는 마음(불방일不放逸)이 더욱 자라나게 된다.

넷째, 비축하는 힘(자량력資糧力)을 기르는 것이다. 더 자세히 말하면 경전과 논서를 읽어서 지혜를 기르며, 재물을 타인에게 베푸는 것과 같은 선한 행위를 실천함으로써 복과 덕을 쌓는 것이다. 지혜와 복덕을 쌓는 행위는 우리 마음에 선한 힘을 자라게 한다. 이를 통해 다음 단계인 '가행위'에서 번뇌를 소멸하는 마음의 힘을 함양하게 된다.

이외에도 자량력을 기르는 방법으로 부끄러워하는 마음을 제시할 수 있다. 유식학에서는 참된 진리에 비추어 부끄러워하는 마음(참慚)과 타인의 눈을 의식하여 부끄러워하는 마음(괴愧)을, 자신을 돌아보게 하는 중요한 마음의 작용으로 보고 있다. 부끄러워하는 마음을 통해 탐욕으로 향했던 마음이 탐욕이 없는 마음으로 변할 수 있다고 설해진 다. 일상에서 사람들은 자신의 탐욕을 만족시키기 위해 거짓말을 하거나 타인을 속이는 행위를 하는 경우가 있다. 하지만 이러한 행위가 잘못된 것임이 드러날 때, 자신이 했던 행위에 대해 부끄러움을 느끼게 된다. 유식학에서는 이를 자각하게 되면 그 사람은 앞으로 바르게 살겠다고 다짐하며 변하게 된다고 본다. 곧 부끄러워하는 마음이 생겨나면, 선한 마음이 더욱더 잘 자란다고 설하고 있다.

2) 행복을 향한 과정

앞에서 살펴보았듯이, '자량위'는 해탈에 이르기 위해 지혜와 복덕을 부지런히 닦는 단계이다. '자량위'는 내적인 힘을 길러 더욱 수행에 전념할 수 있는 마음의 상태를 만드는 과정이다. 따라서 해탈로 방향이 정해진 단계(순해탈분順解脫分)'라고 일컬어진다. 해탈은 현대어로 표현하자면 행복하고 자유로운 경지라 할 수 있다. '순해탈분'은 자유로운 경지(해탈)로 향하는 원인(분分) 곧 힘을 비축하는 단계라는 말이다.

불교에서 말하는 궁극의 경지는 언어로 표현할 수 없다. 스스로 환하게 밝다는 것을 터득해야 한다. 하지만 '자량위' 단계는 이런 경지를 터득하기에는 아직 능력이 충분하지 않다. '자량위'는 수행으로 가는 걸음을 처음 딛는 단계로서 기초가 되는 힘을 비축하는 단계이다. '오직 마음뿐(유식)'임을 주장하는 유식의 진리에 대해 지적으로는 이해하지만, 아직 분별하는 마음이 일어나는 상태이다. 좀 더 구체적으로 살펴보면, 마음이 '인식하는 마음'과 '마음에 떠오른 대상'으로 분리되어 작용하는 단계이다. 따라서 어떤 것(마음에 떠오른 대상)에 대해 생각할 때 번뇌에 영향을 받는다. 예컨대 일반인은 어떤 대상을 볼 때 자신이 좋아하는 것이 먼저 눈에 들어온다. 마음에 탐하는 번뇌가 일어나서 다른 사람이 먼저 그 대상을 가져갈지도 모른다는 생각에 빨리 그것을 자신의 것으로 만들려고 하는 마음이 생겨나기도 한다. 이것이 바로 탐하는 번뇌에 마음이 끌려가는 현상이다.

'자량위'는 선한 마음을 계속해서 일으키고 행동함으로써 마음에 존재하는 번뇌를 순화하는 단계이다. 이를 통해 번뇌로 가려진 자신의 마음을 잘 이해하기 위해 준비하는 단계이다. 곧 궁극의 진리를 깨닫는 수행을 하기 위해 미리 마음의 터전을 갖추는 단계이다. 궁극의 진리는 바로 행복의 상태를 말하는 것으로, 모든 번뇌가 사라진 상태이다. '자량위'는 가행위에 진입하기 전에 자기 내부에 갖추어진 이른바 선천적인 힘을 기르고, 바른 가르침을 듣고 뛰어난 인물과 사귀면서 긍정적인 정서를 함양하는 과정이다.

3. 인본주의 심리학과 유식학

1) 보살의 자리이타적 마음

지금까지 번뇌의 마음작용을 순화하는 방법으로 유식학의 수행5위 가운데 '자량위'와 '가행위'의 '4가지 통찰'을 살펴보았다. 유식학은 수행자들이 마음을 관찰한 것을 기반으로 형성된 것이다. 수행자들은 번뇌를 자신이 만들어 놓은 결과라고 여기고, 그것을 스스로 소멸해야 한다고 생각하였다. 그래서 마음을 괴롭히는 번뇌의 원인과 번뇌로부터 생겨나는 현상을 정확히 보는 수행을 하였다. 유식학은 이 수행을 기반으로 마음에 대한 치밀한 내용을 보여주고 있다.

그렇다면 자신의 마음속에 있는 번뇌를 소멸하는 과정을 통해 타인을 도와주는 마음을 일으키는 계기를 유식학에서는 어떻게 설명하고 있을까? 본 논의에서는 자리이타를 실천하는 전형적인 모델인 보살에 주목한다. 그리고 유식학의 심리분석을 토대로 그의 마음이 형성되는 과정을 고찰하고자 한다. 이를 통해 사회 속에서 타인과 함께 삶을 살아가는 방법을 유식학에서는 어떻게 설명하고 있는지 탐구해 보고자 한다.

앞에서 살펴본 바와 같이 수행자는 자신의 번뇌를 소멸시키기 위해 '가행위'에서 '4가지 통찰(4심사관)'과 '있는 그대로 보는 4가지 관법(4여실지관)'을 행한다. 이를 통해 유식5위 가운데 제3단계인 '통달위'에 이르면, 수행자는 번뇌가 없는 지혜(무루지無漏智)를 얻어 '사물의 있는 그대로의 모습(진여)'을 체득하게 된다. 이 경지는 선불교에서 '마음의 본모습을 보는 것(견성見性)'이라 일컫는 것과 유사하다. '통달위'에서 보살은 분별하고 판단하는 작용이 끊어지는 경험을 하게 된다.

일반인들은 어떤 사물 또는 곁에 있는 사람을 판단하고 그 결과에 집착한다. 그리고 그 존재가 내가 본 모습대로 영원히 존재한다고 생각한다. 하지만 조금만 더 우리의 마음작용을 들여다보면, 우리는 마음에 떠오른 영상(사물 또는 곁에 있는 사람)을 언어로 표현하고 그것에 의미를 부여하여 그 대상이 영원히 존재한다고 여기고 있음을 발견하게 된다. 유식학에 따르면 수행자는 '통달위'에 이르면 이러한 분별의 작용이 끊어지는 경험을 한다고 한다. 즉 언어 작용을 초월한 '분별이 없는 지혜(무분별지)'를 체득하여 유식의 본질을 깨닫게 된다고 한다. '통달위'에서는 인식주관과 인식대상이 일치하여 일상인이 분별하고 판단하는 작용을 넘어서는 경험을 하게 된다는 것이다.

이어서 보살은 '분별이 없는 지혜(무분별지)'의 상태에서 벗어나 자신이 깨달은 내용을 자각하게 되면서 '후에 얻는 지혜(후득지後得智)'를 증득하게 된다.[21] 곧 보살은 '인식주관과 인식대상이 일치'되는 삼매 상태를 나와서 '나는 이처럼 통달했다'는 자각을 하고 그 자각한 내용을 상세히 고찰한다. 그리고 그는 이 내용을 잊지 않고 기억해서 가르침으로 정립하고 그것을 펼친다.[22] 이 부분은 보살이 '후에 얻는 지혜(후득지)'를 깨닫고, 인식주관과 인식대상이 일치된 상태에서 경험한 내용을 기억하여, 그것을 중생들에게 알려주고자 하는 마음을 일으키는 현상을 나타낸다. 보살은 자신이 경험한 내용을 언어로

---

21 『攝大乘論釋』(T31, 244a10-11), "論曰. 無分別後智有五種. 謂通達憶持成立相雜如意. 顯示差別故."

22 長尾雅人, 『攝大乘論-和譯と註解』 下, 東京: 講談社, 1982, p.281.

표현하여 중생들을 해탈로 인도하고자 하는 마음을 일으키게 되는
것이다.

이것은 보살이 이타적 마음을 일으키고 실제로 실천하려는 의지를
일으키는 과정이 생겨나는 현상을 보여준다. 이 과정에서 타인에
대한 자비의 마음이 생겨난다고 한다.[23] 이것을 정리해 보면 다음과
같다.

〈도표 3-2〉【보살의 이타적 마음 형성과정】

일상인의 마음(분별지)	무분별지	후득지
• 인식주관과 인식대상이 나누어짐 • 언어의 대상 존재 • 제1위 자량위, 제2위 가행위	• 인식주관과 인식대상이 일치 • 언어를 초월 • 제3위 통달위	• 인식주관과 다시 나누어짐 • '분별이 없는 지혜(무분별지)'를 깨달은 상태에서 경험한 내용이 언어의 대상 • 제3위 통달위: 이타적 마음과 그 실천

보살은 '분별이 없는 지혜(무분별지)'를 깨달은 상태, 곧 인식주관과
인식대상이 통합된 마음에서 다시 인식주관과 인식대상으로 나누어지
는 현상을 경험한다. 이때 형성된 인식주관은 보살의 마음이고, 인식대
상은 세속적인 욕망이 사라진 상태에서 파악된 대상이다. 곧 '분별이
없는 지혜(무분별지)'를 깨달은 상태에서 경험한 '진여'의 경지가 그
대상이 된다. 이것은 중생이 세속적 욕망으로 떠올리는 인식대상과

---

23 하지만 여기서 끝나는 것이 아니라 보살은 다시 다음 단계인 수습위로 진입하여
마음에 남아 있는 미세한 번뇌를 닦아나간다. 이 과정을 거친 후에야 보살은
구경위에 도달할 수 있다고 한다.

질적으로 다르다.

다음으로 보살은 '후에 얻는 지혜(후득지)'를 증득하게 된다. 이때 보살은 이 '분별이 없는 지혜'를 깨달은 상태에서 본 '진여'의 경지를 중생들에게 알려주고자 하는 서원을 일으키고 자비의 마음으로 실천하게 된다.[24] 다시 말하면 보살은 '후에 얻는 지혜(후득지)'를 깨달아 얻으면서 중생이 자신과 다르지 않음을 깊이 통찰한다. 그리고 중생의 고통이 자신이 겪었던 것과 같음을 여실하게 본다. 또한 '진여'의 경지에 이르기까지 자신이 힘들게 겪었던 여러 과정을 생각하면서, 중생을 연민으로 바라보게 되고, 그들도 해탈에 이르도록 도와주어야겠다는 자비의 마음을 일으킨다.

그런데 보살은 제3위 '통달위'를 경험하면서 진여의 경지를 보고 타인도 그 경지에 이르도록 도움을 주겠다(이타利他)는 서원을 일으키지만, 여전히 마음에 남아 있는 미세한 번뇌를 닦아야 하는 과정이 남아 있다. 제4위 '수습위'를 밟아가면서 자신의 수행을 이어 가야 한다(자리自利). 이 단계에서 보살은 스스로 마음을 닦는 수행을 하면서 동시에 중생을 깨달음으로 이끄는 자리이타적 과정을 거치면서 제5단계인 '구경위究竟位'에 이르고자 한다. 미세한 번뇌가 모두 제거되면,

---

24 『攝大乘論釋』(T31, 244a11-22), "釋曰. 此五約事有差別. 後得智以能顯示爲性. 此中顯示以覺了爲義. 由此智於通達後時. 顯示如此事. 云我於觀中知見如此如此事. 故稱通達顯示. 由此智出觀後時. 如所通達憶持不退失. 故稱憶持顯示. 由此智如自所通達. 能立正敎令他修行. 故稱成立顯示. 由此智菩薩如先緣一切法爲境. 謂如先雜境界智觀察此境. 由此觀察卽得轉依故. 稱相雜顯示. 由此智菩薩已得轉依. 如菩薩所思欲. 如意皆成. 謂於地等諸大. 轉爲金等故. 稱如意顯示."

보살은 '존재근거를 완전히 전환(전의轉依)'하는 경험하여 붓다의 경지
인 '구경위'에 이르게 된다.[25]

지금까지 유식학에서 제시하고 있는 보살의 자리이타적 마음의
형성과정을 고찰하면서 수행하는 마음이 사회적 관계로 어떻게 확장되
는지를 살펴보았다. 유식학에서 보살은 적극적으로 주변 사람들을
도와가면서 동시에 자신도 궁극의 경지인 해탈에 함께 도달하기 위해
정진하는 수행자로 묘사되고 있다.

2) 내담자 중심치료와 게슈탈트 치료

동양의 불교뿐만 아니라 서양에서도 마음의 병을 일으키는 요인이
무엇인지에 대해 탐구하고 그것을 치유하기 위해 노력해 왔다. 정신분
석학, 뇌과학, 신경생리학, 심리학 등이 이러한 과정에서 나온 분야라
할 수 있다.

이 가운데 서양 심리학의 한 분야인 인본주의 심리학(Humanistic
Psychology)은 인간의 본성을 긍정적으로 보고 있다는 특징을 보인다.
이 분야는 인간이 태어나면서 선한 의지를 지니고 있다는 관점에서
그 잠재력(potential)을 개발하는 것에 주목하였다. 인본주의 심리학은
프로이트(Sigmund Freud, 1856~1939)의 정신분석 이론과 스키너(B.F.
Skinner, 1904~1990)의 행동주의(Behaviorism)의 한계에 대한 응답으로
20세기 중반에 나타난 심리학의 한 분야이다.[26]

---

25 다케무라 마키오 저, 정승석 옮김, 『유식의 구조』, 민족사, 1991, pp.155~156.;
　　『成唯識論』(T31, 48b20-49a22).

26 Benjafield, John G.(2010), *A History of Psychology: Third Edition*, Don Mills,

본 논의에서는 특히 미국의 인본주의 심리학자인 칼 로저스의 '내담자 중심치료'와 프리츠 펄스(Fritz Perls, 1893~1970)의 '게슈탈트 치료'에 주목하고자 한다. 칼 로저스는 치료의 과정에서 치료자의 태도를 중요시한다. 필자는 이 견지에서 보살이 중생을 대하는 태도인 자리이타와 비교·분석한다. 한편 프리츠 펄스의 '게슈탈트 치료'는 '미해결 과제'를 부정적 정서라고 보고 이에 대한 자각을 통해 부정적 정서를 순화하는 방법을 제시하고 있다. 필자는 이것이 탐냄·성냄·어리석음을 순화하는 치유조건이 됨을 논의하고, 이를 '선한 마음작용(선심소)'의 함양을 통한 부정적 정서의 순화과정에 응용해 볼 것이다.

(1) 치료자의 태도를 중시하는 칼 로저스의 내담자 중심치료

칼 로저스는 치료자가 따뜻하고 편안한 분위기를 제공하여 내담자(환자)로 하여금 자유롭게 자신의 감정을 표현하도록 할 때, 내담자는 스스로 자신의 문제를 극복하고, 성장하게 된다고 본다. 이를 위해 심리치료사가 기본적으로 갖추어야 할 태도로 진정성, 무조건적 긍정적 존중, 공감적 이해를 제안한다. 심리치료사는 내담자를 도와주는 역할이라는 점에서 불교의 보살에 비견될 수 있을 것이다. 이타적인 마음으로 내담자의 부정적 정서를 통찰하고 그것을 순화하도록 도와주기 때문이다. 이 점에서 필자는 칼 로저스가 제안하는 치료자가 지녀야 할 태도는 자비를 실천하기 위한 구체적인 방법에 해당한다고 본다.

ON: Oxford University Press, pp.357~362.; 인본주의 심리학은 인간을 이해할 때 행동주의나 정신역동처럼 기계론적이고 분석적인 방법으로 하는 것은 적절치 못하다고 하면서 그 대안으로 1950년대 등장한 관점이다.

다음은 이에 대해 좀 더 자세히 살펴보기로 하자.

① 진정성(genuineness)

'진정성'이란, 치료자가 내담자(환자)와 상담할 때, 자신이 경험하는 감정을 있는 그대로 솔직히 인정하고, 그것을 내담자에게 표현하는 것을 말한다. 달리 말하면 치료자가 겉으로 표현하는 것과 자기 내면에서 경험하는 것이 서로 같음을 말한다. 내담자가 자칫 서운할 것 같아 내담자에 대해 자신이 느낀 것을 왜곡해서 표현하지 않는 태도를 말한다. 치료자가 경험하는 감정을 스스로 부인하지 않고, 스스로 경험하는 감정에 대하여 기꺼이 표현하고 개방할 때, 내담자와의 관계는 단단해지며, 그 안에서 진실을 발견할 수 있게 된다는 것이다. 칼 로저스는 세 가지 특성 중 진정성이 가장 중요하다고 보았다.

② 무조건적 긍정적 존중(unconditional positive regard)

'무조건적 긍정적 존중'이란, 내담자를 한 인간으로 존중하면서 그의 감정이나 생각을 비판하거나 평가하지 않고, 있는 그대로 수용하는 것을 말한다. 치료자는 인내심을 가지고 내담자의 감정이나 생각을 있는 그대로 보고 받아들일 수 있어야 한다는 것이다. 이렇게 내담자를 존중하면, 치료의 변화 가능성이 크다고 한다. 이러한 분위기 속에서 내담자는 방어하지 않고 자신의 경험을 자유롭게 탐색할 수 있게 되어, 안정감을 느끼고 스스로 변화하는 경험을 할 수 있다고 한다.

③공감적 이해(empathic understanding)

'공감적 이해'란, 치료자가 겉으로 드러난 내담자의 행동이나 말만을 피상적으로 이해하는 것이 아니라, 이면의 감정을 마치 자신의 감정인 것처럼 경험하는 것을 말한다. 내담자의 감정은 내담자가 의식하고 있는 것일 수도 있고, 의식하지 못하는 것일 수도 있다. 심층적인 감정일수록 내담자는 의식으로 표현하지 않는 경향이 크다. 이때 치료자는 내담자의 심층적인 감정까지 함께 느끼고, 내담자가 다시 경험하고 표현할 수 있도록 도와줄 수 있어야 한다. 이를 위해 치료자는 내담자의 깊은 마음마저 경험할 수 있는 마음의 공간을 확보하고 있어야 한다. 또한, 치료자는 자신의 주체성을 유지하면서 내담자의 표현에 접근하고 몰입하는 힘을 가지고 있어야 한다. 이러한 것이 가능할 때 내담자가 스스로 부정적인 정서를 극복하게 된다는 것이다.

칼 로저스에 따르면 치료자가 진술하고, 아무런 조건 없이 내담자의 감정과 생각을 수용하며, 나아가 공감하는 태도를 지닐 때, 내담자는 자신을 구속하는 부정적 정서를 극복할 수 있다고 한다. 로저스는 치료자가 이러한 태도를 지니기 위해서 부단히 점검하고 정진해야 한다는 것을 보여주고 있다.

치료자가 자신의 마음을 끊임없이 점검하고 있는 좋은 사례로 현재 한국에서도 진행되고 있는 교육 분석을 들 수 있다. 교육 분석은 치료자(상담자)가 본인의 문제를 이해하고 해결하기 위해 심리분석을 받는 것을 말한다. 치료자의 자격을 갖추기 위한 과정을 이수했지만, 치료자가 자신의 심리문제로 인해 내담자를 있는 그대로 이해하지 못하는 경우가 생겨날 수 있다. 따라서 치료자(상담자)가 자신의 심리문제를 자각하고 해결하는 과정은 내담자를 위해 필수적이다. 치료자에게 이 과정은 타인을 돕는 상담 전문가로서 성장하는 과정이며 나아가 스스로 인격을 높이는 기회가 된다. 곧 교육 분석은 치료자(상담자)들의 전문적 성장과 발달을 위해 매우 중요한 부분이 된다.[27]

칼 로저스가 요구하는 진정성, 무조건적 긍정적 존중, 공감적 이해를 갖추기 위해 치료자는 교육 분석을 비롯해서 스스로 성장할 방법을 탐색할 필요가 있을 것이다. 필자는 치료자의 이러한 역할이 불교의 보살에 비견된다고 본다. 대승불교의 이상적 모델인 보살은 궁극의 경지에 도달하기 위해 스스로 노력하면서 동시에 타인도 그 경지에 도달할 수 있도록 인도하는 자이다. 보살은 중생을 구원하기 위해 이타적인 행위를 하지만 그 이면에는 자신도 해탈에 이르기 위해 끊임없이 갈고 닦는 수행의 과정에 있다.[28] 칼 로저스도 치료자는 보살처럼 내담자를 치료하고 성장시키기 위해 자신도 열심히 실력을 닦고 인간적으로 성숙하기 위해 정진할 필요가 있음을 주장하고 있다고 필자는 생각한다.

(2) 게슈탈트(Gestalt) 치료와 탐냄·성냄·어리석음의 순화

게슈탈트 치료는 의사 프리츠 펄스(Fritz Perls, 1893~1970)와 그의 아내 로라(Laura Perls, 1905~1990)가 창시한 것이다. 펄스는 선수행자였던

---

27 신승철, 「불교상담치료에서 치료사의 자세」, 『불교문예연구』 2, 2014, pp.75~114.
28 안환기, 「'자리이타自利利他'의 불교 심리학적 의미」, 『인문사회 21』 9권 4호, 2018, pp.1193~1206.

폴 웨이즈를 통해 선불교를 알게 되었고 여기에 완전히 매료되어 매일 명상을 했다고 한다.[29] 이 영향으로 '지금-여기(here and now)'에서 '알아차림(awareness)'을 중시하는 실천적 심리치료인 '게슈탈트 치료'가 나오게 된다.

① 미해결과제(unfinished business)와 탐냄·성냄·어리석음
'게슈탈트 치료'는 내담자(환자)가 자신의 잠재력을 실현할 방법을 깨달아 순간순간 풍요롭게 살아가도록 하는 것을 목표로 한다. 그 방법으로 '알아차림'이 중요하다. '알아차림'은 내담자가 현재 무엇을 하고 있는지, 어떻게 하는지를 자각하게 하는 동시에 자신을 수용하고 존중하는 것을 배우게 한다. 내담자는 '알아차림'을 통해 자신의 존재에서 부정되었던 부분을 직면하고 수용할 수 있게 되며, 나아가 삶에서 미해결되었던 중요한 문제를 발견하고 처리할 수 있게 된다.

'게슈탈트 치료'과정에서 치료자는 내담자의 자각에 장애가 되는 습관적인 행동을 다양한 방법을 통해 자각하게 하고, 환경과의 접촉을 통해 그 장애를 해소할 수 있도록 한다. '게슈탈트 치료'에서는 어떤 상황에 대한 추상적인 이야기보다 직접적인 경험을 생생하게 드러내게 한다. 내담자가 치료자와 상호작용하는 데서 생기는 느낌, 생각, 행동을 경험적으로 파악도록 도와준다. 또한, 내담자의 성장은 치료자의 상담기법이나 내담자에 대한 해석에서 오는 것이 아니라 두 사람 사이의 진실한 접촉을 통해 이루어진다고 본다.

---

29 https://www.ggbn.co.kr/news/articleView.html?idxno=44097(2022.12.30.).

'게슈탈트 치료'에서 중요하게 다루고 있는 '미해결 과제(unfinished business)'는 내담자가 어떠한 사건에서 경험했던 감정을 무시하고 그대로 내버려 두었을 때 생긴다. 예컨대 분노, 격분, 증오, 고통, 불안, 슬픔, 죄의식, 포기 등과 같은 표현되지 못한 감정 그리고 이러한 감정에 대한 기억 등이 '미해결 과제'에 포함된다. 이런 감정은 충분히 '자각'되지 못했기 때문에 배후에 남아 자신이나 다른 사람과 효율적으로 접촉하는 것을 방해하는 형태로 현재 생활에 나타난다. 이러한 '미해결 과제'는 개인이 직접 자신의 감정에 직면해서 표현할 때까지 계속된다. 이를 위해 '지금-여기'를 알아차리는 방법이 제안되고 있다.

'미해결 과제'는 유식학의 관점에서 보면 알라야식에 존재하는 부정적 정서·인지가 된다. 탐냄·성냄·어리석음과 같은 부정적 정서·인지가 해소되지 않은 채 번뇌종자로 존재하기 때문에, 때로는 자신을 혼란스럽게 하고 나아가 타인과 함께 건강한 생활을 할 수 없게 한다. 유식학에서는 이를 위해 5단계의 수행을 제시하면서 궁극의 경지에 이르는 과정을 제시하고 있다.

② '알아차림'를 통한 부정적 정서·인지의 치유

가. '알아차림'의 영역

'게슈탈트 치료'에서도 불교수행에서 나타나는 '알아차림'이라는 방법을 통해 부정적 정서·인지를 치유하고자 한다. '알아차림'과 '지금-여기'를 경험함으로써 자기 인식, 환경에 대한 인식, 선택에 대한 책임, 자기수용 및 접촉하는 능력을 키울 수 있다고 주장한다.[30]

'게슈탈트 치료'에서는 '알아차림'의 영역을 구체적으로 '내부영역',

'중간영역', '외부영역'으로 구분한다. 우선 '내부영역'의 알아차림은 자기 세계에 대한 '알아차림'을 말한다. 자기 자신의 호흡, 허리의 통증, 어깨의 긴장, 편안함, 불안함, 짜증, 슬픔, 기쁨, 졸림, 자세와 동작 등을 알아차린다. '중간영역'은 사고, 상상, 지식 등 뇌의 프로세스가 일어나는 영역을 말하며 이에 대해 알아차리는 것이다. '외부영역'의 알아차림은 시각, 청각, 촉각, 미각, 후각 등 오감을 사용하여 현실세계에 대해 알아차리는 것을 말한다.

내담자는 종종 현실세계 속에서 타인과 접촉을 피한다. 그리고 상처로 인한 감정에 얽매여 그것이 생겨난 상황을 떠올리고 상상하여 부정적 감정을 점점 크게 만든다. '게슈탈트 치료'는 내담자 자신의 '내부영역'을 향해 그것을 알아차릴 것을 유도한다. 즉 감정적으로 불안하고 짜증이 나며 슬프기도 하며 이에 따라 몸의 통증이 느껴지는 것을 자각해 보도록 한다. 나 자신이 현재 기분이 좋지 않음을 알아차림으로써 부정적 정서를 완화할 수 있는 첫걸음을 뗄 수 있다고 보고 있다.

그리고 한 단계 더 나아가 부정적 정서를 경험한 기억을 떠올려 상상하고 확대해서 해석하고 있다는 사실, 곧 '중간영역'을 알아차릴 필요가 있음을 제안한다. 유식학적으로 해석해 보면 바로 '사유한 내용에 대해 집착하는(변계소집성)' 상태에 놓여 있음을 자각하는 것이 된다. 펄스에 의하면 부정적인 감정이 생기게 된 상황은 이미 지나간 상태이다. 그런데 나의 의식은 사건을 재구성하고 확장해서 앞으로도

---

30 김정규, 『게슈탈트 심리치료』, 학지사, 2020, p.157.

그런 일이 또 일어날지 모른다는 추측을 하며 힘들어한다. 이것이 자신을 괴롭히게 된다는 것을 자각하는 과정이 '게슈탈트 치료'라 할 수 있다. 특히 펄스는 내담자에게 과거의 기억 속에 있는 문제와 트라우마에 대하여 단순히 이야기만 하는 것은 소용이 없다고 본다. 이야기뿐만 아니라 '지금 여기'에서 '미완결된 문제'를 '재체험'을 할 것을 권한다. 내담자의 마음에 '지금' 다양한 형태로 떠오르는 것을 의식적으로 관찰하게 하여, 그것을 자유롭게 표현하게 하고, 그렇게 함으로써 '미완결된 것(unfinished business)'을 완결하는 과정을 거치도록 한다.

게슈탈트 치료는 또한 현재 자신이 처해 있는 현실세계를 5가지 감각기관을 통해 접촉함으로써 현재 이 순간에 집중할 것을 요구한다. 즉 사고작용(중간영역)을 멈추고 '지금 여기에' 머무르기 위해 의식을 '외부영역'과 '내부영역'에 두는 것이 중요하며, 그때 알아차림(little satori)이 생겨난다고 한다.

나. '알아차림'과 '게슈탈트'

펄스는 '게슈탈트(Gestalt, 형태)'라는 개념을 도입해 '알아차림(aware-ness)'이란 '게슈탈트'를 인식하는 순간이라고 하였다. 여기서 '게슈탈트'는 부분이 모여서 된 전체가 아니라, 완전한 구조와 전체성을 지닌 통합된 전체로서의 형상과 상태를 가리킨다. 즉 대상을 지각할 때 부분들의 집합으로 보는 것이 아니라 의미 있는 전체 곧 '게슈탈트'로 만들어 지각한다고 한다. 인간은 외부자극을 사진기가 그대로 찍거나 녹음기로 수동적으로 기록하는 것이 아니라 각각의 관심과 흥미에 따라 능동적으로 편집하고 조직화하여 통합된 전체로서 지각한다고 본다. '게슈탈트'란 이렇게 환경을 자신의 관점에서 의미를 부여하여 지각한 것을 말한다.[31]

이 관점에서 볼 때, 펄스의 '알아차림'이란 부분의 이해가 아니라 '전체성의 의미를 이해할 때' 생겨난다는 것임을 알 수 있다. 펄스가 선불교의 영향을 받았다는 점을 고려해 보면, '알아차림'에 대한 그의 정의는 불교에서 말하는 깨달음의 의미에 매우 근접한 것으로 보인다. 앞에서 살펴보았듯이 유식학의 수행5위 중 가행위에서 수행자는 자신의 마음에 떠오르는 번뇌를 하나하나 분석하는 단계를 거쳐 그것이 영원히 존재하는 실체가 아님을 깨닫는다. 나아가 그것을 바라보는 자신도 공空함을 깨닫게 되는 '통달위'에 이르면, 자신과 타인은 다르지 않음(자타불이自他不二)을 깨닫는 경지에 이르게 된다. 이후 미세한 번뇌를 닦는 '수습위'를 거쳐 자기, 세계, 나아가 우주 전체가 통합되는 '구경위'에 도달한다. '게슈탈트 치료'의 '알아차림'은 긴 시간 동안 세세하게 마음에 존재하는 번뇌를 닦아가는 단계를 제시하고 있는 유식학과 비교해 볼 때, 분명하게 차이를 보인다.

그럼에도 '게슈탈트 치료'는 불교의 깨달음을 몸과 마음의 건강이라는 실질적인 차원으로 해석하고 그것을 응용하고 있는 하나의 의미 있는 사례라고 필자는 생각한다.

---

31 김정규(2020), p.37.

4. 이완반응의 응용

1) 허버트 벤슨의 이완반응

본 절에서는 불안, 긴장, 분노, 우울, 두통, 고혈압, 공황발작 등과 같은 부정적 정서를 완화하는 방법으로서 '이완반응(Relaxation Response)'을 제시한 허버트 벤슨(Herbert Benson, 1935~2022)의 이론과 그 효용에 대해 고찰하고자 한다.

허버트 벤슨은 미국의 심장 전문의이며 하버드 의과대학에서 교수로 재직하였다. 1968년 원숭이를 대상으로 스트레스와 혈압의 상관관계를 연구하고 있을 때, 초월명상(Transcendental Meditation, TM)[32] 수행자들이 실험실에 찾아와 초월명상 수련으로 스스로 혈압을 낮출 수 있는 능력을 갖추게 되었으니 자신들을 실험 대상으로 삼아 달라고 간청했다고 한다. 그들의 부탁으로 벤슨은 명상에 관한 연구를 시작하게 된다.

벤슨의 연구는 명상에 들어가기 전, 명상하는 동안, 명상이 끝난 직후로 나누어 각각 20분씩 진행되었다. 그 결과 수행자가 명상에 들자마자 심장박동률, 산소 섭취율, 일산화탄소 배출률, 혈액의 유산염 수준은 급격히 줄었다고 한다. 또한, 명상하는 동안 알파파(α-wave)

---

[32] 1959년 인도의 요가 수행자 마하리쉬 마헤쉬 요기(Maharish Mahesh Yogi)에 의해 미국에 유입된 명상법이다. Transcendental Meditation을 줄여서 'TM(티엠)'이라고도 부른다. '초월명상'이란 스트레스나 긴장, 두려움에서 벗어나게 하여 몸과 마음을 초월시켜 주는 상태라고 한다. 수행자는 각자에게 맞는 만트라를 받아 외우며 명상한다.

가 두드러지게 나타나는 것을 발견하게 된다.[33] 허버트 벤슨은 이를 통해 초월명상 수행자들의 호흡률과 뇌파 등 여러 생리학적 기능을 관찰하였다. 그는 이완 상태의 효과를 과학적으로 입증함으로써 '명상의 과학화'를 최초로 시도하였다고 평가받았다. 벤슨은 이 연구를 기반으로 1975년에 '이완반응법'을 일반인들의 스트레스 관련 치료에 적용하게 된다. 그 결과 '이완반응'이 스트레스를 예방하거나 스트레스로 인한 각종 질병을 치유하는 데 크게 도움이 된다는 사실이 알려지게 되었다.

'이완반응'을 효과적으로 일으키기 위한 허버트 벤슨의 방법을 간략하게 살펴보면 다음과 같다.

우선 제1단계에서는 자신이 가지고 있는 믿음 체계에 적합한 짧은 기도문이나 단어를 선택한다. 이때 단어나 문장은 한 호흡에 내뱉을 수 있을 만큼 짧아야 하고, 말하고 기억하기 쉬워야 한다. 명상의 초점이 되는 문장이나 단어가 자신에게 의미가 있는 것을 선택하는 것이 중요하다.[34] 불교의 진언(mantra: 불교의 비밀스러운 주문)이나, '나무아미타불', '관세음보살', '옴마니반메훔(Oṃ Maṇi-Padme Hūṃ: 옴, 연꽃 속에 있는 보석이여)' 등과 같은 만트라가 건강하고 긍정적인 플라시보 효과를 거두게 된다고 한다.[35] 하지만 개신교나 유대교를 믿는 사람들은 이러한 것에 거부감을 느낄 수 있으니, 자신에게 맞는

33 장현갑, 『마음 vs 뇌』, 불광출판사, 2015, pp.172~173.

34 허버트 벤슨 & 윌리엄 프록, 장현갑 외 역, 『과학명상법』, 학지사, 2003, pp.134~135.

35 장현갑(2015), pp.176~177.

대안을 선택해서 진행할 수 있다고 한다. 예를 들면 가톨릭교도라면 '은혜의 예수 그리스도', '마리아'와 같은 것을, 개신교도라면 '하나님이 우리를 사랑하사', '여호와는 나의 목자시니' 등을 읊을 수 있다고 한다. 한편 이슬람교도라면 '알라'와 같은 낱말을 읊조려도 된다고 한다.[36]

제2단계에서는 생각을 방해하지 않을 정도로 편안한 자세를 취한다. 다리를 겹치고 앉아 손을 무릎에 올려놓는 가부좌 자세를 취하는 것과 같은 것이 그 예이다.[37] 편안한 자세로 앉으면 된다고 한다. 어려운 자세를 강요하지 않는다. 독특한 것은 장소에 구애받지 않고 버스나 지하철을 타고 가는 동안에도 명상할 수 있다고 한다.

제3단계에서는 편안하고 자연스럽게 눈을 감는다. 이때 실눈을 뜨거나 눈을 깜빡이지 않는다. 눈을 감는 이유는 시각적으로 자극을 받지 않기 위해서라고 한다.

제4단계에서는 근육을 이완한다. 발, 종아리, 허벅지, 배, 팔 등 몸의 근육에서 힘을 뺀다. 머리와 목, 어깨를 가볍게 움직이며 다리를 포갠다. 이때 주먹을 꼭 쥐지 않는다.

제5단계에서는 호흡에 집중하면서 만트라를 반복한다. 숨을 천천히 들이쉬었다가 내쉬면서 '관세음보살'이나 '나무아미타불'과 같은 문구를 반복해서 읊조린다. 이와 같은 명상은 진언(만트라) 또는 염불을 하면서 선정 상태에 들어가는 불교의 염불수행, 진언수행을 연상하게 한다.

---

36 장현갑(2015), pp.176~177.

37 장현갑(2015), pp.176~177.

제6단계에서는 망상이 일어나면 망상과 싸우지 말고 그저 '괜찮다'라고 스스로 말하고 다시 만트라를 반복한다. 명상하는 동안 바깥에서 소리가 들린다거나 또는 몸에 통증이 느껴져서 방해받더라도 대응하지 말고 선택한 문구를 반복하며 명상을 지속한다.

이러한 명상수행을 주어진 기간 동안, 하루에 2번씩 반복할 것을 제안하고 있다. 하루에 10분에서 20분 정도, 식후를 피해서 2번씩 반복하면 된다고 한다. 배가 부르지 않을 때 더 큰 효과를 볼 수 있다고 한다.

이완반응을 통한 명상은 만트라를 염송하면서 망상이 생기면 망상을 없애려고 하기보다 망상이 일어났음을 알아차리고 다시 만트라 염송에 집중하는 양상을 보인다. 이러한 과정을 통해 '이완반응'은 스트레스를 감소시켜 내적인 평화와 정서적 균형을 이루게 한다고 알려져 있다.

2) 브레이크아웃

(1) 불교수행과 브레이크아웃

①'브레이크아웃'에 이르는 과정

이완반응을 통한 명상은 앞에서 살펴보았듯이 심신의 상태가 크게 개선되고 이에 따라 건강해지는 효과를 보여준다. 특히 이완반응이 깊어지면서 창의력이 증가하고 영적인 변형이 촉발되는 '브레이크아웃(breakout)' 현상이 일어난다고 설명한 점은 주목할 부분이다.[38] '브레

---

38 장현갑(2015), pp.186~187.

이크아웃'은 오랫동안 계속된 스트레스나 정서적 외상이 완전히 부서지고, 새로운 마음으로 들어가는 문이 활짝 열리게 하는 강력한 심신 충격을 말한다. 이 '브레이크아웃'을 경험하게 되면 이전의 생각이나 행동의 패턴이 깨지고 새로운 마음의 상태로 진입하게 된다고 한다.[39]

즉 '브레이크아웃'은 기존에 관습적으로 행했던 이기적인 방식을 벗어나 이타적인 마음을 일으키는 경험이라고 한다. '브레이크아웃'에 이르는 과정을 불교적으로 표현하면 마음에 쌓여 있는 번뇌를 정화하고, 보리심菩提心을 내는 과정이라고 할 수 있을 것이다. 이때의 보리심은 자신의 깨달음만을 추구하는 이기적인 마음이 아니라 중생을 위한 이타적 마음이다.

허버트 벤슨이 말하는 '브레이크아웃'에 이르는 과정을 더 자세히 살펴보면 다음과 같다.

첫째, '브레이크아웃'은 정신적, 육체적 스트레스가 생겨나면서 시작된다고 한다. 몸과 마음이 긴장되어 혈관이 수축하고 혈압이 상승하며 심장박동수가 증가하게 되는데, 이 현상은 우리가 어떤 문제를 해결하려고 할 때 애쓰는 단계에 나타나는 것과 같다. 유식학의 수행5위 가운데 '가행위'에서 번뇌를 분석할 때 많은 노력이 요구되는 것을 연상하게 한다.

둘째, '브레이크아웃'의 방아쇠가 작동하는 단계이다. 이때 지금까지 행해 왔던 관습적 사고나 정서적 방식이 완전히 끊어지는 현상이 나타난다고 한다. 유식학에 따르면 습관적으로 사유하고 행동하는

---

39 장현갑(2015), pp.186~187.

266 3부 치유를 통한 건강한 몸과 마음

방식은 자신이 만들어 놓은 '종자(습기)'에 의해 생겨난다. 마음에 쌓여 있는 '번뇌종자'를 수행에 의해 소멸하는 과정을 '브레이크아웃'의 방아쇠가 작동하는 현상으로 해석해 볼 수 있다.

셋째, 자아실현이라는 정상 체험을 한다. 이것은 마음의 질적인 변화가 일어나는 현상이다. 새롭게 도달한 상태는 본성을 보는(견성) 깨달음의 상태, 또렷하면서 고요한(성성적적惺惺寂寂) 마음의 상태 등으로 표현될 수 있을 것이다. 수행5위 가운데 '통달위'에 이르게 되면, 수행자는 '분별이 없어지며 생겨나는 지혜(무분별지)'를 증득하게 된다. 이때 수행자는 자신과 타인이 다르지 않은(자타불이) 경지 곧 진여의 경지를 체험하게 된다. 정상 체험은 이 경험과 비견될 수 있다.

넷째, 새로운 평정의 상태로 돌아간다. 마음의 질적인 변화를 경험한 후, 이전과는 다른 관점에서 사물을 바라보게 되는 마음의 상태라고 할 수 있다.

② 믿음과 '브레이크아웃'의 원리

유식학에 의하면 수행자는 '번뇌가 없는 종자(무루종자無漏種子)'를 알라야식에 보유하고 있다. 따라서 깨달음의 가능성이 있다. 이러한 가능성에 대한 믿음은 습관을 바꾸는 원동력이 된다. 수행자는 수행5위 가운데 '자량위'와 '가행위'를 밟아 나가면서 중생의 마음(중생심)을 일으키는 번뇌를 정화하고, 나아가 그것을 소멸시켜 '통달위'를 경험한다. 이후 '수습위'를 거쳐 '구경위'인 깨달음의 상태에 도달한다.

허버트 벤슨은 인간은 자신을 스스로 변화시켜 도약하게 하는 생물학적 원동력을 가지고 태어나기 때문에, 자기를 치유하는 힘을 가지고 있다고 한다. 따라서 누구나 '브레이크아웃'을 경험할 수 있다고 주장한다. 그리고 버트 벤슨은 '브레이크아웃' 원리가 믿음(신념)을 기반으로 훨씬 강력한 힘을 내게 한다고 본다. 이는 불교수행에서 믿음이 가장 기초가 되는 것과 마찬가지이다. 믿음을 통해 본격적인 수행이 시작될 수 있다. 모든 의례에서 삼귀의三歸依[40]가 가장 먼저 오는 이유가 여기에 있다.

명상이 시작되고 진행되는 과정은 불교와 유사할지라도, 이완반응을 통한 명상과 '브레이크아웃'의 과학적 효과는 허버트 벤슨 연구의 고유한 특징이자, 장점이다. 다음은 이 부분에 대해 살펴보게 될 것이다.

(2) 부정적 정서의 순화와 브레이크아웃

현대심리학과 의학에서 명상의 심리적·생리적 의미를 과학적으로 연구하기 시작한 계기는 허버트 벤슨의 『이완반응』이 출간된 이후라고 한다.[41] 1994년 미국국립보건원(National Institute of Health, NIH) 산하 대체의학연구소(Office of Alternative Medicine, OAM)에서 발간한 『명상연구총람』에 의하면 1970년부터 1994년까지의 명상에 관한 과

---

40 삼귀의三歸依는 깨우친 사람들인 부처(佛)·깨우친 사람들의 가르침인 법法·깨우친 사람들의 가르침을 수행하는 이들인 승가(僧)를 통칭하는 '3가지 귀중한 것(3보 三寶)'에 돌아가 의지하게 하는 불교의례이다. 불교의 어떤 의식에서나 필수적으로 가장 먼저 행해진다.

41 장현갑(2015), p.198.

학적·의학적 연구의 대부분이 허버트 벤슨의 '이완반응법'을 사용했다고 한다. 벤슨의 연구는 보완대체의학(Complementary and Alternative Medicine) 연구의 주류를 형성하는 데 크게 일조하였다.[42]

허버트 벤슨에 따르면 지금까지 생각하고 행동해 왔던 기본패턴과 관습을 벗어나기 시작하면(방아쇠가 작용하면), 몸과 마음이 이완되어 스트레스 호르몬 대신 몸과 마음을 행복하게 하는 호르몬인 도파민과 엔도르핀이 분비되고 몸에서 일산화질소(Nitric Oxide, NO)가 분출된다고 한다.

일산화질소는 우리 몸속에서 거의 제약받지 않고 활동하는 물질이다. 뇌가 더욱 효율적으로 작용할 수 있도록 신경전달물질의 기능을 돕는 역할을 한다고 알려져 있다. 도파민과 엔도르핀과 같은 신경전달물질의 방출을 촉진하여 안정감을 증진하고, 최상의 신체적 쾌감을 경험하게 한다는 것이다. 즉 일산화질소는 신체와 중추신경계를 돌아다니면서, 스트레스 호르몬의 효력을 약하게 하며, 신체 세포를 활성화하고, 심장박동률과 혈압을 떨어뜨리며 호흡을 느리게 하는 역할도 한다고 한다.

허버트 벤슨은 명상의 효과로 나타나는 생리학적 연구 외에도, 기능적 자기공명영상 장치(fMRI, functional Magnetic Resonance Imaging)를 사용하여 명상할 때 뇌에 나타나는 현상을 연구하였다. 허버트 벤슨은 본격적으로 명상이 진행될 때 '안정과 동요'라는 서로 모순적인 상태가 뇌에서 동시적으로 발생한다(paradox of calm commotion)는 것을 보여

---

42 장현갑(2015), p.198.

주기도 하였다.[43]

즉 명상의 단계에서 뇌가 전반적으로 평온해짐과 동시에, 마음을 집중하게 하는 뇌의 특정 부위는 오히려 활성화됨을 보여주었다. 또한, 명상하는 동안 변연계와 뇌간 부위에서 혈액의 흐름이 유의미하게 증가하는 현상이 나타난다고 주장하였다. 다시 말하면 명상하는 동안 전반적으로 뇌 활동은 안정 상태를 보여주지만, 주의집중과 관련된 뇌 부위와 자율신경계 활동을 조절하는 뇌 부위는 활동성이 높아진다는 것을 밝혀냈다.

앞에서 살펴보았듯이 '브레이크아웃'은 어려운 문제가 풀리는 통찰의 순간에 나타나는 현상이다.[44] 대부분의 뇌 부위의 활동은 줄어들지만, 특정 부위의 뇌, 주의나 각성을 담당하는 뇌 부위나 부교감신경계의 작용을 담당하는 뇌 부위의 활동은 증가하는 현상, 곧 '안정동요'가 일어난다는 것이다. 이는 불교에서 말하는 마음은 또렷하면서도 몸은 고요하기 이를 데 없는 상태 곧 '온갖 번뇌망상이 생겨나거나 멸하지 않고 마음이 고요(寂寂)하면서도 화두에 대한 의심이 또렷또렷한(惺惺)한 상태'를 뇌과학적으로 연구하고 그 결과를 보여준 것이라고 할 수 있다.

벤슨의 이완반응은 스트레스로 인해 생겨나는 몸과 마음의 질병을

---

43 http://www.ibulgyo.com/news/articleView.html?idxno=139808(2022.12.25.).
44 '브레이크아웃'에 의해 뇌 속에 일산화질소(NO)가 발생하는 것은 세타파 (theta-wave)의 출현과 밀접한 관련 있다고 한다. 세타(theta)파는 명상 상태에 나타나는 뇌파로, 창의적인 활동이나 통찰력이 발현될 때나 문득 깨침과 같은 직관이 생길 때 나타난다. 세타파는 명상의 이완과 각성과도 결합하는 뇌파이다.

치유하는 방법으로서 관심을 받아 왔다. 그 효과로는 긴장을 완화하여 메스꺼움, 구토, 설사, 변비, 호흡곤란 등의 해소와 두통이나 요통과 같은 통증을 경감 등이 있다. 또한, 고혈압 증상에 대처할 수 있으며 불면증이나 신경과민 등의 치료에 응용할 수 있다고 한다.

　이상에서 살펴본 바와 같이, 벤슨의 연구는 첫째, 부정적 정서로 나타나는 심신의 질병을 이완반응과 '브레이크아웃' 원리로 설명하고 그 극복의 방법을 제시했으며, 둘째, 현대과학 기술을 통해 명상의 실질적 효과를 시각적으로 보여주었다는 점에서 그 의의가 있다고 할 수 있다. 또한, 불교의 수행에 의한 몸의 변화 연구에, '브레이크아웃'에 의한 생리적 변화의 연구를 응용할 수 있음을 보여준다는 점에서, 벤슨의 연구는 불교학 연구에 시사하는 바가 크다고 필자는 생각한다.

2장 인지역량의 함양

본 장에서는 왜곡된 인지를 변화시켜 사태를 있는 그대로 볼 수 있게 하는 유식학의 수행관을 살펴본다. 특히 호법護法의 '4분설'에 따라서 마음을 깊이 있게 분석해 본다. 나아가 유식학의 '가행위'에서 제시되고 있는 '4가지 통찰(4심사관)'과 '4가지 있는 그대로 보는 관법(4여실지관)'을 통해 '탈중심화'에 이르는 과정을 살펴본다.

1. 인지력 증진

1) '4가지 마음의 영역(사분설)'의 의미

유식학의 특징은 마음을 다양한 관점에서 깊이 분석하고 있다는 데 있다. 잘 알려진 바와 같이 유식학은 마음을 8가지로 분석하고 있으며 이 마음을 표면의 층(표층)과 깊은 층(심층)으로 분류한다. 표면에 드러난 마음을 전5식과 제6의식으로, 깊은 층에 존재하는 마음을 제7말나식과 제8알라야식으로 분류한다. 이 가운데 제7말나식과 제8

알라야식은 유식학에서 최초로 제시한 마음의 영역이다. 현대 정신분석학에서 말하는 무의식의 영역으로 볼 수 있다. 유식학에 의하면 깊은 층에 존재하는 마음인 제7식과 제8식은 일반인에게 자각되지 않지만, 끊임없이 움직이며 표면에 존재하는 마음에 영향을 준다. 깊은 곳에 존재하는 이 마음은 요가수행자가 마음을 깊이 통찰하여 발견한 것이라고 한다.

유식학에서는 마음을 표면의 층과 깊은 층의 견지에서 8가지 식으로 구분하였지만, 다른 한편 반성과 재반성의 관점에서 마음의 작용을 4가지로 나누고 있다. 마음의 현상(상분심), 마음의 현상을 구별하는 작용(견분심), 구별하는 작용을 확인하는 작용(자증분심), 확인하는 작용을 다시 확인하는 작용(증자증분심)이 그것이다.[45] 이 분류는 마음의 작용을 구조적으로 깊이 있게 분석한 결과로서 '4가지 마음의 영역'이라 일컬어지고 있다.

이것은 불교 사상사에서 나누는 4가지 마음의 영역 가운데 하나에 속한다. 구체적으로 '1가지 마음의 영역', '2가지 마음의 영역', '3가지 마음의 영역', '4가지 마음의 영역'으로 분류되고 있다. 이 4가지를 차례로 살펴보면 다음과 같다.

1가지 마음의 영역(1분설一分說)은 안혜(安慧, 475~555 또는 510~570)가 제시한 것이다. 그는 우리가 생각할 때, '보여지는 것(대상)'은 마음이 분별한 것일 뿐 진실로 존재하는 것이 아니라고 보았다. 그래서 그 존재성을 인정할 수 없다고 생각하였다. 오직 식 자체(자증분)만

---

45 정은해, 「「유식분량결唯識分量決」에 나타난 심사분설心四分設의 검토」, 『불교학연구』 제28호, 2011, pp.7~43.

존재한다고 주장하였다.

2가지 마음의 영역(2분설二分說)은 난타難陀가 제시한 것이다. 2가지 마음의 영역은 인식의 주체로서 '마음의 현상을 구별하는 작용(견분)'과 인식의 대상인 '마음의 현상(상분)'을 말한다. 그는 '마음의 현상을 구별하는 작용'과 '마음의 현상' 가운데 하나가 빠지게 되면 인식은 성립하지 않는다고 보고, 인식이 이루어질 때 언제나 '마음의 현상을 구별하는 작용'과 '마음의 현상'을 바탕으로 그 작용이 생겨난다고 주장하였다.

3가지 마음의 영역(3분설三分說)은 진나(陳那, 480~540?)가 제시한 것이다. 그는 인식작용이 생겨나는 데 필요한 '마음의 현상을 구별하는 작용'과 '마음의 현상'이 서로 관계를 맺기 위해서 그 근거가 되는 식 자체가 존재해야 한다고 보았다. 진나는 식 자체인 '구별하는 작용을 확인하는 작용(자증분)'이 '마음의 현상을 구별하는 작용'과 '마음의 현상'으로 나뉘어서 인식이 생겨난다고 분석했다. 그리고 세 가지는 마음을 기반으로 하여 생겨난 것이기 때문에 서로 다른 것이 아니라고 주장하였다.

4가지 마음의 영역(4분설四分說)은 호법(護法, 530~561)이 제시한 설이다. 호법은 '보는' 인식주관을 '마음의 현상을 구별하는 작용(견분)'으로, '보이는' 인식대상을 '마음의 현상(상분)'으로, 다시 그 배후에 또 다른 마음의 작용을 설정하여 '구별하는 작용을 확인하는 작용(자증분)'으로, 마지막으로 '확인하는 작용을 다시 확인하는 작용(증자증분)'으로 구분하고 있다.

호법은 독특하게도 '4가지 마음의 영역'에 의해 하나의 인식작용이

완성된다고 본다. 다시 말하면 '마음의 현상(상분)'은 마음에 나타난 인식대상을 말한다. 사물의 모양을 띤 심적 부분이다. '마음의 현상을 구별하는 작용(견분)'이란 '마음의 현상(상분)'을 파악하고 인식하는 주관이다. 즉 보는 작용을 하는 심적 부분이다. 그리고 '구별하는 작용을 확인하는 작용(자증분)'은 '마음의 현상을 구별하는 작용(견분)'을 알아차리는 작용을 하는 마음이다. '확인하는 작용을 다시 확인하는 작용(증자증분)'은 '구별하는 작용을 확인하는 작용(자증분)'을 확인하는 마음이다. '구별하는 작용을 확인하는 작용(자증분)'과 '확인하는 작용을 다시 확인하는 작용(증자증분)'은 '마음의 현상을 구별하는 작용(견분)'을 증명하여 알아차리는 작용을 한다고 볼 수 있다. 이 '4가지 마음의 영역'은 마음의 작용에 차별이 있다고 보고 구분한 것이다. 각각의 작용은 앞에서 언급한 바와 같이 지각내용(상분), 지각작용(견분), 지각작용의 반성(자증분), 반성의 재반성(증자증분)에 해당한다.[46]

예컨대 여기에 종이가 있고 그 길이를 자로 잰다고 하자. 그러면 종이와 자 외에 그 길이가 몇 cm인지 파악하고 확인하는 지적 작용이 있어야만 비로소 종이의 길이를 아는 작용이 생겨난다. 이 경우 종이가 '마음의 현상(상분)', 길이를 재는 자가 '마음의 현상을 구별하는 작용(견분)', 읽어내는 지적 작용이 '구별하는 작용을 확인하는 작용(자증분)'에 각각 상응한다. 이 비유가 보여주고자 하는 바는, 어떤 인식작용이 성립하기 위해서는 우리가 보통 인식하는 주체(견분)를 다시 확실히

---

46 정은해(2011), pp.7~43.

증명하는 심적 작용이 필요하다는 것이다. 이 측면에서 주관의 작용을 증명하는 작용으로서 '구별하는 작용을 확인하는 작용(자증분)'을 설정한다. 호법의 '4가지 마음의 영역'에서는 '구별하는 작용을 확인하는 작용(자증분)'의 깊은 곳에 이것(자증분)을 증명하는 또 하나의 작용이 존재한다고 보고, 그것을 '확인하는 작용을 다시 확인하는 작용(증자증분)'이라고 부른다. 이 논리에 따르면 이 '확인하는 작용을 다시 확인하는 작용(증자증분)'을 다시 확인하는 작용, 이 확인된 것을 다시 확인하는 작용 등 확증작용이 불가피하게 무한히 반복된다. 호법은 무한소급이라는 이 모순을 극복하기 위해서 '확인하는 작용을 다시 확인하는 작용(증자증분)'을 확증하는 것은 앞의 작용(자증분)이라고 생각하였다. 호법이 제시한 '4가지 마음의 영역'은 우리가 일상에서 어떤 대상을 인식할 때, 표면적으로 생각하는 마음의 더 깊은 곳에서 이 생각에 대해 알아차리는 마음이 생겨날 수 있다는 것을 보여준다.

사람들은 대부분 마음에 나타난 인식대상에 집착해서 그것이 영원히 존재할 것이라는 착각을 하면서 살아간다. 필자는 사람들이 인식대상을 바라보는 인식주체 그 자체를 반성하는 또 다른 마음이 나에게 있음을 자각한다면, 스스로 만들어낸 인식대상과 이에 대해 집착하는 인식의 주체가 모두 무상함을 메타적으로 볼 수 있다고 생각한다. 또한, 마음의 공간이 표면적으로 파악되는 것보다 훨씬 깊다는 것을 자각할 수 있을 것이라고 필자는 본다.

2) '4가지 마음의 영역'과 3가지 인식방법의 관계

앞에서 살펴본 호법의 '4가지 마음의 영역'은 『성유식론』에 처음 등장한다. '마음의 현상을 구별하는 작용(견분)'은 '마음에 나타난 현상(상분)'에 대한 작용으로서 생각하는 마음을 말한다. 그리고 '마음에 나타난 현상(상분)'은 생각의 대상을 말한다. 또한 '구별하는 작용을 확인하는 작용(자증분)'은 '구별하는 작용(견분)'과 '마음에 나타난 현상(상분)'이 의지하는 바탕이며 인식의 결과이다. 그리고 '확인하는 작용을 다시 확인하는 작용(증자증분)'은 '구별하는 작용을 확인하는 작용(자증분)'을 증명하는 마음이다.[47]

유식학에서는 인식의 작용을 '4가지 마음의 영역'으로 설명하기도 하지만 3가지 인식수단(三量)으로 설명하기도 한다. 곧 지각(현량現量)·추리(비량比量)·잘못된 추리(비량非量)의 관점에서 마음이 작용하는 양상을 분석하기도 한다. 3가지 인식수단 가운데 지각(현량)은 감각기관을 통해 직접 아는 것을 말한다. 현대어로 '직관'이라고 할 수 있다. 내 앞에서 불이 타는 것을 눈으로 보거나 냄새를 맡는 것은 지각에 의한 것이 된다.

한편 추리(비량)는 어떤 사실을 토대로 해서, 그것과 같은 조건에 있는 다른 사실을 헤아려서 아는 것이다. 생각을 통해 간접적으로 얻은 앎이다. 예를 들면 사이렌 소리를 울리며 소방차가 달려가고 멀리서 연기가 나는 것이 보일 때, 추론해서 그곳에 불이 있을 것이라고 아는 것이 추리(비량)이다.

다른 한편 인식수단이 아닌 것(비량非量)이란 그릇된 직접 지각(사현량似現量)과, 그릇된 추리에 의한 인식(사비량似比量)을 말한다. '그릇된

---

47 『成唯識論』 卷2(T31, 10b2-13).

직접 지각'은 5가지 감각기관으로 대상을 인식할 때 감각기관과 동시에
작용하는 제6의식이 잘못 판단하는 경우를 말한다. 오렌지를 보고
귤이라고 하는 것이 그릇된 직접 지각(사현량)의 예가 된다. 한편
'그릇된 추리에 의한 인식'은 안개를 연기라고 생각하고 그곳에 불이
났다고 잘못 추리하는 것을 말한다.

　독특하게도『성유식론』에서는 이러한 3가지 인식방법을 '4가지 마
음의 영역'과의 관계 속에서 분석하고 있다.[48]

　첫째, '마음의 현상을 구별하는 작용(견분)'에 주목해서 8가지 식의
작용을 살펴보면 다음과 같다.

　우선 전5식과 제8식은 '마음의 현상을 구별하는 작용(견분)'을 할
때, 대상을 항상 직접 지각(현량)한다고 한다. 특히 제8식인 알라야식
은 우리의 몸, 알라야식에 존재하는 '종자', 우리를 둘러싸고 있는
기세간(자연)을 직접 지각한다고 한다.

　제7말나식은 '마음의 현상을 구별하는 작용(견분)'을 할 때, 제8식의
'마음의 현상을 구별하는 작용(견분)'을 인식대상(상분)으로 삼아서
그것이 영원히 존재한다고 항상 착각하여 집착하므로 잘못된 인식(비
량非量)을 한다고 한다.

　제6의식은 '마음의 현상을 구별하는 작용(견분)'을 할 때, 18계의
모든 법法을 인식대상으로 한다. 따라서 직접 지각, 추론, 잘못 판단하
는 작용을 모두 한다고 본다. 8가지 식 가운데 3가지 인식방법이
모두 가능한 마음은 제6식이다. 이것은 제6의식의 작용범위가 넓어서

48　『成唯識論』卷2(T31, 10b17-28).

나타나는 현상이라고 한다. 우리는 의식의 작용을 스스로 쉽게 자각할 수 있다. 내가 어떤 것을 보고 그것에 대해 좋고 싫다고 판단하는 작용, 선정禪定 시 마음에 나타난 이미지를 분석하는 것, 일상에서 상상하는 것 모두 제6의식의 작용이다. 의식은 표면에 존재하는 마음으로 인지작용의 중심이 된다.

둘째, '구별하는 작용을 확인하는 작용(자증분)'과 '확인하는 작용을 다시 확인하는 작용(증자증분)'은 8가지 식 모두 항상 직접 지각을 통해 이루어진다고 한다. 왜냐하면 '마음의 현상을 구별하는 작용(견분)'은 비록 인식대상에 대해 잘못된 견해(사견邪見)를 일으킬지라도 '구별하는 작용을 확인하는 작용(자증분)'은 '마음의 현상을 구별하는 작용(견분)' 그 자체를 직접 지각하기 때문에 그릇된 견해(사邪)나 바른 견해(정正)를 일으키지 않는다고 한다. '확인하는 작용을 다시 확인하는 작용(증자증분)' 또한 '구별하는 작용을 확인하는 작용(자증분)'에 대해 현량을 일으킨다고 한다.[49]

셋째, '마음의 현상(상분)'은 마음의 작용 가운데 하나이지만, 오직 대상으로서의 형상만을 나타낼 뿐 인식하는 작용이 없다. 따라서 모든 8가지 식에 나타난 '마음의 현상(상분)'에 대해 3가지 인식(지각·추리·잘못 판단하는 것)이 일어나지 않는다고 한다.

이상의 논의를 도표로 정리하면 아래와 같다.

---

[49] 『成唯識論』 卷2(T31, 10b17-28).

〈도표 3-3〉【4가지 마음의 영역과 3가지 인식방법】

4가지 마음의 영역	3가지 인식방법: 지각·추리·인식수단이 아닌 것
마음의 현상(상분)	3가지 인식방법이 모두 일어나지 않는다
마음의 현상을 구별하는 작용(견분)	전5식: 지각(현량), 제6의식: 3가지 인식방법 모두 작용 제7말나식: 인식수단이 아닌 것(비량, 잘못된 추리), 제8알라야식: 지각(현량)
구별하는 작용을 확인하는 작용(자증분)	전8식 모두 지각(현량)
확인하는 작용을 다시 확인하는 작용(증자증분)	전8식 모두 지각(현량)

3) 인지작용의 양상

인지작용이 발생하는 현상을 좀 더 구체적으로 살펴보자. 유식학에서는 마음이 찰나찰나 생겨나고 소멸한다고 본다. 우리가 앞에 놓은 컵을 바라볼 때 그것을 컵이라고 인식하는 것은 직전 찰나에 컵을 인식한 마음과 현 찰나에 컵을 인식하는 마음이 시간상으로 붙어 있어서 간격이 없고 그 성질이 거의 같은 작용이 일어나기 때문에 컵이라고 인식할 수 있다고 설명한다.

다시 말하면 컵을 보는 안식은 감각기관인 안근을 기반으로 한다. 첫 번째 안식이 생겨나는 순간에는 두 번째 안식은 생겨날 수 없다. 첫 번째 안식이 사라져야 두 번째 안식이 생겨날 수 있다. 이때 첫 번째 안식은 과거식으로 물러나면서 현재의 위치를 두 번째 안식에게 물려주고 이끌어 주는 역할은 의(意, 제6의식 또는 제7말나식의 작용)가 한다고 본다. 이러한 현상은 모두 알라야식에 있는 '종자'로부터 생겨난다(종자식).

유식학에 따르면 우리가 컵을 바라볼 때 인식대상으로 나타난 컵은 알라야식에 있는 '종자'가 현현하면서 생겨난다. 우리 주변에 많은 물건이 존재하는데 오직 컵에 집중해서 그것을 인식대상으로 바라보는 것은 내 마음에 컵과 관련된 경험의 내용이 '종자'로 저장되어 있다가 나타나는 것이라 할 수 있다. '종자'가 현현하면서 제7식인 말나식이 나를 중심으로 바라보도록 제6의식을 조정하여 그 컵에 대해 '내 컵으로 만들어야지!'라고 생각하도록 한다는 것이다. 즉 안식眼識을 포함한 5가지 식은 반드시 안근眼根 등의 5가지 감각기관을 토대로 생겨나며 그 이면에는 제6의식, 제7말나식 및 종자식이 함께 작용하여 인식의 작용이 생겨나는 것이라고 본다.

이러한 인식의 작용에는 자신이 만들어 놓은 '종자'가 주요 역할을 하게 된다. 예를 들자면 탐내는 마음을 담고 있는 '종자'가 현현하게 되면 제7식인 말나식이 제6의식의 기반이 되어 눈앞에 나타난 대상을 자신의 것으로 소유하고자 하는 마음을 일으키게 된다. 제6의식은 대상에 대해 탐색하고 그것을 자신의 것으로 만들기 위해 정보를 모으는 과정에서 타인과 갈등하는 상황을 만들기도 한다. 이 과정에서 자기 생각대로 결과가 나타나지 않았을 때 마음은 분노하기도 하고 타인을 미워하는 작용을 하기도 한다. 이처럼 마음은 부정적인 작용을 일으켜 스스로를 고통스럽게 하는 결과를 낳는다.

〈도식 3-1〉【마음의 작용양상】

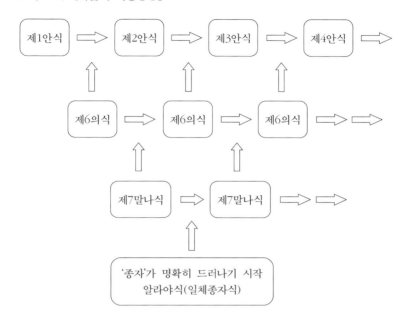

4) 부정적 인지작용의 발생과 소멸

우리의 마음에 나타난 부정적 인지작용의 생성과 소멸을 '4가지 마음의 영역'에 입각해서 관찰해보면 다음과 같다.

과거에 내가 꼭 가지고 싶었던 물건이 있는데 여러 조건이 맞지 않아 소유할 수 없는 상황이 되었다고 하자. 그때 마음에는 아쉬움, 약간의 분노 등이 생겨난다. 유식학에 따르면 그 경험은 '종자'로 저장되게 된다. 이후 우리는 그러한 마음을 일으켰던 경험을 잊은 채 일상을 보낸다. 다시 말하면 '종자'는 평소에 잘 드러나지 않고 알라야식 속에 잠복해 있다는 것이다. 그런데 어느 순간 TV나 사진 또는 인터넷에서 그 물건을 보게 될 때, 전에 자신이 가지고 싶었던 것이라는 기억이

난다. 이것은 마음에 저장되어 있던 '종자'가 현현되어 '마음의 현상(상분)'으로서 그 물건이 눈에 들어오게 되는 현상이다. 이때 그것을 바라보는 안식과 그 배후에 제6의식 그리고 제7말나식이 '마음의 현상을 구별하는 작용(견분)'을 하며 '마음의 현상(상분)'은 인식의 대상으로서 역할을 하게 된다. '마음의 현상(상분)'과 '마음의 현상을 구별하는 작용(견분)'은 모두 순간순간 생겨났다 사라지는 마음이다.

'마음의 현상(상분)'에 대해 탐하는 작용, 분노를 일으키는 작용, 진실을 알지 못하게 하는 작용은 제7말나식이 제6의식으로 하여금 자신을 중심으로 생각하도록 유도하기 때문에 생겨난다.

그렇다면 부정적 인지작용의 정화는 어떻게 가능할까? 필자는 인식작용을 메타적으로 자각하는 것을 제안한다. 마음을 괴롭히는 부정적 인지대상(상분)을 파악하는 '마음의 현상을 구별하는 작용(견분)'과 그것을 바라보는 또 다른 마음, 즉 '구별하는 작용을 확인하는 작용(자증분)' 및 '확인하는 작용을 다시 확인하는 작용(증자증분)'의 발생과정을 메타적으로 자각하면, 부정적 인지과정의 메커니즘을 분석할 수 있게 된다. 필자는 이렇게 마음의 과정을 관찰하고 확증하는 작용을 이어가다 보면, 부정적 정서의 뿌리를 통찰할 수 있게 된다고 본다.

2. '4가지 통찰(4심사관)'과 '있는 그대로 보는 4가지 관법(4여실지관)'을 통한 '탈중심화'

다음은 마음의 현상이 모두 무상함을 닦아가는 '4가지 통찰(4심사관)'과 '있는 그대로 보는 4가지 관법(4여실지관)'를 살펴본다. 이어서 서양의 심리학 이론과 '4가지 통찰(4심사관)'을 비교·분석해 본다.

1) '4가지 통찰'의 의미와 기원

유식의 수행5위 가운데 두 번째 단계인 '가행위'는 '난위', '정위', '인위', '세제일법위'로 이루어져 있다. 유식학은 수행을 통해 인식의 주관과 인식의 대상이 모두 공空함을 증득해 가는 과정을 단계별로 구분하고 있다. 특히 '가행위'에서 이루어지는 구체적인 수행관은 '4가지 통찰(4심사관)'이다. 인식의 대상을 4가지 측면, 곧 명칭·이미지·특성·차이에 대해 관찰함으로써 그 본성을 있는 그대로 볼 수 있는 능력을 기르는 관법이다. 다시 말하면 '4가지 통찰(4심사관)'은 마음에 떠오른 이미지(義)와 그것을 표현한 명칭(名), 그 이미지만의 특성(自性), 다른 것과의 차이差別는 영원한 존재 즉 실체로서 존재하지 않음을 통찰하는 관법을 말한다.[50]

이 '4가지 통찰'은 『유가사지론瑜伽師地論』 「본지분」의 〈문소성지聞所成地〉에서 처음 나타난다.[51] 그런데 여기서는 '4가지 통찰'에 대해 자세한 설명을 하지 않고 다만 그 요소만을 소개하고 있다.[52] '4가지

---

50 '4가지 통찰' 가운데 '의義'는 『大乘莊嚴經論』과 『攝大乘論』에서 수행대상으로 정착되어 이후 『成唯識論』에 그대로 이어져서 유식5위 가운데 '가행위'의 수행법으로 계승된 것으로 볼 수 있다(김성철, 「초기 유식학파의 분별 개념」, 『인도철학』 Vol.12, No.1, 2003, pp.231~259).

51 『瑜伽師地論』(T30, 345b).

52 『瑜伽師地論』(T30, 345b26-345c01), "復有四尋思. 謂名尋思. 事尋思. 自性假立尋思. 差別假立尋思. 復有四如實遍智. 謂名尋思所引如實遍智. 事尋思所引如實遍智. 自性假立尋思所引如實遍智. 差別假立尋思所引如實遍智."

통찰'을 구체적으로 설명하는 문헌은 『유가사지론』 「본지분」의 〈보살
지菩薩地〉이다. 유식학은 〈보살지〉에서 우리가 그릇되게 분별하는
양상을 8가지로 분류한다. 나아가 각각의 분별을 명확히 이해하고
없애는 방법으로 '4가지 통찰'과 '4가지 있는 그대로 보는 관법'을
제시하고 있다. 8가지 분별은 '본질에 대한 분별(자성분별自性分別)',
'양상에 대한 분별(차별분별差別分別)', '전체를 파악하는 분별(총집분별
總執分別)', '나라는 분별(아분별我分別)', '내 것이라는 분별(아소분별我所
分別)', '좋아하는 것에 대한 분별(애분별愛分別)', '좋아하지 않는 것에
대한 분별(비애분별非愛分別)', '그 둘이 아닌 것에 대한 분별(피구상위분
별彼俱相違分別)'을 말한다.[53] 이에 대해 간단히 설명하면 다음과 같다.

첫째, '본질에 대한 분별(자성분별)'은 우리의 마음에 인식대상으로
나타난 탁자를 '이것은 탁자이다'라고 파악하는 것과 같이 어떤 것(탁
자)을 어떤 자성(탁자의 자성), 곧 본래의 성질을 가진 것으로 확정하여
파악하는 것이다.

둘째, '양상에 대한 분별(차별분별)'은 인식대상인 탁자가 사각형
또는 원형으로 이루어진 것이며 나무 또는 플라스틱으로 만들어진
것이라고 구분하는 것을 말한다. 즉 '본질에 대한 분별(자성분별)'을
근거로 하여 그것의 특수한 의미를 분류해서 헤아리는 것을 말한다.

셋째, '전체를 파악하는 분별(총집분별)'이란 집합으로 이루어진 대
상에 대하여 개념을 매개로 하여 그것을 단일한 것으로 인식하는
것이다. 예를 들면 군사들의 집합인 군대, 풀과 나무, 꽃 등으로 이루어

---

53 『瑜伽師地論』(T30, 489c-490c).

진 숲처럼 많은 것들이 모여서 만들어진 집합을 군대나 숲과 같은 개념을 통해 단일한 것으로 인식하는 것을 말한다.

넷째, '나라는 분별(아분별)'은 '이것은 나다'라고 생각하는 것을 말한다. 다섯째, '내 것이라는 분별(아소분별)'은 '이것은 나의 것이다'라고 분류해서 헤아리는 것이다. '나라는 분별(아분별)'과 '내 것이라는 분별(아소분별)'은 자신은 영원히 존재한다는 생각(유신견有身見)과 자신을 높이는 작용(아만我慢)을 낳는다고 한다.

여섯째, '좋아하는 것에 대한 분별(애분별)'은 자신이 선호하는 것에 대해 분별하는 것을 말한다. 일곱째, '좋아하지 않는 것에 대한 분별(비애분별)'은 자신이 싫어하는 것을 분류하고 헤아리는 것을 말한다. 여덟째, '그 둘이 아닌 것에 대한 분별(피구상위분별)'은 좋아하거나 좋아하지 않는 그 양자가 없는 것을 인식대상으로 하는 분별이다. '좋아하는 것에 대한 분별'은 탐(貪), '좋아하지 않는 것에 대한 분별'은 성냄(진瞋), '그 둘이 아닌 것에 대한 분별(피구상위분별)'은 어리석음(치癡)을 산출한다고 한다.

『유가사지론』에서는 이 8가지 분별로부터 번뇌가 생겨나며, 이 번뇌로 인해 인간은 윤회의 세계를 벗어날 수 없다고 한다.

지금까지 살펴본 이 8가지 분별은 일상에서 인지작용이 어떻게 발생하는지를 총체적이면서 동시에 구체적으로 분석한다. 유식학은 이 8가지 분별의 양상을 명확히 관찰하고 이것이 모두 무상함을 꿰뚫어 보는 방법으로 '4가지 통찰'을 제시하고 있다.

2) '4가지 통찰'에 의한 부정적 인지 통찰

앞에서 알 수 있듯이, 『유가사지론』의 8종 분별은 마음이 대상에 대해 분별하는 양상을 구체적으로 분류하고 있어서 인지작용의 여러 모습을 알 수 있게 한다. 분별은 인지작용에 의해 이루어지는 것으로서, 감각기관을 통해 수용된 정보에 대해 자신이 기억하고 있던 내용으로 분석하고 구별하는 것이다.

그런데 이를 통해 부정적 정서가 더욱 커지는 때도 있다. 중요한 면접시험에 임하는 사람의 마음을 예로 들어보자. 면접을 보는 사람의 마음속에는 대부분 초조와 불안감이 존재한다. 겉으로 평온해 보이는 사람도 마찬가지일 것이다. 면접을 보는 자가 이러한 부정적 감정을 잘 조절하면 좋겠지만, 예전에 실수했던 경험이 떠올라 '이번에도 같은 실수를 반복하면 어쩌나…'라는 생각을 하게 되면 불안감이 더욱 커지게 된다. 이로 인해 면접관의 질문에 대해 이성적으로 생각하고 답을 할 수 없는 사태가 발생하기도 한다. 이 현상은 옛 기억이 떠올라 부정적 정서인 불안감이 커지는 예가 될 수 있을 것이다.

유식학의 '4가지 통찰'은 마음에 떠오르는 이미지에 집중하고 그것의 본성을 통찰하여 불안과 같은 번뇌를 소멸하고자 하는 방법이다. 즉 '4가지 통찰'은 마음에 떠오른 이미지(義)와 그것을 표현하는 이름(名), 그것의 본성(自性), 차이差別가 영원하지 않음을 통찰하여 부정적 정서와 부정적 인지를 소멸하는 방법이다.

유식학에서는 마음에 생겨난 이미지를 언어로 표현하고 그것이 실체로서 영원히 존재한다는 인지왜곡이 번뇌를 더욱 유발한다고 본다. 따라서 수행자는 이 '4가지 통찰'을 통해 이미지와 그것을 표현하는 언어가 허망하다는 것을 관찰함으로써 '있는 그대로 아는 지혜'를 깨달아 얻고자 한다. 이를 구체적으로 살펴보자.

우선 '4가지 통찰' 가운데 '명칭에 대한 통찰(명심사名尋思)'은 명칭에 의식을 집중해서 다만 명칭일 뿐 그것은 영원하지 않음을 통찰하는 것이다. 예를 들면 앞에 놓여 있는 컵이 내 인식의 세계로 들어왔을 때, 나는 그것을 컵이라고 부른다. 그리고 나는 그것을 나의 것이며 나와 함께 계속 존재하리라고 생각하게 된다. '명칭에 대한 통찰'은 컵이라는 명칭은 다만 이름일 뿐인데, 그것에 집착해서 '그것은 나의 것이므로 다른 사람은 사용해서는 안 된다'라고 생각하므로 번뇌가 생겨난다는 것을 통찰하는 것이다. 이를 통해 그 명칭은 대상을 나타낸 하나의 방편이었음을 '있는 그대로 아는 지혜'를 얻고자 하는 것이다.[54]

'대상에 대한 통찰(의심사義尋思)'은 명칭이 붙여진 인식의 대상 또한 영원히 존재하는 것이 아님을 관하는 것이다. 일상에서 우리는 인식의 대상이 나의 것이라고 착각하고 그것에 대해 집착하면서 살아간다. 내가 좋아하는 사람을 내가 원할 때마다 만나고 싶고 그를 나만의 존재로 여기고 싶지만, 항상 그렇게 하지 못한다. '대상에 대한 통찰'은 인식의 대상 또한 영원한 존재가 아님을 통찰하고 그것에 대한 집착을 없애는 방법이다. 내가 집착한 대상이 사라질 것이라는 불안감 또한 대상을 영원히 나의 것으로 소유하려는 욕망에서 비롯됨을 통찰하는 것이다. 즉 '대상에 대한 통찰'은 인식대상이 하나의 사건일 뿐이라고 관찰한 후, 그 대상은 영원하지 않음을 '있는 그대로 아는 지혜'를

---

54 『顯揚聖教論』(T31, 507c26-508a03).

얻고자 하는 것이다.[55]

'본성에 대한 통찰(자성심사自性尋思)'은 모든 존재의 본성은 실체로 존재하는 것이 아닌데, 소통을 위해 말로 표현한 것일 뿐이라는 것을 사실대로 보는 것이다. 즉 컵의 본래 모습은 실체가 없는 것인데, 다만 임시로 그것이 존재한다고 여겨서 그것을 언어로 표현한 것임을 통찰하는 것을 말한다. 예컨대 내가 중요하게 여겼던 나의 컵을 누군가 가져가거나 그 컵이 탁자에 부딪혀서 깨질지 모른다는 불안감이 생겨날 수 있다. 이때 내가 집착한 컵은 영원한 것이 아니며 그로 인해 생겨난 불안 또한, 내 마음에 나타난 하나의 현상에 불과할 뿐 모든 것은 계속해서 변하고 있다는 것을 통찰하여 '있는 그대로 아는 지혜'를 얻고자 하는 것이 '본성에 대한 통찰'이다.[56]

'차별에 대한 통찰(차별심사差別尋思)'은 인식대상을 차별적으로 구분한 것이 영원한 것이 아니며 변화(공)하는 것임을 관하는 방법이다. 예컨대 나는 컵에 대해 '이것은 유리로 되어 있으며, 바닥이 딱딱하고 손잡이가 있다'라고 분류하고 그것을 말로 표현할 때가 있다. 하지만 이러한 차별 또한 주관적인 해석이며, 다른 사람은 다른 측면에서 그 컵에 대해 '둥근 모양이며 색이 하얗고 손잡이가 크다'라고 분류할 수 있음을 관하는 방법이 '차별에 대한 통찰'이다. 이 통찰은 나 자신이 나의 마음에 떠오른 이미지를 차별화하고, 그 가운데 내가 선호하는 것을 집착하는 현상에 대해 '있는 그대로 아는 지혜'를 얻고자 하는 것이다.[57] 이를 통해 그렇게 느꼈던 내 느낌이 변하였고, 그 사건도

---

55 『顯揚聖教論』(T31, 508a03-06).

56 『顯揚聖教論』(T31, 508a07-13).

변하였으며, 나와 그 사건의 만남도 변했으므로, 나는 그 사건에 대해 괴로움을 느낄 필요가 없음을 알게 되는 것이다.

'4가지 통찰'은 마음에 떠오른 대상과 그것에 대한 명칭, 그 대상의 본질, 차별이라는 4가지 측면에서 마음의 작용을 면밀하게 통찰하는 과정이다. 이를 통해 알라야식에 쌓여 있는 번뇌를 정화하고 나아가 소멸하는 것이다.

일상에서 우리는 사물과 사람들에 대해 내가 선호하는 것과 싫어하는 것으로 나누고 내가 좋아하는 것이 영원히 존재할 거라고 여기며 집착한다. 이러한 마음을 유식학에서는 허망하게 분별하는 마음이라고 본다. 유식학은 '4가지 통찰'에 의해 부정적 인지작용이 긍정적으로 바뀔 수 있음을 보여준다.

3) 현대 심리치료 기제인 '탈중심화'와 유식학의 '4가지 통찰'

이상에서 '4가지 통찰'을 통해 마음의 본성을 통찰하는 수행과정을 살펴보았다. 앞에서 언급한 바와 같이 '4가지 통찰'은 수행5위 중 '가행위'에서 행해지는 것으로 관찰과 분석을 통해 부정적 정서와 부정적 인지작용을 잠재우고 평정한 마음의 상태로 이끄는 관법이다. '4가지 통찰'은 고대에 형성된 것이지만, 세밀한 과정을 보여주고 있어서 현대인의 심리치유에도 유용할 것으로 생각된다. 이 일환으로 본 논의에서는 우선 유식학의 '4가지 통찰'과 유사한 면을 보이는 현대 서양 심리치료 이론의 탈중심화(decentering)를 살펴보고자 한다.

---

57 『顯揚聖教論』(T31, 508a14-23).

탈중심화는 자신의 주관적 관점에서 사물을 보는 것에서 벗어나 객관적으로 파악하는 것을 의미한다.[58] 현대심리학은 탈중심화를 탈동일화, 자기수용, 반응의 탈자동화 등으로 분류하여 설명하고 있다.[59]

(1) '탈동일화'와 '4가지 통찰'의 명칭과 이미지

'탈동일화(disidentification)'는 현실 그 자체와 그것에 대해 자신이 해석한 생각 및 감정 사이에 존재하는 차이를 알아차리는 과정이다. 곧 자신이 경험한 현실과 이것에 대해 자신이 해석한 것 사이의 틈을 인식하고, 그 경험을 해석하는 과정에서 자신이 끼어들고 있음을 관찰하는 과정을 말한다.[60] 이것은 자기 경험 곧 특정한 욕구, 감정, 생각 등을 사실 자체와 동일시하는 것에서 벗어나는 것을 말한다. 이를 통해 "감정이나 생각에 묶여 있던 에너지가 해방되어 고통에서 벗어날 수 있게 된다."는 것이다. 따라서 '탈동일화'는 상담에서 중요한 치료기제가 된다.[61] 자기 경험에 휩쓸리지 않고 거리를 두고 바라보는 것은 사실 자체와 그것을 해석한 생각을 분리하여 인식하는 것이다.

유식학의 '4가지 통찰'에서 사실 자체를 의義로, 그리고 이것(義)을 해석하여 이름을 붙인 것을 '명칭(名)'이라 일컫는다. 현실과 이를

58 https://terms.naver.com/entry.naver?docId=5675052&cid=62841&categoryId
=62841(2021.10.01.).

59 Fresco et al.(2007).

60 Safran, J. D., & Segal, Z. V. (1990), *Interpersonal processes in cognitivetherapy*,
Northvale, NJ: Jason Aronson.

61 성승연, 「상담 장면에서의 탈동일시 현상」, 가톨릭대학교 박사학위 청구논문,
2006.

해석한 생각(명칭)이 서로 일치하는 것이 아님을 통찰한다는 점을 고려해 볼 때, '탈동일화'는 '4가지 통찰'의 수행법과 유사한 면이 있다. "하지만 '4가지 통찰'은 사실 자체도 변화하며 이것을 해석한 생각 자체도 변화하는 것임을 통찰함으로써, 사실과 그것을 해석한 언어(생각, 감정)의 관계 또한 영원한 것이 아님을 깨닫는 것을 목표로 하고 있다는 점을 주목할 필요가 있다. '4가지 통찰'은 근원적인 통찰을 기반으로 마음의 변화를 추구하고 있다."[62]

(2) '자기수용'과 지관수행

'비판단적인 자기수용(Self-acceptance)'은 그대로 수용하면서 판단하지 않고 관찰하는 것이다. '비판단적인 자기수용'은 마음을 성찰하고 그 작용을 알아차리는 마음챙김과 상당히 유사한 측면을 보인다.[63] 마음챙김은 불교 위빠사나의 핵심적인 수행방법으로서, 현재 경험하는 내용을 그대로 수용하여 자각하고 알아차리는 것이다.[64]

사실 잘 알려졌듯이 유식학은 수행자들이 수행한 경험 내용을 체계화한 것이다. 유식학의 수행5위 가운데 두 번째 단계인 '가행위'에서 이루어지는 '4가지 통찰'은 지관止觀수행을 기반으로 진행된다. 즉

---

62 안환기, 「코로나-19 팬데믹 시대, 정서불안에 대한 유식학적 모색-사심사관四尋伺觀을 중심으로-」, 『동아시아불교문화』 48, 2021, pp.431~433.

63 김빛나, 「탈중심화가 내부초점적 반응양식과 우울 증상에 미치는 영향」, 서울대 대학원 석사학위논문, 2008.

64 Germer, C. K.(2005), "Mindfulness: What is it? What does it mean?" In C. K. Germer, R. D. Siegel, & P. R. Fulton(Eds), *Mindfulnses and psychotherapy*, New York: Guilford Press.

'4가지 통찰'이 진행되려면 집중된 상태에서 마음에 떠오른 대상과 그것을 해석하는 생각, 그리고 그러한 것의 특성과 차이를 있는 그대로 보는 태도가 기본적으로 요청된다. 이 점에서 필자는 '4가지 통찰'의 기반이 되는 지관止觀은 '탈중심화'의 '자기수용'과 유사하다고 생각한다.[65]

(3) '탈자동화'와 '전의轉依'

'탈중심화'의 또 다른 요소인 '탈자동화(deautomatization)'는 세밀한 관찰을 통해 습관이 된 부정적 반응을 의식적으로 전환하여 그 반응을 약하게 하는 것을 말한다. '탈자동화'는 '자기수용'을 기반으로 한다. 즉 '탈자동화'는 마음에 나타나는 부정적 양상에 대해 어떤 판단을 하지 않고 있는 그대로 관찰한 다음, 마음의 양상을 의식적으로 전환하여 치유하는 방법이다.

유식학의 수행5위에서 행해지는 '4가지 통찰' 또한 굳어진 마음의 패턴을 바르게 보고 그것의 허망함을 깨달아, 긍정적인 마음의 상태로 전환하는 방법을 제안하고 있다. 이 점에서 '4가지 통찰'은 '탈자동화'와 유사하다.

불교의 수행은 부정적인 마음을 질적으로 변화시키는 것, 곧 마음의 근본 토대를 질적으로 완전히 바꾸는(전의轉依) 것이다. 특히 유식학의 수행5위는 마음에 나타난 영상과 그것을 파악하는 인식주관이 모두 공空함을 증득하여, 번뇌를 일으키는 인식의 패턴을 완전히 변화시키

---

65 안환기, 「코로나-19 팬데믹 시대, 정서불안에 대한 유식학적 모색 — 사심사관四尋伺觀을 중심으로 — 」, 『동아시아불교문화』 48, 2021, pp.431~433.

는 전의轉依의 과정이다.

　일상인들은 마음에 나타난 대상이 영원히 존재할 것이라고 착각하며 살아간다. 수행은 이렇게 습관적으로 대상을 바라보는 마음의 작용을 메타적으로 관찰하여, 집착하는 성향을 없애는 과정이다. 이를 통해 마음의 틀을 완전히 바꾸고자 한다. 필자는 이 점에서 '탈자동화'가 전의 경험의 양상과 유사한 면이 있다고 생각한다.

(4) '탈중심화'를 넘어서는 '4가지 통찰'

'탈중심화' 이론에서 제시하고 있는 3가지 양상, 곧 사실과 그것을 해석한 생각을 분리하는 것(탈동일시), 마음을 있는 그대로 관찰하는 것(자기수용), 굳어진 부정적 패턴을 약하게 하는 것(탈자동화)은 '4가지 통찰'에서 진행하고 있는 수행관과 유사하다고 할 수 있다.

　하지만 '4가지 통찰'은 마음에 나타난 이미지와 그것을 표현한 언어의 본성을 고찰하고 그 이미지와 언어는 모두 변한다는 것을 통찰하여, 마음의 질적인 변화를 추구한다. 이것은 이미지와 그것을 표현한 언어의 본성을 바르게 봄으로써 번뇌를 소멸하고자 하는 수행법이다. 곧 '4가지 통찰'은 이미지와 언어의 관계 및 통찰하는 마음 자체도 변하고 있음을 '있는 그대로 봄'으로써 마음을 완전히 변화시키고자 한다는 점에서 '탈중심화' 이론과 다르다.

　불교는 '4가지 통찰'의 대상이 되는 번뇌를 다양하게 분류하고 그 본성이 영원하지 않음을 통찰함으로써 편안하고 건강한 마음으로 변화하는 것을 추구한다. 특히 '4가지 통찰'은 마음에 대해 근원적으로 통찰하는 방법을 제시하고 있다. 따라서 불교의 이 수행법은 현대인의 관심을 받는 '탈중심화' 이론의 지평을 확장하는 데 도움이 될 것으로 생각된다.

3. 아론 벡의 인지치료와 유식학의 수행관 비교

1) 아론 벡의 인지치료 모델

본 논의에서는 미국 정신과 의사인 아론 벡(Aaron Beck, 1921~2021)의 인지치료 모델을 고찰하고 이를 유식학의 수행관과 비교·분석해 보고자 한다.

아론 벡은 무의식의 역할에 초점을 두고 인간의 심리를 탐구한 프로이트의 정신분석학과는 달리, 현재 마음에 나타난 병리적 증상을 주목하고 그것을 제거하는 인지치료를 창시하였다. 아론 벡은 치료의 과정에서 환자들이 부정적 생각을 자주 표현하는 것(예를 들면 '나는 할 수 없다')을 발견하고 이를 '자동적 사고'라고 불렀다. 인지치료는 환자의 '자동적 사고'를 알아보고 그 인지 태도를 수정하려는 데 초점을 둔 치료법이라 할 수 있다. 이 접근방식은 우울증, 불안, 섭식장애, 성격장애와 같은 정신적 문제를 치료하는 데 사용되고 있다.

인지치료의 기본전제는 어린 시절의 경험에서 비롯된 개인의 '인지 도식'이 전체 삶에 영향을 미친다는 것이다. 인지치료는 개인이 지각하고, 해석하며, 의미를 부여하는 인지 체계를 다룸으로써, 부적응적인 사고와 감정을 자각하고 변화시킬 수 있도록 도와주는 것이다. 이를 위해 치료과정에서 내담자의 '자동사고'뿐만 아니라 내부에 존재하는 가정과 규칙 및 '핵심 믿음'을 다룬다. 이에 대해 좀 더 구체적으로 살펴보면 다음과 같다.

첫째, '자동사고'는 자기 주변에 어떤 사건이 일어났을 때 자기도 모르는 사이에 특정한 감정과 행동이 저절로 일어나는 경향을 말한다. 환자들은 대부분 자신이 경험하는 사건에 대해 비현실적으로 왜곡하거나 과장해서 반응한다고 한다. 이들은 사건이나 상황을 왜곡해서 그 의미를 해석한다는 것이다. 이러한 인지오류에는 다음과 같은 것이 있다고 한다. ① 모든 일을 흑 아니면 백으로 보는 이분법적 사고, ② 어떤 일에 대해 너무 큰 의미를 부여하거나 과소평가하는 것, ③ 자신의 긍정적 경험이나 능력을 객관적으로 보지 않고 평가절하하는 것, ④ 어떤 사람의 행동이나 부분적 특징으로 상황 전체를 단정하는 것, ⑤ 한두 가지 사건을 확대해석해 무리한 결론을 내리는 과도한 일반화.[66]

'자동적 사고'는 왜곡된 내용이 저절로 떠오르게 한다. 자신도 모르는 사이에 떠오르기 때문에, 자신이 그런 생각을 하는지도 모른다. 예를 들면 자기 능력에 대한 확신이 없어서 다른 사람의 인정을 간절히 바라는 환자의 경우, 상대방이 완전히 동의하지 않는 태도를 보이면, 그는 실제의 능력보다 자신이 낮게 평가받았다고 생각한다. 또는 상대방이 바쁜 일이 있어서 자신의 요구를 들어줄 수 없다고 말하더라도 환자는 자신이 무시당하고 있다고 생각하기도 한다.

둘째, 내담자(환자)의 '핵심 믿음'은 생존에 영향을 주는 강력한 경험을 통해 형성된 생각 또는 인지를 말한다. 이것은 주로 어린

---

66 http://www.dentalnews.or.kr/news/article.html?no=26220(2022.12.19.).

시절의 경험을 통해 형성된다. '핵심 믿음'은 관련된 사건이 생길 때까지는 잘 드러나지 않는다.

예컨대 우울증이 생겨나는 대표적인 '핵심 믿음'으로 어릴 때 부모로부터 '사랑을 받지 못한' 정서 경험 또는 '자신이 무능하다고 들었던' 경우에 생겨난다. 이 두 가지가 생각의 틀이 되어 마음 깊은 곳에 드러나지 않게 존재한다는 것이다. 이 '핵심 믿음'이 작동하기 시작하면, '핵심 믿음'을 확인해 주는 정보는 받아들이지만, 그와 반대되는 정보를 거부하는 식으로 정보를 왜곡해서 처리한다고 한다.

셋째, 내담자의 '중간 믿음'은 '핵심 믿음'에 대처하는 방식(규칙) 또는 핵심 믿음 때문에 나타나는 2차적인 결과(태도), 그리고 자신이 어떻게 행동해야 할지를 생각해 보는 '가정'과 같은 것을 말한다. 마음에 '핵심 믿음'이 존재하기 때문에 그 '핵심 믿음'이 초래할 수 있는 나쁜 결과를 피하는 노력을 하게 되는데 그 노력하는 방식이 '규칙'이다. 그리고 그 '핵심 믿음'을 바라보는 자세가 '태도'이고, 그 '핵심 믿음'에 따라서 자신이 취할 행동의 여러 가지를 생각해 보는 것이 '가정'이다.

예를 들면 앞에서 말한 바와 같이, 우울증의 '핵심 믿음' 가운데 '무능력함'이 있다. 이 '핵심 믿음'으로 인해, 내담자는 능력이 없으면 남이 나를 무시할 것이라고 여겨서 그런 일을 피하기 위한 방향으로 '태도'를 취하게 된다. 즉 내가 나서면 망신을 당할 일만 생겨날 것이라고 '가정'하고, 망신을 당하지 않으려면 나서지 말아야 한다고 생각한다. 이 생각이 굳어져서 내담자는 능력을 평가받는 일을 회피하게 되는 패턴 즉 '규칙'을 만들게 된다.[67] 이러한 행동의 패턴으로 인해, 우울증이 깊어져서 내담자는 일상생활을 건강하게 보낼 수 없게 된다는 것이다.

　따라서 치료의 과정에서 '자동적 사고'를 관찰하고 이어서 '중간 믿음'인 태도, 가정, 규칙 등을 포착하게 되면, 가장 밑바닥에 있는 '핵심 믿음'이 드러나게 된다고 한다. 이 과정을 통해 환자는 스스로 그것을 인지하고 변화시킴으로써 병리적 증상을 극복하게 된다고 한다.

〈도식 3-2〉【아론 벡의 인지치료 모델】

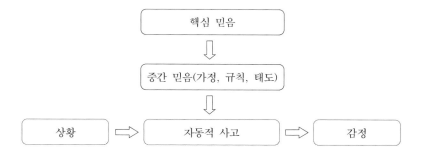

2) 인지치료와 유식학의 '4가지 마음의 영역'

붓다는 위없는 바른 깨달음(무상정등각無上正等覺)을 이룬 후 중생이 고통을 해결하도록 깨달음의 내용을 알려주었다. 이 내용은 이후 부파불교를 거쳐 대승불교로 이어졌으며 현대인에게도 여전히 영향을 주고 있다.

　앞에서 살펴본 바와 같이 정신질환을 해결하기 위해 인지치료를 개발한 아론 벡 또한 붓다와 마찬가지로 고통을 해결하는 방법을 제시하였다. 아론 벡과 붓다는 모두 고통의 해결이라는 공통의 목표를 지니고 있었으며 각각 그 해결의 방법을 보여주었다. 불교와 아론 벡의 인지치료는 지금 여기에서 생겨나는 문제를 해결의 출발점으로 두고 있으며, 그릇된 사고를 고통의 원인이라고 진단한 점, 그리고 환자의 주체적인 노력을 강조했다는 점에서 유사하다고 평가되고 있다.[68]

특히 붓다의 가르침은 고통의 원인을 무명無明에 두고 있으며, 수행을 통해 깨달아 얻은 지혜가 고통을 해결하는 열쇠라고 본 점에서 근본적으로 인지적이라 할 수 있다. 아론 벡 또한 환자의 정서문제는 왜곡된 인지과정에서 비롯된다고 진단하고 있다. 따라서 인지왜곡을 교정함으로써 환자의 정서문제를 치유할 수 있다고 본다.[69]

본 논의에서는 인지왜곡의 유형을 살펴보고 이를 유식의 '4가지 마음의 영역(4분설)'의 견지에서 분석해 보고자 한다. 아론 벡은 우울증 치료에 인지치료를 도입하면서 내담자(환자)의 인지작용을 분석하고 그 메커니즘을 개선시켜야 한다고 판단했다. 따라서 치료자는 내담자가 인지를 왜곡하는 현상을 관찰하고 스스로 자각하도록 도와야 한다고 보았다.[70]

---

68 안양규, 「붓다의 가르침과 아론 벡(Aaron Beck)의 인지치료(Cognitive Therapy)의 공통기반」, 『불교학보』 51, 2009, pp.229~251.

69 안양규(2009), pp.229~251.

70 현대인의 가장 큰 문제 가운데 하나인 자살시도는 우울감에서 시작된다. 우울한 감정이 계속 이어지면 절망으로 이어지고 절망은 자살시도를 유도한다. 따라서 아론 벡은 우울증 척도(BDI, Beck Depression Inventory)와 절망감 척도(BHS, Beck Hopelessness Scale)를 만들게 된다. BDI는 정상인에게 사용하고, BHS는

인지오류를 자각하는 과정은 다음과 같이 설명될 수 있을 것이다. 내담자가 치료자의 안내에 따라 부정적 감정이 들게 한 '자동적 사고'에 집중하게 되면, 내담자는 '규칙'이 발견하고 그 밑에 존재하는 '핵심 믿음'을 발견하게 된다.

유식학의 '4가지 마음의 영역'으로 이 현상을 분석해 보면 다음과 같다. 우선 내담자는 머릿속을 순간순간 스치고 지나가는 자신의 '자동적 사고'(견분)에 주의를 기울인다. 이어서 주의를 기울이는 자신을 자각(자증분)한다. 이를 통해 내담자는 자신의 마음작용을 메타적으로 들여다보게 된다. 나아가 내담자는 이러한 생각이 자신의 정서와 행동에 어떤 영향을 미치는가를 알아차리게 된다(증자증분).

〈도식 3-3〉【'4가지 마음의 영역'에 입각하여 인지오류를 자각하는 과정】

자동적 사고(견분) ⇨ 자동적으로 사유하는 작용을 자각(자증분)
⇩
자각하는 마음을 알아차림(증자증분)
⇩
자동적 사고의 틀이 사라짐

예를 들면 중간고사에 나쁜 점수를 받은 학생이 '나는 형편없는 학생이고 아무짝도 쓸모가 없다'라는 생각(자동적 사고, 견분)을 하면 매우 우울할 것이다. 상담자는 인지치료를 통해 이 학생의 생각이

우울감을 느끼거나 자살을 한 번 이상 시도한 사람에 대한 척도로 사용된다. BHS는 일반 정상인을 측정하는 척도가 아니므로 사용할 때 주의가 필요하다고 한다(https://brunch.co.kr/@mentor25/12〔2022.112.19.〕).

합리적으로 변화하도록 도와준다. 이 과정에서 학생은 자신의 자동적 사고(견분)가 지나치게 과장되어 있다는 것을 스스로 자각(자증분)할 수 있게 된다. 그리고 자각하는 마음을 알아차리는 순간(증자증분), 지금까지 지녀왔던 생각이 변화된다. 곧 부정적인 생각이 '열심히 공부하지 않았기 때문에 성적이 좋지 않은 것이다. 공부하는 습관을 고친다면 충분히 좋은 성적을 얻을 것이다'라는 긍정적 인지작용으로 바뀌게 된다. 그와 함께 우울한 마음이 가볍고 경쾌한 상태로 바뀌게 된다.

3) 메타인지와 '구별하는 작용을 확인하는 작용(자증분)'·'확인하는 작용을 다시 확인하는 작용(증자증분)'

서양에서는 기존의 인지행동치료에 마음챙김을 통합하고자 하는 시도로 '마음챙김에 기반한 인지치료(MBCT, Mindfulness-Based Cognitive Theraphy)' 프로그램이 생겨났다. 이것은 아론 벡의 '인지치료(Cognitive Therapy)'와 존 카밧진(Jon Kabat-Zinn, 1944~)의 '알아차림 명상에 기반한 스트레스 감소(MBSR, Mindfulness-Based Stress Reduction)' 프로그램을 결합한 치유 프로그램이다.[71]

MBCT는 마음챙김에 기반을 두고 메타적 인지능력을 함양하여 병리적 현상을 치유하는 프로그램이다. 마음챙김(Mindfulness)은 '몸과 마

---

71 존 카밧진의 MBSR 프로그램은 명상을 통해 스트레스, 불안, 고통, 통증을 감소하는 프로그램이다. 불교명상인 마음챙김(mindfulness)과 과학을 접목한 것이다. 이 프로그램은 현재 의학센터나 병원, 보건 단체 등에 제공되고 있다(https://ko.wikipedia.org/wiki/존_카밧진〔2022.12.22.〕).

음에서 일어나는 일체의 현상을 있는 그대로 즉각적이고 분명하게
알아차리는 것'이다. MBCT는 특히 우울증과 같은 병리적 현상이
부정적 사고가 반복되면서 나타난다는 것을 밝히고 그 치유방법이
명상에 기반하여 인지의 틀을 바꾸는 데 있음을 보여준다.

본 논의는 메타인지의 의미를 심층적인 측면에서 고찰하고자 한다.
이를 위해 앞에서 고찰한 유식학의 '구별하는 작용을 확인하는 작용(자
증분)'·'확인하는 작용을 다시 확인하는 작용(증자증분)'과 메타인지를
비교·분석하여 그 유사성과 효과를 살펴보고자 한다.

(1) MBCT의 반추(rumination)에 대한 메타인지

MBCT 치유 프로그램은 우울증 재발을 유도하는 부정적인 생각과
감정 그리고 태도나 관점을 근본적으로 변화시키기 위해 불교의 마음
챙김을 도입하여 활용한다.[72] MBCT에서는 우울증이 치료되었어도
그것이 다시 발생하는 현상이 나타난다고 보고 그 원인을 다음과
같이 분석하고 있다.

첫째, 우울한 기분이 생겨나면 이전에 우울했던 감정과 연합된
부정적인 사고 패턴이 자동적으로 활성화된다.

둘째, 활성화된 부정적인 사고는 지나간 일을 반복해서 음미하고
생각하게 한다.

셋째, 부정적인 생각의 반추는 더욱 심각한 우울증을 재발시킨다.

---

72 안양규, 「자기-자비(self-compassion)에서 본 MBCT(Mindfulness-Based Cognitive
Therapy, 알아차림 명상에 기초한 인지치료)의 치유기제」, 『불교학보』 69, 2014,
pp.148~168.

여기서 주목할 것은 부정적 생각이 반복되면서 우울증이 재발한다는 점이다. 내담자는 이 현상이 일어나지 않도록, 우울한 기분이 들 때 되풀이하여 음미하고 생각하는 '반추'가 일어나지 않도록 해야 한다.

MBCT에서 '반추'는 주로 자신의 '과거 경험'에 대해 반복해서 부정적으로 생각하는 것을 말한다. 이 작용은 불교의 '망상(prapañca)'과 비견된다. '반추'와 '망상'은 모두 부정적인 인지작용을 일으켜 사실을 있는 그대로 보는 작용을 방해한다는 점에서 그 양상이 유사하다. 하지만 '망상'은 '과거를 포함하여 현재와 미래'에 대해 부정적으로 생각한다는 점에서 그 범위가 '반추'에 비해 넓다.

우울증을 회복한 사람들이 다시 우울증을 앓게 되는 것은, 우울한 기분에 의해 나타나는 사고 패턴이 다시 활발해지기 때문이다. 이러한 현상이 생기는 근본적인 이유는 자신이 원하는 것과 현재의 자신의 상태가 일치하지 않다고 여겨서, 그것에 대해 끊임없이 생각하면서 그 문제를 해결하기 위해 시도하기 때문이다. 부언하면, 이 시도는 결국 빠져나오려고 하는 상태 안으로 자신을 가두게 되는 결과를 낳게 되기 때문이다. 따라서 내담자(환자)는 우울한 기분이 있을 때 '반추'가 생겨나지 않게 해야 한다고 한다.

MBCT는 '반추'를 제어하기 위해 '탈중심적 자각'을 기르는 것에 초점을 맞춘다. 그 구체적인 방법으로 불교명상을 도입하여 알아차림 명상의 기술을 사용한다. 구체적으로, 내담자는 감각, 감정 그리고 생각에 대해 판단하지 않고 그대로 수용하면서 메타적으로 자각하게 한다. 이를 통해 부정적인 생각과 감정을 근본적으로 변화시키는 것을 목표로 한다.

결국 MBCT는 우울증 재발을 핵심적으로 일으키는 사고 패턴을 자각하고 그것을 있는 그대로 수용하는 상위 인지능력 곧 메타인지능력을 기르는 것에 초점을 두는 치유 프로그램이라 할 수 있다.

(2) 자증분·증자증분으로 본 인지 메커니즘

불교의 관점에서 볼 때, MBCT의 메타인지와 '탈중심화'는 대상에 대해 가치 판단을 하지 않고 있는 그대로 통찰하는 것이다. 또한, 메타인지와 '탈중심화'는 생각의 작용 그 자체를 관찰한다는 점에서, 유식학의 '구별하는 작용을 확인하는 작용(자증분)'과 '확인하는 작용을 다시 확인하는 작용(증자증분)'에 비견될 수 있을 것이다. 이에 대해 더 고찰해 보자.

MBCT에서 메타인지는, 부정적 생각이나 느낌에 동조하거나 묻히지 않고 일정한 거리를 두고 그것들을 있는 그대로 바라보는 것을 말한다. 이를 통해 부정적 생각이나 감정은 일시적 현상으로 경험된다. 유식학에 의하면 부정적 인지나 정서는 번뇌종자가 외부의 자극으로 현현되어 나타난 것일 뿐이다. 수행자는 그것이 영원한 것이 아님을 자각하고 나아가 소멸하고자 한다.

한편 '탈중심화'란 앞에서 살펴보았듯이 자신을 생각에서 분리하는 것을 의미한다. '생각하는 작용(견분)'을 메타적으로 보는 것이다. '구별하는 작용을 확인하는 작용(자증분)'이 이 역할을 한다고 볼 수 있다. 내담자가 생각과 느낌에 묻히지 않고 그 생각 자체로부터 거리를 두고 바라보고 자각하는 것(자증분)을 말한다. 나아가 자각하는 그 자체(자증분)를 알아차리는(증자증분) 상태에 이르면 우울증과 같은 병리적 현상을 철저히 치유할 수 있을 것이다. MBCT는 이러한 과정을 통해 부정적인 생각과 감정이 순간순간 생겨났다 사라지는 현상임을 알아차리도록 유도하는 것임을 알 수 있다.

MBCT 프로그램은 메타인지와 '탈중심화'를 통해 습관화된 인지의 틀을 바꿈으로써 마음의 병을 치료하는 것이다. 즉 우울한 생각과 감정을 알아차리고 수용하여 우울한 상태에서 벗어나게 하는 유용한 방법임을 보여준다. 부언하면 이 방법은 우울증이 재발하는 것을 방지할 뿐만 아니라, 스트레스나 불안과 같은 심리장애에도 긍정적인 효과가 있다고 할 수 있다.

따라서 필자는 마음을 메타적으로 바라보는 힘을 기르는 것이 중요하다고 본다. 유식학의 '구별하는 작용을 확인하는 작용(자증분)'과 '확인하는 작용을 다시 확인하는 작용(증자증분)'은 생각하는 작용 그 자체를 한 걸음 물러나 보는 것이다. 이것은 생각과 느낌이 내 마음에 의해 만들어진 것이며, 그 자체는 내가 아님(무아無我)을 자각하는 중요한 방법이라고 필자는 생각한다.

마치는 글

주지하듯이 불교의 궁극목표는 마음을 관찰하여 해탈에 이르는 것이다. 깨달음을 이룬 붓다는 인간을 비롯한 모든 존재의 근원과 현상의 원리를 무아無我와 연기緣起의 견지에서 밝혔다. 특히 붓다는 5온·12처·18계를 통해 인간의 몸과 마음을 무아의 관점에서 파악할 수 있게 하였다.

　붓다가 적멸한 후 오랜 시간이 지나면서 인간과 존재에 대한 설명은 더욱 세밀해졌다. 부파불교인 설일체유부는 5위75법으로 존재를 분류하였으며, 대승불교 유식학은 5위100법으로 인간의 마음 현상과 존재를 더욱 세분화해서 설명하였다. 이러한 분류체계의 이면을 살펴보면 모두 몸과 마음의 관계 속에 펼쳐진 인식과 존재의 세계를 나타내고 있다.

　본 저서는 몸과 마음을 통해 생겨나는 '정서'와 '인지'를 대승불교 유식학의 견지에서 논의하였다. 유식학은 수행자들이 마음을 관찰한 것을 체계적으로 이론화한 것으로, 여기에는 붓다의 본지를 이어받으면서 마음에 나타난 현상을 깊고 세밀하게 보여준다는 특징이 있다. 특히 유식학의 5위100법에서 분류된 51가지 마음의 작용은 우리가 일상에서 무심히 지나쳐 버리는 마음의 현상을 되돌아보게 한다.

필자는 유식학에 '정서'와 '인지'라는 말은 존재하지 않지만, 말하고 생각하는 작용을 분별로 표현하고, 여기에 집착의 작용이 가해지면서 번뇌가 생겨난다고 해석하는 것에 착안하여, 유식학에 분별이라는 인지적인 면과 집착·번뇌라는 정서적인 면이 존재한다고 판단하였다. 그리고 51가지 마음의 작용 가운데 불교의 궁극적 경지인 해탈에 이르는 길에 도움을 주는 작용을 '긍정적 정서와 긍정적 인지'로, 방해가 되는 작용을 '부정적 정서와 부정적 인지'로 분류하였다.

사실 누구나 느끼듯이 현대인의 삶은 스트레스의 연속이라 할 수 있다. 욕망을 충족시키려는 마음은 경쟁을 낳게 되고, 이로 인해 불안, 공포, 분노, 절망, 우울 등을 경험하게 된다. 이것이 과하게 되면 몸과 마음의 균형이 깨지면서 질병이 생겨난다. 곧 원활한 '정서'와 '인지'작용은 건강한 삶을 살아가는 데 매우 중요하다. 따라서 '정서'와 '인지'에 대한 연구가 현대심리학, 생리심리학(뇌과학), 상담치료 분야에서 진행되고 있다. 불교학에서도 이 연구가 진행되고 있지만, 이론이 체계적으로 정립된 것은 아니다.

필자는 유식학에서도 심리학에서 말하는 '정서'와 '인지'작용을 깊이 있고 폭넓게 조명하고 있다고 보고 이 논의를 진행하였다. 이미 살펴본 바와 같이, 유식학은 수행자들이 마음을 관찰한 내용을 담고 있으며 몸과 마음을 유기적인 관계로 보고 있다는 특징이 있다. 여기에는 일상의 마음작용과 수행을 통해 해탈에 이르는 과정이 구체적이며 체계적으로 묘사되고 있다. 따라서 마음을 살펴보는 데 좋은 자료가 될 수 있으며, 나아가 심리치유에 도움을 줄 수 있는 내용이 풍부하다. 하지만 유식학의 마음과 몸에 대한 개념들이 고대 언어로 쓰여 있으므로 그 내용이 매우 유용하지만 '정서'와 '인지'에 관한 연구는 아직 진행되지 않았다. 따라서 본 저술에서는 유식학의 몸과 마음에 관한 용어를 현대어로 재해석하고, 이를 토대로 현대학문과 비교·분석하는 방법으로 진행하였다.

필자가 이 저서에서 주안점을 둔 것은 다음과 같이 5가지이다. 첫째, 불교의 견지에서 '정서'와 '인지' 작용의 토대가 되는 몸과 마음의 관계에 대해 살펴본다. 둘째, 정서와 인지작용에 대한 유식학과 현대 뇌과학의 해석을 몸과 마음의 상호관계의 관점에서 분석한다. 셋째, 5위100법 가운데 51가지 마음작용을 긍정적 정서·인지/부정적 정서·인지의 측면에서 분류한다. 넷째, 유식학의 수행관이 보여주는 현대적 의미를 탐색한다. 다섯째, 마음과 몸에 대한 현대심리학의 치유방법을 유식학과 비교·분석한다. 이 5가지 논점의 내용을 차례로 살펴보면 다음과 같다.

1. 몸과 마음에 대한 불교의 관점

불교는 '정서'와 '인지'작용의 토대가 되는 몸과 마음을 유기적 관계로 본다. 본 저서는 이 유기적 관계를 보여주는 5온·12처·18계, 5위75법, 유식학의 5위100법을 분석하는 것으로 본 논의를 시작하였다.

필자는 유식학에 이르기까지, 불교에서 보여주는 몸과 마음의 관계를 논하기 위해 우선 5온·12처·18계가 구체적으로 인간을 어떻게 분석하고 있는지 살펴보았다. 5온 가운데 '색온'은 몸을 나타내는 것으로 외부의 자극을 받아들이는 토대가 된다. 그리고 수온·상온·행온·식온은 그 자극에 반응하여 나타나는 마음의 작용을 나타낸다. 이 점은 몸과 마음이 독자적으로 작용하면서 존재하는 것이 아니라 서로 의존하는 관계 곧 연기적 관계임을 보여준다. 12처 또한 몸과 마음이 유기적으로 연결되어 있음을 표현한 것으로서 의처와 법처를 마음으로, 이외에 10처는 몸을 5가지 감각기관과 5가지 대상으로 분류한다. 5온과 비교해 볼 때, 12처는 색온을 10가지로 더 자세하게 분류하여, 몸과 마음이 유기적으로 연결되어 있음을 구체적으로 보여주었다고 해석할 수 있다. 한편 18계는 12처에 6가지 마음(식識)을 더한 것이다. 18계는 마음을 하나로 볼 수 있지만, 마음이 나타나게 되는 근거인 6근에 따라 마음을 더 자세히 분류한다. 이를 기반으로 몸과 마음이 연결되어 있음을 체계적으로 보여준다.

이후 부파불교 시대의 설일체유부는 5온·12처·18계를 수용하면서, 일체 존재를 폭넓고 세밀하게 분석하여 5위75법으로 체계화했다. 설일체유부의 입장은 75법을 실체로 본다는 점에서, 붓다의 본지인 무아에 위배된다는 비판을 받았다. 하지만 설일체유부의 5위75법은 유식학의 5위100법이 생겨나는 주요한 토대가 되었다는 점에서, 불교 사상사에서 매우 의미 있는 일을 했다고 평가할 수 있다. 또한, 불교는 5온·12처·18계와 5위75법 그리고 5위100법을 통해 몸과 마음의 유기적 관계를 체계적으로 분석하고 있다는 것도 주목해야 할 사항이라고 생각한다.

다음으로 필자는 유식학 문헌에서 몸과 마음의 유기적 관계를 구체
적으로 표현하는 개념을 소개하였다. '아다나식'과 '안위동일' 개념이
그 예가 된다.

아다나식(阿陀那識, ādāna-vijñāna)은 제8식인 '알라야식'의 다른 이
름으로서 '종자'와 5가지 모든 감각기관이 흩어지거나 무너지지 않도록
잡아서 유지한다는 것을 의미한다. 유식학에서는 제8식이 5가지 감각
기관으로 구성된 나의 얼굴과 몸이 지금의 모습처럼 유지되도록 잡아
주고, 나 자신이 행한 결과를 보존하는 역할을 하므로, 또 다른 명칭으
로 제8식을 '아다나식'이라고 부른다.

한편 '안위동일安危同一'은 몸과 '마음(알라야식)'의 상호관계를 더욱
명확하게 보여주는 개념이라 할 수 있다. '안위동일'은 '편안함과 위태
로움을 함께한다'는 뜻으로 '알라야식'과 몸이 유기적으로 작용하고
있음을 보여준다. 곧 '안위동일'은 몸의 상태가 편안하면 '알라야식'도
편안하며, 몸의 상태가 좋지 않으면 '알라야식'도 유기적으로 상응하여
함께 좋지 않은 상태가 된다는 것을 나타낸다.

2. 정서와 인지작용에 대한 유식학과 현대 뇌과학의 해석

1) 알라야식 연기설에 기반한 정서와 인지작용의 해석

필자는 유식학의 견지에서 볼 때 알라야식 연기설이 인지와 정서작용
의 메커니즘을 보여주는 하나의 원리가 된다고 본다. 알라야식 연기설
은 우리가 생각하고 어떤 행위를 할 때 그 결과는 마음 깊은 곳의
알라야식에 '종자'로 저장되며, 이후 그 '종자'는 다시 표층의 마음인

전6식의 작용으로 나타나는 현상을 설명하는 원리이다. 이 원리에 따라서, 생각이라는 인지작용이 알라야식에 존재하다가 이후 또 다른 인지작용이 생겨나는 원인으로 작용할 수 있으며, 분노나 탐내는 마음과 같은 정서작용 또한 같은 메커니즘으로 작동한다고 해석할 수 있다.

또한, 필자는 정서와 인지작용이 각각 단독으로 생겨나는 것이 아니라고 본다. 그 근거는 유식학에서 '두루 작용하는 마음(변행심소)' 이 접촉 → 집중(작의) → 느낌(수) ⇆ 생각(상) → 의지(사) 순으로 진행된다고 보는 것에서 발견된다. 필자는 이 메커니즘에서 특히 느낌에 대해 생각이 일어나며 생각은 다시 느낌을 강화하기도 한다는 점을 주목하였다. 필자는 이 메커니즘을 근거로 하여 때로는 정서작용 이 두드러져 보이지만 그 이면에는 인지작용이 바탕이 되며 그 반대 현상도 마찬가지라고 마음의 현상을 해석한다.

2) 뇌과학과 유식학의 비교

뇌과학은 뇌의 신비를 밝혀내 인간의 물리적·정신적 기능을 탐구하는 분야이다. 달라이 라마의 협조로 수행이 뇌에 미치는 영향을 촬영하여 뇌파를 시각적으로 확인할 수 있게 되자, 뇌과학에 대한 사람들의 관심이 커지고 있다. 필자는 이 시점에서 수행이 뇌에 미치는 현상을 보여주는 뇌과학의 연구를 유식학의 견지에서 살펴보는 것 또한 필요 하다고 생각한다. 따라서 현재 연구된 결과를 중심으로 정서와 인지작 용이 생겨나는 뇌의 주요 부위를 유식학의 8가지 식과 대응하여 살펴보 았다. 다소 피상적으로 비교된 감이 있지만, 앞으로 뇌과학이 세밀하게

진전된다면 더 깊이 있는 논의가 전개되리라 기대하면서 이 저서에서
논의한 내용을 간단히 소개하면 다음과 같다.

  뇌과학에서는 정서를 주로 담당하고 있는 부분이 '편도체'와 '시상하
부' 그리고 '부신피질'이라고 본다. 편도체는 뇌의 깊숙한 곳에 있으면
서 감정을 조절하고 공포 및 불안에 대해 기억하는 역할을 한다.
주로 분노, 짜증, 스트레스, 슬픔, 공포 등과 같은 부정적 정서를
발생시킨다. 유식학에서 분류하는 번뇌의 마음작용 가운데 분노, 불안
등이 편도체에서 생겨난다고 볼 수 있다.

  '시상하부'는 '시상'의 아래에 존재한다. '시상'은 주요 감각기관에서
받아들인 정보를 모아서 대뇌피질로 전달하는 중간 역할을 한다.
'시상하부'의 역할은 감정을 조절하며 뇌하수체의 호르몬 분비에 관여
하여 자율신경계가 작용하도록 한다.

  이외에 스트레스를 조절하는 주요 기관인 부신피질(副腎皮質, adre-
nal cortex)도 정서를 조절하는 역할을 한다. 부신피질은 신장 위에
존재하는 내분비기관으로서 탐하거나 뜻대로 이루어지지 않아 화가
났을 때, 또는 짜증이 났을 때 그것을 조절하는 역할을 한다. 불교의
근본번뇌에 속하는 탐욕과 성냄 그리고 이외의 부정적 정서에 의한
스트레스를 조절하는 기관 중의 하나가 된다.

  한편 뇌과학에서는 인지작용이 특히 전두엽(frontal lobe)의 앞부분
에 있는 전전두엽(prefrontal lobe)에서 이루어진다고 본다. 전전두엽은
두뇌의 사령탑으로서 다양한 영역들과 연결되어 있다. 유식학에서
제6의식이 작용하는 영역이 광범위하듯이 뇌과학에서는 전전두엽의
역할이 그러한 역할을 한다고 볼 수 있다.

상후두정엽(Parietal lob)은 자아에 대해 구체적으로 감각하며 주인의 식을 형성하는 역할을 한다. 유식학에서는 '말나식'이 더 깊은 곳에 존재하는 '알라야식'을 대상으로 하여 그것(알라야식)이 자신이라고 생각하고 집착하는 작용을 한다고 본다. 최근의 한 연구는 유식학의 제7식이 좌뇌의 상후두정엽과 상응한다고 해석한다. 대뇌피질은 여러 정보를 장기보존하고 통괄하는 작용을 한다고 알려져 있다. 유식학에서는 제8식인 알라야식이 저장하는 기능을 갖는다고 본다. 이 점에서 제8식의 역할은 대뇌피질(Cerebral cortex)의 기능과 상응한다고 할 수 있다.

이상에서 본 바와 같이, 뇌과학이나 신경생리학은 외부자극으로 생겨나는 몸의 현상에 주목하고 있다. 따라서 스트레스와 같은 부정적 정서로 인해 생겨나는 뇌의 작용, 몸의 주요 기관에서 분비되는 호르몬의 작용 등과 같이 물질에 대한 분석이 주를 이루고 있다. 유식학이 마음에 초점을 두고 일체 현상을 설명하는 반면 뇌과학은 물질에 기반하여 현상을 설명한다는 점에서 유식학과 뇌과학은 근본적인 차이를 보인다.

하지만 필자는 뇌에 초점을 두는 뇌과학에서 마음의 작용으로 뇌 부위가 유동적으로 변할 수 있다고 보고 이를 뇌 가소성(brain plasticity)이라고 표현한 점을 주목한다. 뇌과학은 주로 물질에 기반하여 마음 현상을 설명하지만, 뇌가소성을 통해 마음에 의해 뇌가 영향을 받을 수 있다는 점을 밝히고 있다.

뇌과학에서는 유식학처럼 알라야식 연기와 같은 원리로 몸과 마음의 관계를 분명하게 설명하지는 않는다. 하지만 뇌가소성에 대한 설명에서 나타나듯이 뇌와 마음은 서로 영향을 주는 연기적 관계라고 해석할 수 있는 여지를 보여준다. 따라서 필자는 유식학과 뇌과학 모두 몸과 마음을 유기적 관계로 설명한다는 점에서 그 유사성이 나타난다고 본다.

3. 유식학 51가지 마음작용을 긍정적 정서·인지/부정적 정서·인지로 분류

유식학에서는 마음을 8개의 마음(심心)과 51개의 마음작용(심소心所)으로 분류한다. 그리고 몸을 11개의 물질(색色)로 나누고 있다. 필자는 특히 51개의 마음작용(심소법)을 정서와 인지작용으로 나누었다. 그리고 더 세밀하게 이를 다시 긍정/부정이라는 관점에서 분류하였다. 여기에서 '긍정적 정서와 긍정적 인지'는 불교의 궁극적 경지인 해탈에 이르는 길에 도움을 주는 마음의 작용을, 그리고 '부정적 정서와 부정적 인지'는 방해가 되는 작용을 말한다. 현대적 관점에서 해석해 보면, 긍정적 정서와 인지작용은 편안하고 행복한 상태로 향하는 것이며, 부정적 정서와 인지작용은 마음을 불편하고 병들게 하는 요인이다.

　유식학의 마음의 작용에 대한 분석결과는 우리 마음의 현상을 정확하게 보고 나아가 그 근원까지 있는 그대로 통찰하게 한다. 따라서 필자는 현대적 관점에서 51가지 '마음작용'을 긍정적/부정적 개념으로 재해석하고 분류하였다. 이 방법이 갖는 의미는 고대어로 쓰여 있는 유식학의 마음 개념들을 현대적으로 재해석하고 분석하여 추후 마음에 대한 연구의 토대를 제공했다는 점에서 찾을 수 있을 것이다.

4. 유식학의 수행관이 보여주는 현대적 의미

유식학에서는 번뇌는 모두 자신이 만들어 놓은 것이기 때문에 자신의
결심에 따라 그 '번뇌종자'를 순화하고 나아가 그것을 소멸할 수 있다고
본다. 유식학은 그 방법으로 수행을 제안하고 있다. 즉 마음을 편안하게
유지하며 마음을 깊이 성찰하는 습관을 만드는 과정을 반복해서 끈기
있게 진행하면, 결국은 자신이 만든 번뇌를 정화할 수 있다는 긍정적인
메시지를 유식학은 전하고 있다.

　유식학의 수행과정은 5단계(자량위, 가행위, 통달위, 수습위, 구경위)로
이루어져 있다. 필자는 현대 일상인에 맞추어 주로 자량위, 가행위,
통달위에 주안점으로 두고 고찰하였다.

　첫 단계인 자량위는 본격적으로 수행을 하기 위한 준비과정이다.
지혜와 복덕을 쌓아 마음의 힘을 기르는 단계이다. 필자는 일상에서
'선한 마음과 상응하는 마음작용(선심소)'을 반복해서 확충하는 것
또한 자량위에 해당한다고 본다. 재가자들도 '선한 마음과 상응하는
마음작용(선심소)'을 반복해서 쌓게 되면 가볍고 편안한 상태를 경험한
다. 따라서 평정한 마음의 상태를 유지하는 힘을 기를 수 있다.

　자량위에서 마음의 터전을 튼튼히 만들게 되면 가행위에 이르게
된다. 이 단계에서 수행자는 번뇌를 근본적으로 통찰하는 방법인
'4가지 통찰(4심사관)'을 행한다. 마음에 떠오르는 이미지에 집중하고
그것을 표현한 이름과 이미지의 본성을 통찰하여 부정적 정서(번뇌)를
소멸하고자 하는 방법이 '4가지 통찰'이다. 유식학에서는 이미지를
언어로 표현하고 그것(언어로 표현된 이미지)이 실체로서 영원히 존재한

다고 여기는 인지왜곡이 불안감을 더욱 증가시킨다고 본다. 따라서 수행자는 이 '4가지 통찰'을 통해 이미지와 그것을 표현하는 언어가 허망하다는 것을 깨닫고자 한다. 필자는 부정적 정서를 순화하는 방법으로 현대인에게도 이 '4가지 통찰'이 매우 유용하다고 본다.

이후 수행자는 통달위에서 분별이 없는 지혜를 증득하여 마음의 본성을 보고(견성), 이후 자비의 마음을 일으키게 된다. 필자는 본 저서에서 타인을 구제하고자 서원을 일으키는 보살의 마음은 현대인에게도 여전히 중요함을 논하였다.

유식학에서 수행자는 다음 단계인 수습위에서 마음에 남아 있는 미세한 번뇌를 닦으면서 동시에 타인을 구제하는 자리이타행을 실천한다. 수행자는 오랫동안 수습위를 닦고 결국 구경위에 이르게 된다.

본 저서는 유식학의 수행5위에 현대 심리치료방법과 유사한 면이 있음을 논하였다. 마음을 치밀하게 분석하고 있는 유식학은 현대인이 자신의 마음을 깊고 넓게 바라볼 수 있게 한다. 필자는 유식학이 비록 고대 수행자가 관찰한 것을 체계화한 것이지만, 현대인에게도 여전히 유효함을 밝히고자 하였다.

5. 유식학의 수행관과 현대심리학의 치유방법 비교·분석

마지막으로 치유를 통해 건강한 몸과 마음을 만드는 과정을 살펴보았다. 우선 보살의 자리이타가 생겨나는 과정을 유식의 수행5위를 통해 살펴보고 이것을 칼 로저스가 제안하는 치료자의 태도와 비교·분석하였다. 두 번째로 프리츠 펄스의 게슈탈트 치료에서 부정적 정서를

순화하는 방법을 살펴보고, 이것을 유식학의 '선심소'의 함양과 비교·
분석하였다. 세 번째는 허버트 벤슨의 '이완반응'에서 부정적 정서가
완화되는 과정을 살펴보았다. 네 번째는 아론 벡의 인지치료 모델을
고찰하고 이를 유식학의 '4가지 마음의 영역'으로 해석해 보았다.
다섯 번째는 유식학의 '4가지 통찰'과 서양심리학의 '탈중심화' 이론을
비교해 보고, 마지막으로 메타인지와 '4가지 마음의 영역' 가운데
자증분과 증자증분을 비교·분석하였다.

1) 보살의 자리이타와 치료자의 태도

유식학에서는 수행5위 가운데 제3단계인 '통달위'에 이르면, 수행자는
분별하고 판단하는 작용을 넘어서 깨달음의 세계인 진여를 경험한다고
본다. 보살은 이때 자신이 경험한 진여의 내용을 언어로 표현하여,
중생을 해탈로 인도하려는 마음을 일으킨다. 이것은 보살이 이타적
마음을 내고 이를 실천하려는 의지가 생겨나는 과정을 보여준다.
유식학은 이처럼 타인에 대한 자비의 마음이 생겨나는 과정을 세밀하
게 보여준다.

　동양의 불교뿐만 아니라 서양에서도 마음의 병을 일으키는 요인을
탐구하고 그것을 치유하려는 노력을 해왔다. 정신분석학, 뇌과학,
신경생리학, 심리학의 마음에 관한 탐구는 이러한 과정에서 나온
분야이다. 이 가운데 서양 심리학의 한 분야인 인본주의 심리학은
인간이 선천적으로 선한 의지를 갖췄다고 본다. 인본주의 심리학은
잠재력을 개발하고 성장하기 위해 부단히 노력하는 인간의 긍정적
모습에 주목한다.

필자는 이러한 특징을 잘 보여준 칼 로저스의 이론 가운데 특히 치료자가 갖추어야 할 태도에 주목하고 이것을 보살의 자리이타와 비교·분석하였다. 칼 로저스는 따뜻하고 편안한 분위기를 제공하여 내담자(환자)가 자유롭게 자신의 감정을 표현하도록 할 때 내담자는 스스로 자신의 문제를 극복하고, 성장하게 된다고 본다. 이를 위해 심리치료사가 기본적으로 갖추어야 할 태도로 '진정성', '무조건적 긍정적 존중', '공감적 이해'를 제안한다.

칼 로저스가 제안하는 치료자가 지녀야 할 태도는 현대사회에서 자비를 실천하는 구체적인 방법이 될 수 있다. 심리치료사는 내담자를 도와주는 역할이라는 점에서 불교의 보살에 비견될 수 있을 것이다. 이타적인 마음으로 내담자의 부정적 정서를 통찰하고 그것을 순화하도록 도와주기 때문이다.

2) 부정적 정서의 순화와 게슈탈트 치료

다음은 게슈탈트 치료에서 중요하게 다루고 있는 '미해결 과제(unfinished business)'가 불교의 탐냄·성냄·어리석음의 양상을 나타낸다는 것을 고찰하고 그 치유과정을 비교·분석하였다.

게슈탈트 치료에서 '미해결 과제'는 환자가 경험했던 감정을 무시하고 그대로 내버려두었을 때 생긴다고 한다. 예컨대 분노, 격분, 증오, 고통, 불안, 슬픔, 죄의식, 포기 등과 같은 표현되지 못한 감정 그리고 이러한 감정에 대한 기억 등이 '미해결 과제'에 해당한다. '미해결 과제'는 개인이 직접 자신의 감정에 직면해서 표현할 때까지 계속된다. 이를 위해 '지금-여기'를 알아차리는 방법이 제안되고 있다.

'미해결 과제'는 유식학의 관점에서 보면 알라야식에 존재하는 부정적 정서가 된다. 탐냄·성냄·어리석음과 같은 부정적 정서가 해결되지 않은 채 '번뇌종자'로 존재하기 때문에 때로는 자신을 혼란스럽게 하고 나아가 타인과 함께 건강한 생활을 할 수 없게 한다. 유식학에서는 이를 위해 5단계의 수행을 제시하면서 궁극의 경지에 이르는 과정을 제시하고 있다.

게슈탈트 치료의 '알아차림'은 긴 시간 동안 세세하게 마음에 존재하는 번뇌를 닦아가는 유식학과 비교해 볼 때, 차이점이 분명히 나타난다. 하지만 게슈탈트 치료는 불교의 깨달음을 몸과 마음의 건강이라는 실질적인 차원으로 해석하고 그것을 응용한 하나의 의미 있는 사례라고 필자는 생각한다.

3) 허버트 벤슨의 이완반응과 브레이크아웃

다음은 불안, 긴장, 분노, 우울, 두통, 고혈압, 공황발작 등과 같은 부정적 정서를 완화시키는 방법으로서 '이완반응(Relaxation Response)'을 제시한 허버트 벤슨의 이론과 그 효용에 대해 고찰하였다.

주목할 만한 것은 '이완반응'이 더 깊어지면 창의력이 증가하고 영적인 변형이 촉발되는 '브레이크아웃(breakout)'이 일어난다고 한다. '브레이크아웃'은 오랫동안 계속된 스트레스나 정서적 충격이 완전히 부서지고, 새로운 마음의 세계로 들어가는 문이 활짝 열리는 강력한 심신 충격을 말한다.

이 '브레이크아웃'은 수행이 진행되는 단계에서 마음이 질적으로 변화하는 과정을 연상시킨다. 유식학에 의하면 수행자는 번뇌가 없는 종자를 알라야식에 보유하고 있어서 깨달음의 가능성을 가지고 있다고 본다. 그리고 이러한 가능성에 대한 믿음이 습관을 바꾸는 원동력이 된다고 본다. 허버트 벤슨 또한 '이완반응'과 '브레이크아웃' 원리가 믿음(신념)을 기반으로 훨씬 강력한 힘을 내게 된다고 본다. 이는 불교수행에서 믿음이 가장 기초가 되는 것과 마찬가지이다.

하지만 명상이 시작되고 진행되는 과정은 불교와 유사할지라도, 이완반응과 '브레이크아웃'의 과학적 효과는 허버트 벤슨 연구의 고유한 특징이자 장점이다. 특히 허버트 벤슨은 '브레이크아웃'이 생겨나면서 뇌 속에 일산화질소(NO)가 발생하고 세타(theta)파가 나타난다는 점을 강조한다.

허버트 벤슨 연구의 의의는 부정적 정서로 나타나는 심신의 질병을 이완반응과 '브레이크아웃' 원리로 설명하고 그 극복의 방법을 제시했으며, 명상의 실질적 효과를 시각적으로 보여주었다는 점에서 찾을 수 있다. 또한, 필자는 벤슨의 '브레이크아웃'에 관한 연구결과가 불교수행에 의한 몸의 변화 연구에 그 응용 가능성을 보여준다는 점에서 시사하는 바가 크다고 생각한다.

4) 아론 벡의 인지치료 과정과 유식의 '4가지 마음의 영역'

아론 벡은 무의식의 역할에 초점을 두고 인간의 심리를 탐구한 프로이트의 정신분석학과는 달리, 현재 마음에 나타난 병리적 증상을 주목하고 그것을 제거하는 인지치료를 창시하였다. 아론 벡은 치료의 과정에서 환자들이 '나는 할 수 없다'와 같이 부정적 생각을 자주 표현하는 것을 발견하고 이를 '자동적 사고'라고 불렀다. 인지치료는 환자의

'자동적 사고'를 알아보고 그 태도를 수정하려는 데 초점을 둔다. 이 접근방식은 우울증, 불안과 같은 정신적 문제를 치료하는 데 사용되고 있다.

인지치료의 기본전제는 어린 시절의 경험에서 비롯된 개인의 '인지 패턴'이 전체 삶에 영향을 끼친다고 보는 점이다. 인지치료는 개인이 지각하고, 해석하며, 의미를 부여하는 인지체계를 다룸으로써, 부적응적인 사고와 부적응적인 감정을 자각하고 스스로 변화할 수 있도록 도와주는 것이다. 이를 위해 치료과정에서 내담자의 '자동사고'뿐만 아니라 내재해 있는 가정과 규칙 및 '핵심 믿음'을 다룬다.

아론 벡은 환자의 정서문제는 왜곡된 인지과정에서 비롯된다고 진단하고 있다. 따라서 인지왜곡을 교정함으로써 환자의 정서문제를 치유할 수 있다고 본다. 이를 위해 아론 벡은 우울증 치료에 인지치료를 도입한다. 구체적인 방법으로 치료자는 환자가 인지를 왜곡하는 현상을 관찰하고 스스로 자각하도록 해야 한다고 제안했다.

필자는 이 인지왜곡을 유식의 '4가지 마음의 영역(4분설)'의 견지에서 분석해 보았다. 인지오류를 자각하는 과정은 다음과 같이 설명될 수 있을 것이다. 곧 환자가 치료자의 안내에 따라 환자의 부정적 감정이 들게 한 '자동적 사고'(견분)에 주의를 기울이고 주의를 기울이는 자신을 인식(자증분)하는 데서 치료의 과정이 시작된다. 이를 통해 자기 생각을 들여다보게 되고 이러한 생각이 자신의 정서와 행동에 어떤 영향을 미치는가를 알게 된다(증자증분). 이를 통해 자동적 사고의 틀을 깰 수 있게 된다.

5) '4가지 통찰'과 '탈중심화'

다음은 마음의 현상이 모두 무상함을 닦아가는 '4가지 통찰'을 서양의 심리학의 '탈중심화'와 비교·분석해 보았다.

'4가지 통찰'은 유식의 수행5위 가운데 2번째 단계인 가행위에서 인식의 대상을 4가지 측면, 곧 마음에 떠오른 이미지(義)와 그것을 표현한 명칭(名), 그 이미지만의 특성(自性), 다른 것과의 차별差別은 모두 영원하지 않음을 통찰하는 관법이다.

필자는 '4가지 통찰'이 비록 고대에 형성된 것이지만, 세밀한 과정을 보여주고 있어서 현대인의 심리치유에도 유용하다고 본다. 따라서 '4가지 통찰'과 유사한 면을 보이는 현대 서양 심리치료 이론의 '탈중심화(decentering)'를 '탈동일화', '자기수용', '반응의 탈자동화'로 분류하여 고찰하였다.

'탈동일화(disidentification)'는 특정한 욕구, 감정, 생각 등과 같은 자기 경험을 사실 자체와 동일시하는 것에서 탈피하는 것을 말한다. 이를 통해 감정이나 생각에 묶여 있던 에너지가 해방되어 고통에서 벗어날 수 있게 된다. 따라서 '탈동일화'는 상담에서 중요한 치료 기제가 된다. 이 '탈동일화'는 '4가지 통찰'의 수행법과 유사한 면이 있다. 곧 유식학에서는 사실 자체를 의義로, 그리고 이것을 해석한 생각과 감정을 명名이라 하며, 현실과 이를 해석한 생각이 서로 일치하는 것이 아님을 통찰한다. 하지만 '4가지 통찰'은 사실 자체도 변화하며 이것을 해석한 생각 자체도 변화하는 것임을 통찰함으로써, 사실과 그것을 해석한 언어(생각, 감정)의 관계 또한 영원한 것이 아님을 깨닫는 것을 목표로 하고 있다는 점을 주목할 필요가 있다. 이 '4가지 통찰',

근원적인 통찰을 기반으로 마음의 변화를 추구하고 있다.

한편 '비판단적인 자기수용(Self-acceptance)'은 판단하지 않고 그대로 수용하면서 관찰하는 것을 말한다. 여기에는 마음을 성찰하고 알아차리는 마음챙김과 상당히 유사한 측면이 있어 보인다. 마음챙김은 불교 위빠사나의 핵심적 수행방법으로서, 현재 경험하는 내용을 수용하고 자각하여 알아차리는 것을 말한다.

사실 유식학은 수행자들이 수행 경험을 체계화한 것으로서 유식학의 가행위에서 이루어지는 '4가지 통찰'은 지관止觀수행을 기반으로 진행된다. 즉 '4가지 통찰'이 진행되려면 집중된 상태에서 마음에 떠오른 대상과 그것을 해석하는 생각, 그리고 그러한 것의 자성과 차별을 있는 그대로 보는 태도가 기본적으로 요청된다. 이 점에서 볼 때 '4가지 통찰'의 기반이 되는 지관止觀은 '탈중심화'의 '자기수용'과 유사하다고 할 수 있다.

'탈중심화'의 또 다른 요소인 '탈자동화(deautomatization)'는 세밀한 관찰을 통해 습관이 된 부정적 반응을 의식적으로 전환하여 약하게 하는 것을 말한다. '탈자동화'는 '자기수용'을 기반으로 한다. 즉 마음에 나타나는 부정적 반응양상에 어떤 판단을 가하지 않고 있는 그대로 관찰한 다음, 의식적으로 부정적 반응을 전환하여 치유하는 방법이다. 유식학의 수행5위에서 행해지는 '4가지 통찰' 또한 굳어진 마음의 패턴을 바르게 보고 그것의 허망함을 깨달아 긍정적인 마음의 상태로 전환하는 방법을 제안하고 있다는 점에서 '탈자동화'와 유사하다. 수행은 자신이 반성하지 않고 습관적으로 인식대상을 바라보는 틀을 메타적으로 보고, 집착하는 성향을 없애 나가는 과정이다. 습관적으로 작용하는 마음의 틀을 완전히 바꾸고자 한다는 점에서 '탈자동화'를 전의 경험의 한 양상으로 볼 수 있을 것이다.

이상에서 본 바와 같이 '탈중심화' 이론에서 제시하고 있는 3가지 양상, 곧 사실과 그것을 해석한 생각을 분리하고자 한다는 점(탈동일시), 마음을 있는 그대로 관찰한다는 점(자기수용), 고착화된 부정적 패턴을 약화시키고자 한다는 점(탈자동화)은 '4가지 통찰'에서 진행하고 있는 수행관과 유사하다고 할 수 있다.

하지만 '4가지 통찰'은 마음에 떠오른 이미지와 그것을 해석한 생각 모두 변하므로 그 관계 또한 변화한다고 통찰한 점, 통찰하는 마음 자체도 변하고 있음을 있는 그대로 봄으로써 마음을 완전히 변화시키고자 한다는 점에서 '탈중심화' 이론과 다르다. '4가지 통찰'은 마음에 대해 근원적으로 통찰하는 방법을 제시하고 있다고 할 수 있다. 따라서 '4가지 통찰'은 현대인의 관심을 받는 '탈중심화' 이론의 지평을 확장하는 데 도움이 될 것으로 생각된다.

6) 서양의 메타인지와 유식학의 구별하는 작용을 확인하는 작용·확인하는 작용을 다시 확인하는 작용

다음은 서양의 마음챙김에 기반한 인지치료(MBCT)의 메타인지와 유식학의 '4가지 마음의 영역' 가운데 '구별하는 작용을 확인하는 작용(자증분)', '확인하는 작용을 다시 확인하는 작용(증자증분)'을 살펴보았다.

MBCT는 우울증 재발을 유도하는 부정적인 생각과 감정 그리고 태도나 관점을 근본적으로 변화시키기 위해 불교의 마음챙김을 도입하여 활용한 것이다. MBCT에서는 우울증이 치료되었어도 그것이 다시 발생하는 현상이 나타나는 근본적인 이유는 자신이 원하는 것과 현재의 자신의 상태가 일치하지 않다고 여겨서, 그것에 대해 끊임없이 생각하면서 문제를 해결하려고 시도하기 때문이라고 본다.

MBCT는 부정적으로 '반복해서 생각하는 작용'을 제어하기 위해 알아차림 명상의 기술을 사용하여 현재 자신의 생각과 감정, 감각에 대해 메타적으로 자각하도록 한다. 그리고 그것을 그대로 수용하면서 부정적인 생각과 감정 및 신체감각에 대한 관점을 근본적으로 변화시키는 것을 목표로 한다.

MBCT의 메타적 자각은 자신을 생각에서 분리하는 것이며, 거리를 두는 것을 의미한다. 유식학의 '생각하는 작용(견분)'에서 분리하여 '그 생각 자체를 바라보게 하는 것(자증분)'이 이에 해당한다. 여기서 거리를 두는 것이란 환자가 우울증을 일으키는 생각에서 벗어나 거리를 두도록 하는 것이다. 생각과 느낌에 묻히지 않고 '그 생각 자체를 바라보게 하는 것(자증분)'이다. 나아가 '자각하는 그 자체(자증분)'를 '알아차리는(증자증분)' 과정에 이르면 더욱 좋을 것이다. 필자는 MBCT의 메타인지는 생각의 작용 그 자체를 관찰한다는 점에서 유식학에서 마음의 역할을 구분하고 있는 '구별하는 작용을 확인하는 작용(자증분)'과 '확인하는 작용을 다시 확인하는 작용(증자증분)'과 비견될 수 있다고 생각한다.

지금까지 건강한 삶을 살아가는 데 중요한 역할을 하는 '정서'와 '인지'를 유식학을 중심으로 살펴보고, 나아가 유식학의 관점을 뇌과학을 비롯한 서양의 심리치료와 비교·분석하였다. 유식학은 마음의 현상을 세밀하게 표현하고 있어서 스스로 마음을 돌아볼 수 있는 좋은 내용을 담고 있다. 특히 '4가지 통찰(4심사관)'은 마음의 현상을 꿰뚫어보는 안목을 길러주며, '마음의 4가지 영역(4분설)'은 마음을 메타적으로 바라보는 힘을 기르는 유용한 방법이라고 생각한다. 이 책이 유식학을 현대적으로 응용하는 하나의 디딤돌이 되길 바라면서 글을 마친다.

참고문헌

AN: Aṅguttaranikāya. 5 vols. ed. R. Morris and E. Hardy, London: PaliText Society PTS, 1985~1990

SNS: Saṃdhinirmocana-sūtra: L'explication des Mysteres, ed. E. LamotteParis: Adrien Maisonneuve, 1935.

『阿毘達磨俱舍論』(T31) T: 大正新脩大藏経

『大乘百法明門論』(T31)

『大乘阿毗達磨集論』(T31)

『大乘五蘊論』(T31)

『大乘義章』(T44)

『攝大乘論釋』(T31)

『成唯識論』(T31)

『成唯識論述記』(T43)

『瑜伽師地論』(T30)

『雜阿含經』(T02)

『顯揚聖教論』(T31)

권오민, 『아비달마불교』, 민족사, 2003.

김동화, 『유식철학』, 보련각, 1980.

김빛나, 「탈중심화가 내부초점적 반응양식과 우울증상에 미치는 영향」, 서울대 대학원 석사학위논문, 2008.

김성철, 「초기 유식학파의 분별 개념」, 『인도철학』 Vol.12, No.1. 2003.

김정규, 『게슈탈트 심리치료』, 학지사, 2020.

김진태, 「세친 유식사상의 연원과 성립에 관한 연구」, 동국대학교 대학원 불교학과 박사학위논문, 2000.

다케무라 마키오 저, 정승석 역, 『유식의 구조』, 민족사, 1991.

마가 스님, 「자비명상의 생리·심리적 효과 연구」, 중앙승가대학교 박사학위논문, 2022.

모로 시게키 저, 허암 역, 『오온과 유식』, 민족사, 2015.

문일수, 『오온과 전5식』, 무량수, 2020.

박문호, 『그림으로 읽는 뇌과학의 모든 것』, ㈜휴머니스트 출판그룹, 2022.

박지현·최태산, 「만심·탐심·진심을 통해 본 번뇌의 정서심리학」, 『인문학연구』 51, 2016.

변광호·강현갑 공저, 『스트레스와 심신의학』, 학지사, 2005.

_____, 『몸의 병을 고치려면 마음을 먼저 다스려라』, 학지사, 2005.

샤론 베그리 저, 이성동·김종옥 옮김, 『달라이 라마, 마음이 뇌에게 묻다』, 북섬, 2008.

서미숙, 「정서와 사고의 신경생리학적 기초」, 『한국심리학회지: 건강』 9(1), 2004.

성승연, 「상담 장면에서의 탈동일시 현상」, 가톨릭대학교 박사학위 청구논문, 2006.

송영숙, 「우울증에 대한 불교심리학적 이해와 명상의 치유기능」, 『선학』 제45호, 2016.

신승철, 「불교상담치료에서 치료사의 자세」, 『불교문예연구』 2, 2014.

신재한, 『정서심리학』, 박영스토리, 2020.

안양규, 「자기-자비(self-compassion)에서 본 MBCT(Mindfulness-Based Cognitive Therapy, 알아차림 명상에 기초한 인지치료)의 치유기제」, 『불교학보』 69, 2014.

_____, 「붓다의 가르침과 아론 벡(Aaron Beck)의 인지치료(CognitiveTherapy)의 공통기반」, 『불교학보』 51, 2009.

안환기, 『도표로 읽는 유식입문』, 민족사, 2022.

_____, 「코로나-19 팬데믹 시대, 정서불안에 대한 유식학적 모색-사심사관四尋伺觀을 중심으로-」, 『동아시아불교문화』 48, 2021.

_____, 「자리이타自利利他'의 불교 심리학적 의미」, 『인문사회 21』 9권 4호, 2018.

오형근, 『유식과 심식사상 연구』, 불교사상사, 1989.

요코야마 코이츠, 안환기 역, 『유식, 마음을 변화시키는 지혜』, 민족사, 2019.

이노우에 위마라·카사이 켄타·카토 히로키 편, 윤희조 역, 『불교심리학사전』, 씨아아알, 2017.

이복재, 「사분설에서의 三量竝起說과 不竝起說에 관한 연구」, 『불교학연구』 제48호, 2016.

이은희, 「부모의 의사소통 유형 및 정서표현성이 유아의 친사회적 행동에 미치는 영향」, 『학습자중심교과교육연구』 19(14), 2019.

이자랑, 「계율에 나타난 분노의 정서와 자애를 통한 치유」, 『한국선학』 제28호, 2001.

이정은·김경숙, 「부모 의사소통 및 정서표현성이 유아의 자아탄력성에 미치는 영향」, 『아동교육』 28(2), 2019.

이종철, 『구사론 계품·근품·파아품-신도 영혼도 없는 삶』, 한국학중앙연구원출판부, 2015.

이필원, 「초기불교의 정서이해-인지심리학의 관점을 중심으로」, 『인문논총』 67, 2012.

장승희, 「초기불교에서 마음의 구조와 붓다의 정서교육」, 『윤리교육연구』 39, 2016.

장정주·김정모, 「정서자각에 기초한 정서표현 훈련이 정서자각, 정서표현, 정서표현의 억제 및 대인관계에 미치는 효과」, 『한국심리학회지: 상담 및 심리치료』 23(4).

장현갑, 『마음 vs 뇌』, 불광출판사, 2015.

전미옥, 「초기불교의 지각과정과 정서의 관계성 연구」, 『동아시아불교문화』 28집, 2016.

정경진(향산), 「초기 유식사상에 있어서 아뢰야식의 신체적 메커니즘」, 『불교학보』 제92집, 2020.

정은해, 「「유식분량결唯識分量決」에 나타난 심사분설心四分設의 검토」, 『불교학연구』 제28호, 2011.

조수경, 「부모-자녀간 의사소통, 사회적 지지 및 정서표현갈등간의 관계」, 『인간이해』 30(1), 2009.

최옥채·박미은·서미경·전석균, 『인간행동과 사회환경』, 양서원, 2007.

330

허버트 벤슨 & 윌리엄 프록, 장현갑 외 역, 『과학명상법』, 학지사, 2003.

허버트 벤슨, 정경호 역, 『마음으로 몸을 다스려라』, 동도원, 2006.

Benjafield, John G.(2010), *A History of Psychology: Third Edition*, Don Mills, ON: Oxford University Press.

Damasio, A. R.(1994), *Descartes'error: Emotion, reason, and the human brain*, NewYork: Grosset/Putnam.

Fresco, D. M., Moore, M. T., van Dulmen, M. H., M., Segal Z. V., Ma, S. H., Teasdale J. D., & Williams, J. M. G. (2007). "Initialpsychometric properties of the Experiences Questionnaire: Validation of a self-report measure of decentering," *BehaviorTherapy*, 10.

Germer, C. K.(2005), "Mindfulness: What is it? What does it mean?" In C. K. Germer, R. D. Siegel, & P. R. Fulton(Eds), *Mindfulnses and psychotherapy*, New York: Guilford Press.

Maclean, Paul. D. (1978). "A mind of three minds: Educating the triune brain." In J. Chall & A.Mirsky (Eds.), *Education and the brain, 77th yearbook of the national society for the study of education*. Chicago: University of Chicago Press.

Michelle N. Shiota & James W. Kalat 저, 민경환·이옥경·이주일·김민희·장승민·김명철 역, 『정서심리학』, 센게이지러닝코리아(주), 2016.

Michio Kaku 저, 박병철 옮김, 『마음의 미래』, 김영사, 2015.

Robert Plutchik 저, 박권생 역, 『정서심리학』, 학지사, 2011.

Schachter, Stanley & Singer, Jerome(1962), "Cognitive, social, and physiological determinants of emotional states", *Psychological Review*, Vol 69, No 5.

Safran, J. D., & Segal, Z. V.(1990), *Interpersonal processes in cognitive therapy*, Northvale, NJ: Jason Aronson.

Kandel, Eric R(1998), "Five principle about the relationship of mind to brain-A New intellectual Framework for Psychiatry," *American J Psychiatry* 155.

長眉雅人, 『攝大乘論-和譯と註解』 下, 東京: 講談社, 1982.

橫山纊一, 『阿賴耶識の發見』, 東京: 幻冬舍新書, 2011.

https://www.amc.seoul.kr/asan/healthinfo/body/bodyDetail.do?bodyId=126 (2022.11.19.).

https://scienceon.kisti.re.kr/srch/selectPORSrchTrend.do?cn=SCTM00086288&dbt=SCTM#chatclose.(2022.08.16.).

https://ko.wikipedia.org/wiki/자율신경계(2022.11.19.)

https://ko.wikipedia.org/wiki/뇌줄기(2022.11.19.)

https://ko.wikipedia.org/wiki/대승백법명문론(2022.12.25.).

http://psych.snu.ac.kr/about(2022.08.19.).

https://m.blog.naver.com/mj0147won/222150718796(2022.09.03.)

https://blog.daum.net/mindmove/17062(2022.08.22.).

https://ko.wikipedia.org/wiki/생리심리학(2022.09.03).

https://ko.wikipedia.org/wiki/창발(2022.12.17.)

https://m.hani.co.kr/arti/legacy/legacy_general/L444839.html(2022.11.16.)

https://namu.wiki/w/인지심리학?from=인지주의(2022.09.01.).

http://encykorea.aks.ac.kr/Contents/Item/E0078336(2022.11.29.)

https://www.etri.re.kr/webzine/20170915/sub04.html(2022.12.15.)

https://ko.wikipedia.org/wiki/시상(2022.10.28.)

https://ko.wikipedia.org/wiki/%EC%B0%BD%EB%B0%9C(2022.12.17.)

https://m.blog.naver.com/PostView.nhn?isHttpsRedirect=true&blogId=metapsy&logNo=40201375076(2022.09.03.)

https://ko.wikipedia.org/wiki/편도체(2022.11.19.)

https://m.blog.naver.com/mcc7718/222071385537(2022.11.19.)

https://ko.wikipedia.org/wiki/부신겉질(2022.11.19.).

https://ko.wikipedia.org/wiki/해마체(2022.11.19.)

https://namu.wiki/w/도파민(2022.11.20.)

https://m.hani.co.kr/arti/legacy/legacy_general/L444839.htm(2022.11.20.).

https://lewisnoh.tistory.com/entry/신경전달물질-노르아드레날린(2022.11.22.)

http://www.beopbo.com/news/articleView.html?idxno=307596(2023.1.05.)

https://www.sema.or.kr/webzine/150301/sub_03.html(2022.11.22.).

https://ko.wikipedia.org/wiki/배엽(2022.12.12.)

https://ko.wikipedia.org/wiki/망상_활성계(2022.11.28.)

https://namu.wiki/w/변연계(2022.11.28.)

https://www.msdmanuals.com/ko-kr/홈/뇌,-척수,-신경-장애/뇌기능장애/위치별-뇌기능장애(2022.11.25.)

https://www.hkn24.com/news/articleView.html?idxno=61346(2022.11.26.)

https://ko.wikipedia.org/wiki/대뇌_피질(2022.11.26.)

https://ko.wikipedia.org/wiki/피니어스_게이지(2022.11.25.).

https://www.ggbn.co.kr/news/articleView.html?idxno=44097(2022.12.30.).

http://www.ibulgyo.com/news/articleView.html?idxno=139808(2022.12.25.).

https://m.blog.naver.com/PostView.naver?isHttpsRedirect=true&blogId=jugd0130&logNo=221012688984(2022.11.19.)

찾아보기

지은이 **안환기**安煥基

서울대학교를 졸업하고 동 대학교 철학과에서 동양철학 전공으로 석사
학위를, 종교학과에서 철학박사학위를 취득했다. 박사학위논문은 「유식
불교의 언어관 연구-'사회적 자아'를 형성하는 언어의 역할 문제를 중
심으로」이다. 현재 서울불교대학원대학교 불교학과 불교학·응용불교학
전공 지도교수, 한국불교학회 학술이사, 『명상상담과 인문교육』 편집위
원, 『인문사회21』 편집위원이다.

저서와 논문으로는 『도표로 읽는 유식입문』, 『유식, 마음을 읽다』, 『유식,
마음을 변화시키는 지혜: 나를 바꾸는 불교심리학』(번역서), 「코로나-19
팬데믹 시대, 정서불안에 대한 유식학적 모색-사심사관四尋伺觀을 중심
으로」, 「'번뇌'의 관점에서 본 '트라우마' 증상-'도거掉擧'와 '혼침惛沈'
을 중심으로」, 「유가 유식사상 교재의 구성과 내용」, 「자리이타의 불교
심리학적 의미」, *Reconsidering the Role of Desire in Yogācāra Buddhism-
Focus on the Bīja, Another Form of Language* 외 다수가 있다.

아시아문화학술상(2014년), 제14회 진각논문대상(2012년), 제1회 원효학
술상 학생부문(2010년)을 수상했다.

대원불교 학술총서 16 유식학으로 보는 몸과 마음

초판 1쇄 인쇄 2024년 5월 23일 | 초판 1쇄 발행 2024년 5월 30일
지은이 안환기 | 펴낸이 김시열
펴낸곳 도서출판 운주사

(02832) 서울시 성북구 동소문로 67-1 성심빌딩 3층

전화 (02) 926-8361 | 팩스 0505-115-8361

ISBN 978-89-5746-780-0 93220   값 23,000원
http://cafe.daum.net/unjubooks 〈다음카페: 도서출판 운주사〉